GEORGE WETHERN
Vizepräsident des Gründungs-Charters

DIE WAHRE GESCHICHTE
DER HELLS ANGELS

GEORGE WETHERN
Vizepräsident des Gründungs-Charters

riva

Bibliografische Information der Deutschen Nationalbibliothek:
Die Deutsche Nationalbibliothek verzeichnet diese Publikation in der Deutschen Nationalbibliografie; detaillierte bibliografische Daten sind im Internet über http://d-nb. de abrufbar.

Für die Erlaubnis, Artikel zu zitieren und umzuformulieren, bedanken wir uns bei
The San Francisco Chronicle: Copyright Chronicle Printing Co.,
The Associated Press: Copyright The Associated Press.

Für Fragen und Anregungen:
boeserengel@rivaverlag.de

1. Auflage 2012
© 2012 by riva Verlag, ein Imprint der Münchner Verlagsgruppe GmbH
Nymphenburger Straße 86
D-80636 München
Tel.: 089 651285-0
Fax: 089 652096

Die amerikanische Originalausgabe erschien 1978 bei Richard Marek Publishers. Neuausgabe 2004 bei Lyons Press, an imprint of The Globe Pequot Press, unter dem Titel *A Wayward Angel. The Full Story of the Hells Angels* © 2008 by George Wethern. All rights reserved.

Übersetzung: Martin Rometsch
Redaktion: Urs Breitenstein
Umschlaggestaltung: Maria Wittek
Umschlagabbildung: Tom McGhee/Jupiter Images
Satz: HJR, Jürgen Echter, Landsberg am Lech
Druck: GGP Media GmbH, Pößneck
Printed in Germany

ISBN 978-3-86883-207-5

Weitere Informationen zum Thema finden Sie unter
www.rivaverlag.de
www.facebook.com/rivaverlag.de
www.twitter.com/rivaverlag
Gerne übersenden wir Ihnen unser aktuelles Verlagsprogramm.

INHALTSVERZEICHNIS

BÖSER ENGEL

VORBEMERKUNG

George und Helen Wethern haben es gewagt, das strenge Schweigegebot der Hells Angels zu brechen und über ihre 14-jährige Mitgliedschaft im Motorradclub zu berichten. Dies taten sie nicht nur, um mit dem Honorar ein neues Leben an einem abgelegenen Ort beginnen zu können, sondern auch, weil sie die Wahrheit über diese oft falsch eingeschätzte und romantisierte Gruppe ans Licht bringen wollten. Vor allem aber lag ihnen daran, andere von einer solch zerstörerischen Lebensweise abzuhalten. Ein Brief, den Wethern seiner Frau aus dem Gefängnis schrieb, drückt dieses Motiv sehr gut aus:

»Vielleicht können wir andere davor bewahren, sich mit Drogen einzulassen, damit nicht auch sie die Hölle durchmachen. Es ist meiner Dummheit zu verdanken, dass ich eine ganze Menge über Drogen weiß, aber ich kann dieses Wissen wohl auch nutzen, um anderen Menschen zu helfen. Wenn ein Teil dieser verfluchten Drogen durch meine Bemühungen vom Markt verschwindet, gibt es vielleicht auch weniger Morde. Und wenn das, was ich hier schreibe, auch nur *ein* Leben rettet, dann hat es sich gelohnt.«

Sie wollten ein ehrliches und ungeschöntes Bild von ihrer Familie und den führenden Hells Angels vermitteln, und weil die Justiz ihnen neue Identitäten verschafft hatte, konnten sie ihre echten Namen nennen und ihre Geschichte ohne große Angst vor Rache erzählen. Sie nutzten ihre einzigartige Situation, um die Geheimnisse, Hintergedanken und Charaktere der berüchtigtsten Biker der Geschichte offenzulegen. Sie schrieben über das Gute und über das Böse, über Freunde und Feinde. Was sie geschrieben und vor Gericht ausgesagt haben, ist der Grund dafür, dass sie bis ans Ende ihres Lebens von ihren Angehörigen und Freunden getrennt leben müssen.

Vincent Colnett

VORWORT

DAS ENDE DER STRASSE

Ukiah, Kalifornien, 30. Oktober 1972. Um sechs Uhr morgens umzingelten etwa drei Dutzend Polizisten ein einstöckiges Holzhaus am Fuße eines bewaldeten Berges. Sie kauerten hinter Autos und pressten sich an Baumstämme, legten Pistolen, Gewehre und Flinten an, doch in dem Haus rührte sich nichts – abgesehen von der Rauchfahne, die aus dem Kamin stieg. Also warteten und lauschten sie.

Als auf einmal schlurfende Schritte im Haus zu hören waren, hob ein Beamter sein Megafon:

»KOMMEN SIE MIT ERHOBENEN HÄNDEN HERAUS!«

Die erste Reaktion war ein Papierbeutel, der durch die Tür flog. Dann trampelte ein über 120 Kilo schwerer Mann mit hochgestreckten Händen auf die Veranda. »Nicht schießen!«, schrie er. »Meine Familie ist dort drin.«

George Wethern trat schwerfällig ein paar Schritte vor. Einen Augenblick später stand seine Frau Helen, eine zierliche Person mit Elfengesicht und kurzem, blondem Haar, in seinem Schatten, neben ihr ein pummeliger 9-jähriger Junge und ein 13-jähriges Mädchen. Bundespolizisten sowie Beamte des Bundesstaates und der Stadt umringten sie mit gezogenen Waffen.

Sie legten den Eltern Handschellen an, dann verlas Jack Nehr von der Drogenbehörde einen Durchsuchungsbefehl, in dem von Drogen, Waffen, Sprengstoff und »Überresten menschlicher Skelette« die Rede war.

Während seine Familie bewacht wurde und ein Dutzend Polizisten über seine 62 Hektar große Ranch schwärmten, führte Wethern Bombenexperten und einige andere Beamte durch das Haus. Zwei gestohlene Gewehre Kaliber .30 und sieben legale Waffen wurden beschlagnahmt, zusammen mit dem Inhalt der Papiertüte: etwa fünfzig Gramm Metamphetamin, ein Pfund Marihuana, ein paar Seconal[1]-Tabletten und andere Medikamente.

Später wurde Wethern in das wenige Kilometer entfernte Gefängnis des Bezirks Mendocino gefahren und von Nehr, Bruce True und anderen Beamten verhört. Er gab zu, ein ehemaliges Mitglied des Motorradclubs Hells Angels zu sein, hielt sich jedoch an das Schweigegebot des Clubs und wich Fragen mit Wortspielen und weitschweifigen Erklärungen aus.

Die Fragen ließen allerdings darauf schließen, dass ein Clubmitglied ihn verraten hatte und ihn ans Messer liefern wollte. Er schnappte nach Luft, als Nehr ganz nüchtern sagte: »Wissen Sie, Tiny ist tot ... Hat seine letzte Bootsfahrt hinter sich. Wurde von Neun-Millimeter-Kugeln durchsiebt. Er hat gequiekt wie ein Schwein.«

»Tiny« war Michael Walter, ein guter Freund von Wethern und die Nummer zwei der Oakland-Angels. Er war im vorigen Monat verschwunden, hatte aber sein Motorrad und seine gesamte persönliche Habe zurückgelassen. Der Polizeibeamte stellte als Tatsache hin, was er eigentlich nur gehört hatte, aber das wusste Wethern nicht. Dieser war davon überzeugt, dass man ihm einen Mord anhängen wollte, obwohl sein einziges Vergehen darin bestanden hatte, dass er »Sonny« Barger, dem Chef der Angels, einen Gefallen tat, indem er ihm zwei leere Gruben zur Verfügung stellte. Er wusste nicht einmal, wie die Toten hießen, die auf seiner Ranch begraben lagen.

»Davon weiß ich nichts«, sagte er.

Als der Beamte nachhakte und ihn fragte, ob es auf seiner Ranch Brunnenschächte gebe, war ihm klar, dass die Polizei von den Leichen wusste. Wetherns Familie und sein Leben standen auf dem Spiel. So gab er ein paar Informationen preis ohne Rücksicht darauf, welche Folgen ein Bruch der Schweigepflicht haben konnte. Er holte tief Luft und sagte: »Ich zeige Ihnen die Brunnen.«

Als sie zur Ranch zurückkehrten, waren bereits Bagger und weitere Maschinen vor dem Haus aufgefahren und hatten zu graben begonnen. Ein Informant hatte der Polizei die Stellen gezeigt. Wethern deutete auf einen Fleck, der 7,5 Meter von der Grube entfernt war, und führte die Beamten nach einigem Herumdrucksen in einen Blumengarten, der nicht weit vom Haus entfernt war.

Zwei klaffenden Löchern im Boden entstieg der Gestank verwesenden Fleisches. Aus einem 6,70 Meter tiefen, mit Erde gefüllten Schacht wurden die Skelette zweier Männer ausgegraben. Im zweiten Loch befand sich der teilweise mumifizierte Körper einer rothaarigen Frau. Ein Informant hatte berichtet, Tom Shull und Charlie Baker – zwei Biker aus Georgia, die seit über einem Jahr vermisst wurden – seien auf der Ranch begraben worden. Die zwei männlichen Leichen entsprachen exakt der Beschreibung, die nicht identifizierte Frauenleiche dagegen überraschte die Polizisten.

Die Nachricht verbreitete sich im ganzen Bezirk. »Friedhof der Hells Angels« lautete die Schlagzeile der Zeitungen, die sich auf den Staatsanwalt beriefen. Hubschrauber überflogen die Ranch und machten Luftaufnahmen. Bald heftete sich eine Schar von Journalisten an die Fersen von Sheriff Reno Bartolomie, einem dickbäuchigen Gesetzeshüter mit silbernem Haar, der eher einem Viehzüchter glich.

Innerhalb von 24 Stunden verliehen zwei weitere Ereignisse dem geflügelten Totenkopf, dem Wahrzeichen der Hells Angels, eine neue düstere Bedeutung:

– In Sacramento beschuldigte der Generalstaatsanwalt in seinem Jahresbericht die Hells Angels, Drogen in großer Menge zu vertreiben. Die bisher wenig organisierte Gruppe habe innerhalb von drei Jahren illegale Drogen im Wert von 31 Millionen Dollar von der West- an die Ostküste geschafft. Clubmitglieder seien groß im Geschäft und machten sich allmählich einen Namen als Anführer einer kriminellen Vereinigung, die Land kaufe, in legale Geschäfte investiere und mit bekannten Verbrechern im Staat zusammenarbeite. Die Angels bedienten sich ausgeklügelter elektronischer Geräte, um den Polizeifunk abzuhören, und seien dadurch enorm mobil geworden. Außerdem hätten die Hells Angels, chinesische Jugendbanden und andere organisierte Gruppen in den vergangenen Jahren in Kalifornien mehr als hundert Morde begangen.

– In Oakland, wo sich das Hauptquartier des Clubs befand, wurden der Präsident der Angels, Ralph »Sonny« Barger, und drei weitere Mitglieder wegen Mordes an einem Drogenhändler angeklagt. Dabei ging es um Kokain im Wert von rund 80 000 Dollar. Sie wurden beschuldigt (und später freigesprochen), den Mann im Schlaf erschossen, die Leiche in eine Badewanne geworfen und dann das Haus angezündet zu haben. Die Staatsanwaltschaft erklärte, mit der Tatwaffe, die über einen

Schalldämpfer verfüge, sei auch einer der drei Männer umgebracht worden, die man am selben Tag in einem Haus in der Nähe gefunden hatte.

Die Wetherns blieben in Haft. Die Kautionssumme wurde auf jeweils 100 000 Dollar festgesetzt. Ihre Kinder wohnten bei einem Hilfssheriff. Wethern wusste aus Erfahrung, dass sich die Angels rücksichtslos rächen würden – Folter, Entführung und Mord waren möglich. Da er den Clubkodex verletzt hatte, könnten sie wohl versuchen, ihn zeitweilig zum Schweigen zu bringen, indem sie seine Familie in ihre Gewalt brachten. Oder sie würden ihn aufgreifen und gleich für immer zum Schweigen bringen. Ihm war klar, dass es nur eine Frage der Zeit war, bis man Barger mit den vergrabenen Leichen in Verbindung bringen würde – und den Chef zu gefährden galt fast immer als Kapitalverbrechen.

Dennoch zeigten er und die Clubführung sich an diesem ersten Tag noch völlig loyal. Wethern versuchte jene Dealer zu warnen, die er möglicherweise belasten müsste. »Big Don« Hollingsworth, der Präsident der Angels, bot Rechtsbeistand und jede denkbare sonstige Hilfe durch den Club an, vermutlich in der Hoffnung, die weitere Entwicklung beeinflussen zu können. Das Angebot des Clubs überbrachte J. B., Wetherns engster Freund und ein ehemaliger Angel, während eines Besuches im Gefängnis.

Später wurde Wethern gemeinsam mit seiner Frau in eine besondere Zelle im Frauenflügel verlegt. Es war eine kleine Zelle innerhalb eines größeren Raumes, eine Art Gaskammer mit Gitterstäben, vier Kojen, einem Metalltisch, einer Toilette und einer Duschkabine. Polizisten mit schlammverschmierten Stiefeln hatten Helen vorher besucht und ihr von den grausigen Funden erzählt. Auch die Nachrichtensendung im Fernsehen hatte die Geschichte bestätigt. Als sie beide allein waren, gestand Wethern seiner Frau, was er getan hatte. Sie weinte, denn ihr war klar, dass er ein »toter Mann« war, egal ob man ihn ins Gefängnis stecken würde oder nicht.

Da sich ein Rechtsanwalt der Angels wegen möglicher Interessenkonflikte geweigert hatte, den Fall zu übernehmen, traf sich Wethern am nächsten Tag mit einem Pflichtverteidiger des Bezirks Mendocino. Dieser Anwalt namens Richard Petersen überzeugte das Ehepaar davon, dass auf lange Sicht ein Handel mit der Staatsanwaltschaft die beste Lösung wäre, um sie vor den Angels zu schützen. Straffreiheit war auch deshalb wichtig, weil Wethern ein starkes Bedürfnis verspürte, sich seine dunklen Geheimnisse von der Seele zu reden.

Zwei Tage nach der Durchsuchungsaktion – mehrere Angels waren festgenommen worden, einige waren geflohen – schlug der Staatsanwalt des Bezirks, Duncan James, Wethern einen Deal vor. Während der Gerichtsverhandlung waren die Wetherns in ihrer blauen Anstaltskluft aneinander gefesselt. Der juristische Jargon verwirrte das Paar, und die scheinbare Eile der Justiz, das Gedränge auf der Pressetribüne und die Auswechslung des Pflichtverteidigers in letzter Minute verängstigten die beiden zusätzlich. Noch dazu fragte Richter Timothy O'Brian viel zu früh, ob sie bereit seien, über die Hells Angels auszupacken.

»Euer Ehren«, sagte Wethern, »bevor ich verstehe, worum es geht, mache ich keinerlei Aussagen.« Er war mit dem angebotenen Deal nicht zufrieden. Er wollte Straffreiheit vor Bundesgerichten und vor kalifornischen Gerichten sowie Schutz für die ganze Familie. Er wollte alles oder nichts.

Am Ende des Tages waren die Wethern-Kinder bei einer Pflegefamilie untergebracht, die Eltern aber befanden sich wieder in ihrer Zelle – ohne Kinder, ohne Straffreiheit und ohne Geld für die Kaution. Das Gesetz der Angels und das Gesetz des Staates nahmen Wethern schonungslos in die Zange.

Doch am Wochenende zahlten sich Geduld und Courage aus. Er und seine Frau bekannten sich des unerlaubten Drogen- und Waffenbesitzes schuldig. Dafür sicherte ihnen die Justiz Straffreiheit für alle anderen Straftaten zu. Davon ausgenommen waren Kapitalverbrechen, die sie als Haupttäter begangen haben mochten. Allerdings waren der Polizei keine solchen Delikte bekannt.

Die Justizbehörden waren bereit, die Wetherns an einem neuen Wohnort ihrer Wahl innerhalb der USA unterzubringen, ihnen neue Namen und neue Papiere zu geben, wenn nötig ihr Aussehen verändern zu lassen und ihnen eine Wohnung sowie Geld zur Verfügung zu stellen, bis sie wieder auf eigenen Beinen stehen würden.

Dafür sollten sie der Polizei offenbaren, was sie im Laufe ihrer 14-jährigen Zugehörigkeit zu den Hells Angels erfahren und erlebt hatten. Wethern war zweimal aktives Mitglied gewesen.

Nachdem er 1958 dem Club beigetreten war, wurde er um das Jahr 1960 herum Vizepräsident. Genau zu der Zeit begann der Club auch jene Raufbolde anzuwerben, die sich zum elitärsten Zirkel der Outlaw-Biker entwickeln sollten: die Oakland-Hells-Angels. Mitte der 60er-Jahre, als die Angels sich immer mehr in den Handel mit Drogen, Waffen und Sprengstoff verstrickten, verdiente Wethern mit seinen guten Kontakten eine Menge Geld. Er wurde der wichtigste Verteiler von psychedelischen Drogen und beaufsichtigte weitere Dealer, die ebenfalls Mitglieder waren. Als Drogenhändler machte er Geschäfte mit der Elite der Branche, vor allem mit dem berüchtigten Undergroundchemiker und »LSD-König« Augustus Owsley Stanley III. Er war dabei, wenn die Angels mit dem Autor Ken Kesey und seinen »Merry Pranksters«[2] ihr LSD konsumierten. Zusammen mit anderen Angels beutete er die Blumenkinder der zarten Hippie-Revolution in San Franciscos Stadtteil Haight-Ashbury aus und war Zeuge der ersten bekannten Hinrichtung eines Clubmitglieds. Nachdem er im Jahr 1969 seinen Partner im Drogenrausch angeschossen hatte, wandte er sich von Drogen ab und verließ den Club. Doch er blieb mit den Clubführern befreundet und setzte für sie seine Waffen- und Drogengeschäfte bis zu seiner Festnahme fort.

Als die Presse von seinem Handel mit der Justiz Wind bekam, erklärte Bezirksstaatsanwalt Duncan James am 4. November triumphierend: »Das bedeutet vielleicht nicht das sofortige Ende für die Angels, aber die meisten zuständigen Beamten glauben, dass es der Anfang vom Ende ist. Ein Hells Angel verrät keinen Hells Angel. So war es zumindest bisher. Wenn sie verhaftet werden, sitzen sie ihre Strafe ab und schweigen. Nun aber will ein Mann Kronzeuge der Staatsanwaltschaft werden, der mit Sonny Barger, dem obersten Chef der Angels, befreundet war. Nachdem er die Gesetze des Clubs gebrochen hat, werden sich auch andere Mitglieder melden und aussagen, nur um ihre Haut zu retten. Sobald die Ermittlungen beendet und die Festnahmen erfolgt sind, werden die Angels wohl nur noch ein kleiner Haufen von Motorradfahrern sein.«

Daraufhin überfielen Heerscharen von Beamten aus verschiedenen Behörden und aus allen Teilen Kaliforniens den einst hochrangigen Angel und quälten ihn Tag und Nacht mit Fragen zum Club und seinen Mitgliedern. Es waren Hunderte von Fragen. Und selbst wenn ein langes

Gespräch zu Ende war, spukten die Fragen noch in Wetherns Kopf herum. Normale Erinnerungslücken ärgerten ihn. Es fiel ihm immer schwerer, zwischen vergessenen und ihm unbekannten Ereignissen zu unterscheiden. Beruhigungsmittel linderten vorübergehend die Anspannung, aber seine Drogenabhängigkeit machte ihn immer noch nervös; darum setzte er die Medikamente ab.

Am Morgen des 8. November – er war die ganze Nacht in seiner Zelle auf und ab gegangen – weckte er seine Frau. Vielleicht konnte sie ihm helfen. Er suchte nach Hinweisen auf die Identität der toten Frau.

»Geh schlafen«, drängte ihn Helen. »Du musst dich ausruhen.«

Er entschuldigte sich dafür, dass er sie geweckt hatte, und ging erneut eine Minute hin und her. Dann sagte er: »Ich muss dich hier herausholen.«

»Was meinst du damit?« Sie rieb sich die Augen und ordnete ihre Gedanken.

Schwerfällig setzte er sich und grübelte. Es schien so, als höre er jemandem zu.

»Was meinst du damit?«, fragte sie abermals und befreite sich von der Bettdecke.

»Pst! Gott spricht zu mir.« Er schloss die Augen.

»Was sagt er?« Sie nahm sein Gesicht in die Hände; aber er blieb stumm. Dann öffnete er plötzlich die Augen und starrte sie mit gläsernem Blick an.

»George«, flüsterte sie eindringlich, »du musst mit jemandem reden.«

Als Hilfssheriff Jim Tuso eintraf, hing Wethern an den Gitterstangen der Zelle und griff verzweifelt nach der Waffe des Beamten. »Töten Sie mich, Jim!«, schrie er. »Tun Sie es! Tun Sie es!«

Seine Frau umarmte ihn und strich ihm über die Stirn. »Es geht ihm nicht gut«, erklärte sie dem Hilfssheriff. »Er ist durcheinander und will sein Beruhigungsmittel nicht nehmen.«

Nach einem kurzen, nun wieder vernünftigeren Gespräch nahm Wethern seinen Todeswunsch zurück. »Nichts für ungut, Jim«, sagte er. »Vergessen Sie's. Ich bin jetzt in Ordnung.« Als er auf einen Stuhl sank und sich zu beruhigen schien, ging der Beamte.

Auf einmal sprang Wethern wieder auf. »Lasst mich mit Petersen reden. Verdammt, lasst mich mit ihm reden.«

»Okay, okay«, sagte seine Frau. »Er ist schon unterwegs.«

»Schaffst du es?«, fragte er. »Kommst du raus?«

»Was meinst du?« Sie wusste nicht, ob er den Knast oder den ganzen Schlamassel meinte.

»Schaffst du das?«, wiederholte er nachdrücklich.

»Wir können mit Petersen reden«, sagte sie, erschrocken, dass sie ihm nicht mehr folgen konnte.

»Wenn du es nicht kannst, muss ich es tun«, sagte er.

Der Anwalt kam, aber er konnte mit dem ehemaligen Angel nicht vernünftig reden, sosehr er sich auch bemühte.

»Gib nicht auf«, flehte Helen ihren Mann an. »Sprich mit Mr. Petersen. Er ist hier, um dir zu helfen.«

Wethern blieb angespannt, erschreckend angespannt und stur. Er redete unzusammenhängend. »Nein. Es wird nicht funktionieren. Sinnlos.«

Als der Anwalt gegangen war, schlug Wethern immer wieder mit der Faust auf das metallene Bettgestell, als wolle er eine Botschaft an sich selbst telegrafieren.

»He, George«, rief eine Aufseherin, die an der Korridortür stand. »Reg dich ab, ja?«

Er lächelte verschmitzt und bat sie, die Tür zu schließen, damit er die Toilette unbeobachtet benutzen könne. Sie zögerte, doch Helen versicherte ihr, es sei alles in Ordnung. Als die Tür einschnappte und die Schritte der Aufseherin verhallt waren, sprang er auf die Füße und zwang seine Frau auf die Knie. »Lass uns beten«, murmelte er. Dann kam ihm ein neuer Gedanke. Er griff nach einem Bleistift und wollte einen Brief schreiben. Also ging seine Frau mit ihm an den Metalltisch.

Umständlich malte er die Buchstaben seines Vornamens, GEORGE. Dann hielt er inne und wippte fast unwillkürlich mit dem Kopf, rhythmisch, aber schwerfällig, ein Gewuschel aus Haaren und Backenbart. Bilder schwirrten durch seinen Kopf, Gefühle verschärften die Bilder. Schuldgefühle, weil er das Leben seiner Frau und seiner Kinder verpfuscht hatte. Angst vor der Zukunft. Reue, weil er alte Freunde und Kameraden verraten hatte.

»Gib mir noch einen Bleistift«, sagte er.

Er schien beidhändig schreiben zu wollen, von rechts nach links und von links nach rechts. Dann griff er die Bleistifte so, dass sie in seinen Fäusten nach oben zeigten. Mit dem Daumen brach er eine Spitze ab. Seine Muskeln spannten sich und seine breiten Unterarme zuckten nach oben. Die Bleistifte drangen tief in seine Augen ein, an den Augäpfeln vorbei, hin zum Ziel. Das Gehirn, die Quelle seiner Qual, musste durchbohrt, musste getötet werden. Seine dicken Hände strengten sich an, doch Helen warf sich über den Tisch und zog mit aller Kraft an ihnen, schrie um sein Leben. Damit die Lanzen noch tiefer eindringen konnten, versuchte er, sie gegen den Tisch zu rammen. Doch als sein Kopf nach unten ruckte, packte Helen die blutigen Stifte und zog sie rasch aus seinen Fäusten.

Geblendet vom Blut und von den Schmerzen, umklammerte er ihren Hals, zerriss ihren Rosenkranz und zerrte sie nach hinten auf den Boden der Dusche. Er will sich umbringen und mich mitnehmen, dachte sie. Zunächst hielt sie den Atem an; als sie verzweifelt nach Luft rang, waren ihre Atemwege versperrt. In panischer Angst nahm sie all ihre Kraft zusammen und versuchte, ihn wegzustoßen. Aber ihre Beine waren unter seinem mächtigen Körper hoffnungslos eingeklemmt, und ihre Arme waren zu schwach.

Als sie das Bewusstsein zu verlieren begann, zogen ihn die Wärter von ihr weg und drückten ihn gewaltsam aufs Bett. Nachdem sie ihn eine Weile festgehalten hatten, ließ er sich friedlich in einen Aufenthaltsraum abführen.

Einige Minuten später schaute Helen vom Korridor aus zu, wie man ihn zu einem Krankenwagen brachte. Ihr Hals schmerzte, und ihre Knie zitterten. »George«, schrie sie.

»Schatz, es tut mir leid. Es tut mir leid«, schrie er zurück.

»Es geht mir gut«, versicherte sie ihm. »Mach dir keine Sorgen.«

»Gib mir einen Kuss, Liebling«, bat er – und sie durften sich kurz umarmen.

Während der schnellen Fahrt zum Krankenhaus empfand Wethern eine seltsame, ruhige Freude über seine Blindheit. Die Dunkelheit befreite ihn von seinen Sorgen, aber diese kehrten schon auf dem Operationstisch zurück, als er mit einem Auge die Umrisse der Deckenlampe sah. »Oh nein«, dachte er, »ich war nicht gründlich genug.«

Nach der Rückkehr ins Gefängnis legte man ihm Handfesseln an, die mit dem Gürtel verbunden waren, sodass er seine Augen nicht berühren konnte. Er verfluchte die Ketten, die Wärter, die Welt und sich selbst. Er knurrte und fauchte und rüttelte am Gitter seiner Zelle. Als der Arzt kam, jammerte er:

»Geben Sie mir eine Spritze! Geben Sie mir eine Spritze!« Nach der ersten Injektion verlangte er mehr. Jetzt war er wieder ein echter Hells Angel.

Er veranstaltete einen derartigen Aufruhr, dass die Wärter ihn schließlich in einen alten Lagerraum zerrten. Mit gefesselten Händen und Füßen streckte er sich auf dem Boden aus, gähnte und tat, als habe er sich beruhigt. Während er eine Zigarette rauchte, die er von einem Wärter geschnorrt hatte, lag er schlaff in seinen Fesseln da. Dann drehte er sich um, als wolle er den Rauch einatmen, und rammte sich den Stummel ins Auge. Die Wärter ärgerten sich über ihre Dummheit und stürzten sofort herbei, aber der Schaden war angerichtet.

Mit strafferen Fesseln brachte man ihn in eine Zelle. Allein in der Dunkelheit und im unheimlichen Gefängnis voller Echos wollte er unbedingt mit seiner Frau sprechen, um sich zu vergewissern, dass sie unverletzt war. Er tobte, bis mehrere Beamte in der Tür seiner Zelle standen.

»Ich komme raus«, brüllte er. »Ich will meine Frau sehen.«

»Sie bleiben hier«, sagte einer der Wärter. Aber Wethern stürmte durch die menschliche Barriere. Wie ein wild gewordener Elefant rannte er durch den Gang, obwohl sich die Wärter an seine baumelnden Ketten hängten. Er erreichte den Wachraum, doch kurz vor dem Frauenflügel gelang es den Beamten, ihn mit vereinten Kräften niederzuringen. »Ich gehe zu ihr, das ist sicher. Gott helfe mir!« Er schrie, bis einer der Beamten die Worte buchstäblich abwürgte.

Der Lärm war bis in Helens Zelle zu hören. Sie kauerte auf der Bettkante und ließ ihren zerrissenen Rosenkranz durch die Finger gleiten. Sie wäre am liebsten zu George hingerannt, doch sie konnte nichts tun. Perle für Perle reparierte sie den Rosenkranz. Die Aufseherin ging für ein paar Minuten hinaus. Als sie zurückkam, sagte sie: »Er hat noch ein Beruhigungsmittel bekommen. Jetzt schläft er endlich.«

Daraufhin nahm Helen selbst eine Tablette und schlief ebenfalls ein.

KAPITEL 1

EINE BRUTSTÄTTE FÜR ENGEL

Meine Heimatstadt war Oakland. Es war ein rauer Ort, aber nicht so schlimm, wie die Einwohner von San Francisco behaupteten. Wie jede andere Industriestadt hatte auch sie ein hässliches Gesicht – Lagerhäuser am Ufer, rauchende Fabrikschlote, Frachtschiffe und endlose Bahndepots. Aber diese hässlichen Plätze brachten Brot auf den Tisch der Familien, die in den hübschen Arbeitervierteln an den grünen Abhängen im Osten wohnten.

Im Jahr 1955 lebte meine Familie in einem dieser Viertel voll behaglicher Häuser. Mein Vater war Besitzer und oberster Barkeeper des Clarence, einer schlichten Kneipe, die Beamte des nahegelegenen Bezirksgerichts Alameda, Geschäftsleute, Arbeiter und Gewohnheitstrinker bewirtete. Er und meine Mutter, die bei der Pacific Telephone Company angestellt war, arbeiteten hart, um mich, meine zwei Brüder und meine Schwester mit guter Kleidung und gutem Essen zu versorgen und uns in katholischen Schulen eine gute Bildung zukommen zu lassen. Und sie boten uns jeden Luxus, den sie sich leisten konnten, ja sie verwöhnten uns sogar ein wenig. An meinem 16. Geburtstag erfüllten sie mir einen Traum, den jeder kalifornische Schüler in meinem Alter hatte: Sie schenkten mir einen kleinen, blauen Ford Sedan mit Zierleisten.

Nachdem ich ihn umgemodelt hatte – ich dämpfte die Federung, legte den Rahmen tiefer und beseitigte die Zierleisten –, konnte ich einem Autoclub namens Quads beitreten und erlebte mit meiner festen Freundin Judy einige schöne Stunden auf dem Rücksitz. Ich hatte aber noch ein paar andere Mädchen – dank meines Autos und weil mein Typ dem damaligen Geschmack entsprach. Ich war etwa 1,77 Meter groß, wog neunzig Kilo, hatte eine Schmalztolle wie Tony Curtis und trug die übliche Kleidung: weißes T-Shirt, Pendleton-Wollhemd, Windjacke und Levi's, je steifer, desto besser.

Schon damals war ich das schwarze Schaf der Familie. An der Bischof-O'Dowd-Highschool erhielt ich nur mittelmäßige Noten, obwohl mir Lehrer nach einem Intelligenztest versicherten, ich hätte das drittbeste Ergebnis unter

500 Schülern erzielt. Bücher zu lesen war für mich eine Strafe. Ich hing lieber mit anderen stämmigen Jungs herum, um meinen Status zu wahren, und galt als rauer Kerl, obwohl ich mehr bluffte als kämpfte. Während meiner Abschlussprüfungen klaute ich den Revolver meines Vaters und floh mit einem Kumpel für ein paar Tage in die Sierra Nevada, bis uns das Geld ausging.

Natürlich waren Mädchen mein Untergang. Ich war in Judy verknallt, eine gertenschlanke, aber vollbusige Blondine, mit der ich schon in unteren Klassen befreundet war. An unserer Schule galt sie bei meiner Schwester und anderen puritanischen Mädchen als leichtlebig, weil sie beliebt war und über Dinge wie Knutschflecken am Bauch Bescheid zu wissen schien.

Als wir 16 waren, wurden wir während einer Party beim Sex auf einer Hinterhofschaukel ertappt, und meine Mutter bekam Wind davon. Unsere Eltern steckten die Köpfe zusammen und schickten Judy zum Arzt. Ein Test belegte, dass alles in Ordnung war, doch meine Mutter setzte der Romanze trotzdem ein Ende.

Meine Mutter hatte schon genug Ärger mit den Saufgelagen meines Vaters; darum schickte sie mich in eine Knabenschule im nahegelegenen Alameda. Sie gab den Lehrern freie Hand, mich umzuerziehen, aber sie konnten Judy nicht aus meinem Leben verbannen. Bald trafen wir uns auf Partys, in Imbissbuden und auf dem Rücksitz meines Fords wieder.

Allmählich bekam ich bessere Noten, obwohl ich weniger lernte – doch meine schulische Karriere wurde jäh beendet. Judy war schwanger. Wir wollten heiraten, doch meine Mutter verweigerte in ihrer typischen Art die Einwilligung: »George, bevor du sie heiratest, nagle ich den Deckel deines Sarges zu.« Für sie war Judy eine Nutte. Noch ehe das Schuljahr zu Ende war, schleppte mich meine Mutter ins Musterungsbüro der Luftwaffe.

Aus mir nicht bekanntem Grund bildeten sie mich zum Personalfachmann aus. Ich musste Papiere ordnen und Urlaubsanträge bearbeiten. Es machte Spaß, gerade jene Regeln zu brechen, die ich als Teil meiner Ausbildung erlernen sollte. Wenn ich nicht gerade unerlaubt abwesend war, stritt ich mich mit Vorgesetzten, und wenn diese mich zusammenstauchten, benutzte ich meine gescheiterte Romanze als Ausrede. Schließlich versetzten mich mitfühlende Offiziere von Lackland in Texas nach Mountain Home in Idaho – auf einen Stützpunkt des Strategic Air Command in einem Bundesstaat, in dem 18-Jährige ohne Erlaubnis der Eltern heiraten durften. Doch als ich endlich Urlaub bekam und nach Hause fuhr, war Judy gerade dabei, das Baby zur Adoption freizugeben. Sie wollte mich nie wieder sehen, und ich bekam das Kind nie zu Gesicht.

Zurück in Boise, achtzig Kilometer von Mountain Home entfernt, linderte ich meinen Schmerz mit anderen Mädchen. Sie schienen von romantischen Filmen beeinflusst zu sein, in denen Kalifornier mit Cadillacs in der Garage, blauem Wasser im Swimmingpool und Bündeln von Banknoten in den Jeans zu sehen waren. Meine Kumpels und ich stahlen Bier aus LKWs, um für unsere nächtelangen Partys mit diesen willigen Mädchen versorgt zu sein. Nach einigen Zusammenstößen mit ortsansässigen Cowboys legte ich mir eine automatische Pistole Kaliber .45 zu, die ich immer bei mir trug und auch einmal benutzen musste, um nicht totgetrampelt zu werden. Dann verlobte ich mich unabsichtlich mit einer Verkäuferin, weil ich meinen »Ringtrick« benutzt hatte, um im Gegenzug für ein goldenes Schmuckstück an Sex zu kommen. Zum Glück konnte ich die Verlobung lösen, den Ring habe ich versetzt.

Meine militärische Karriere war so wechselhaft wie meine Liebesbeziehungen. Weil ich mit Erfolg an einer Ausbildung teilgenommen hatte, bekam ich einen Orden; weil ich mir aber selbst treu geblieben war, wurde ich zweimal von einem Militärgericht verurteilt und bekam Disziplinarstrafen aufgebrummt, unter anderem weil ich Mädchen in die Kaserne geschmuggelt und beinahe einen Feldwebel überfahren hatte. Schließlich entfernte ich mich unerlaubt von der Truppe, um meine kranke Mutter zu besuchen und mit alten Freunden Partys zu feiern. Nach tagelangem Katz-und-Maus-Spiel ergab ich mich der Militärpolizei.

Mein Prozess vor dem Militärgericht fand am 16. Mai 1958 statt. Die Anklage lautete auf sechs Tage unerlaubte Abwesenheit und Missbrauch von Staatseigentum, nämlich von zwei Jagdmessern, die man in meinem Spind fand. Es war, als hätte ich ein Kapitalverbrechen begangen – es gab Zeugenvernehmungen, Diskussionen und Beweisanträge, sechs Tage lang. Die Zusammenfassung der Zeugenaussagen war 21 Seiten stark. Nachdem ich zu drei Monaten Zwangsarbeit verurteilt worden war, ärgerte ich im Knast die Wärter so sehr, dass ein höherer Beamter ins Militärgefängnis kam und mir eine unehrenhafte Entlassung anbot. »Einverstanden. Wo soll ich unterschreiben?«, platzte ich heraus.

An jenem glorreichen Tag, als man mich aus dem Gefängnis wies, entfernte ich mich einige Schritte vom Gelände des Stützpunkts und salutierte meinen Lieblingswachen mit dem Mittelfinger. Dann feierte ich mit ein paar anderen entlassenen Unruhestiftern Party in Boise und verprasste dabei meinen ganzen Sold. Ich musste meinen Vater am Telefon um Geld bitten, damit ich nach Hause fahren konnte.

KAPITEL 2

WIE ICH EIN HELD WURDE

Im Sommer 1958 schleppte ich mich, von Partys schwer mitgenommen, wieder nach Oakland, noch immer ohne anständige militärische oder sonstige Ausbildung. Meine Ziellosigkeit ängstigte meine Eltern, aber ich hatte es nicht eilig damit, die Arbeitswelt kennenzulernen. Ich wollte es ruhig angehen lassen und erst mal die anderthalb verlorenen Jahre nachholen sowie die 18 Kilo zurückgewinnen, die Uncle Sam mir gestohlen hatte.

Wahrscheinlich sehnte ich mich nach der Highschool zurück. Während ich in Drive-in-Restaurants in East Oakland herumhing, traf ich regelmäßig junge Leute aus dem Bezirk Havenscourt, und weil ich die Selbstsicherheit eines ehemaligen Armeehäftlings ausstrahlte, imponierte ich den Mädchen, und die Jungs respektierten mich zumindest.

Die Hamburgerbude Foster's Freeze hatte sich seit meiner Schulzeit kaum verändert. Noch immer flitzten dort reichlich Mädchen um die Musikbox herum und warteten darauf, von ihrer Langeweile erlöst oder sittlich verdorben zu werden. Sie wollten Action im Stil der 50er-Jahre: in schnellen Autos mit glänzenden Chromfelgen und dröhnenden Auspufftöpfen fahren, mit Butch-Wax-Pomade angeben und spontanen Sex auf dem Autorücksitz haben. Und was gab es Schöneres für einen Kerl, als sich die Sitzpolster von einer Horde Mädchen mit Pferdeschwänzen und straffen Brüsten wärmen zu lassen, die bei jedem seiner Worte loskicherten oder Bebop trällerten, nach Woolworth-Parfüm, Clearasil und Zigarettenrauch rochen und dicht aneinandergedrängt auf der Rückbank saßen wie die Fritten in der Tüte?

In der Imbissbude konnte man Mädchen zu einer Rundfahrt einladen. Ich tankte den Kombi meiner Mutter auf und fegte über das Zickzackmuster aus verbranntem Gummi, das den Parkplatz verzierte. Dann stellte ich den Rhythm and Blues im Radio lauter und schaute mehr in den Rückspiegel als auf die Straße. Der Spiegel war unentbehrlich; er ersparte mir Bußgelder wegen zu hoher Geschwindigkeit und half mir, die süßen Puppen auf meinem

Rücksitz im Auge zu behalten. Ein Mädchen schien mich ständig im Spiegel zu beobachten. Sie sah aus wie die jüngere Schwester eines meiner Mädchen, hatte eine flache Brust und wog etwa 45 Kilo.

»Schau mich lieber nicht so an, Kleine«, neckte ich sie. »Du bist zu jung für diesen Schlafzimmerblick.«

Sie errötete und wies meine Unterstellung empört zurück. Zu meiner Überraschung erfuhr ich, dass dieses kleine Ding in weißen Halbstiefeln, Levi's und dem Hemd ihres Bruders nicht 11 oder 12 war, sondern 15. Noch mehr staunte ich darüber, dass sie einen Freund hatte, der ihr fremdging.

Sie hieß Helen und hielt mich für frech und aggressiv. Dennoch konnte ich sie dazu überreden, mir mit auszugehen, um ihren Freund eifersüchtig zu machen. Bei unserer ersten Verabredung entdeckte ich, dass sie ganz schön kess war, wenn sie sich nicht in einer Gruppe befand. Bald hatte ich sie so weit, dass sie die Schule schwänzte, um im Haus eines Bekannten mit mir Karten zu spielen und zu schmusen. Anfangs dachte sie, ich wolle ihr nur an die Wäsche gehen, aber mit der Zeit verlor sie ihre Furcht vor mir und nahm meine Christophorus-Medaille an.

Eine feste Freundin bedeutete Autokinos und romantische Tête-à-têtes am Skyline Boulevard. Wenn ich zu wenig Geld für Benzin hatte, verzichteten wir auf die prachtvolle Aussicht und begnügten uns mit einem dunklen Holzlager wenige Straßen von Helens Haus entfernt. Oft hatte ich in derselben Nacht noch ein anderes Mädchen auf dem Rücksitz, doch was Helen betraf, duldete ich keine Untreue.

Eines Tages sah ich sie mit ein paar Jungs und Freundinnen in einem Auto. Sie versuchte sich zu ducken, aber es war zu spät. Ich wendete und folgte dem Auto Stoßstange an Stoßstange, obwohl der Fahrer einige Schleudermanöver veranstaltete, um mir zu entkommen. Wie ein Irrer drückte ich auf die Hupe und ließ den Motor aufheulen, bis der Wagen vor mir am Straßenrand hielt. Ein Kerl lief weg, den anderen erwischte ich. Ich warf ihn auf die Kühlerhaube und presste ihm eine Pistole an die Nase. »Was machst du mit meiner Freundin?«, schrie ich. Er stammelte eine Entschuldigung, dann trat ich ihm in den Hintern und wandte mich an Helen: »Steig aus!«

»Ich geh nicht allein mit.« Sie wollte nur aussteigen, wenn ein paar ihrer Freundinnen mitkamen. Vermutlich hatte sie Angst vor mir.

Nicht jeder hielt mich für übermäßig aggressiv. Einigen meiner Freunde gefiel dieser Charakterzug sogar. Zwei von ihnen, Jerry Jordan und Junior, hatten sich den Hells Angels angeschlossen, einem neuen Motorradclub, der in unserer Gegend schon bekannt war. Ich war der Highschool-Szene inzwischen entwachsen, und die Kameradschaft und der wilde Lifestyle des Clubs faszinierten mich. Ich wollte ihm beitreten, hatte aber kein Motorrad – diese waren damals seltene Beförderungsmittel.

Dank meiner Eltern, die einen Gewerkschaftsfunktionär beknieten, erhielt ich eine Lehrstelle bei einem Bauunternehmer und konnte 125 Dollar zur Seite legen. Dafür kaufte ich eine gebrauchte Harley-Davidson 45, halb rot, halb grün, mit Weißwandreifen, luxuriösem verchromtem Lenker und einem Auspufftopf aus Bierdosen. Jerry und Junior halfen mir, sie zu frisieren und die lockeren Teile zu befestigen. Dann umrundete ich ein paar Mal den Block, und schließlich fuhren wir gemeinsam zur 23rd Avenue.

Das öde kleine Einkaufsviertel dort hob sich wie eine eigene kleine Stadt deutlich von der City ab. Die Dachlinien der Läden waren niedrig und unregelmäßig, die Telefonmasten hoch und unregelmäßig. Die Rinnsteine waren immer von Bierflaschen, Zigarettenstummeln und Motorrädern bedeckt. Die beliebtesten Lokale waren das Doggie-Diner-Drive-in, das vulgäre Star Cafe und der Poole's Locker Club, der einem alten Motorradfan gehörte, der die Seeleute im Zaum hielt und dem es nichts ausmachte, wenn junge Biker sich an seine Jukebox lehnten.

Wir parkten am Ende einer langen Reihe von Motorrädern unter den trüben Straßenlampen und gingen dann auf ein paar Typen vor einem Gebäude zu. Sie trugen ärmellose Levi's-Jacken, Kutten genannt, mit geflügelten Totenköpfen als Abzeichen. Ein dünner, schmutzig blonder, mit Kampfnarben übersäter Junge löste sich von der Gruppe und schlurfte auf uns zu. Seine schmierigen, stahlverstärkten schwarzen Stiefel machten vermutlich ein Zehntel seiner sechzig Kilo aus, aber er gewann an Gewicht, als er mit schräg gestelltem Kopf angeschlendert kam. Seine Augen waren geschwollen, und seine dicke Unterlippe ragte forsch nach vorne.

Sein Name war Ralph Hubert Barger jr., aber seine Freunde nannten ihn Sonny. Er war in Modesto geboren, und mit sechs Monaten hatte ihn seine Mutter dem Vater überlassen. Seine Mutter sah er nie wieder. Wie ich hatte er die Oakland Highschool abgebrochen und war zum Militär gegangen. Den Leuten erzählte er meist, er habe die Schule 1955 als Zehntklässler verlassen und dann ein Jahr in der Armee gedient. Man habe ihn aber entlassen, als er wegen seines zu jungen Alters aufgeflogen war. Nach seiner Anwärterzeit beim Nomaden-Charter der Angels habe er das Oakland-Charter aufgebaut und sei 1957 dessen Präsident geworden.

Sonny lächelte nie, doch er war nicht unfreundlich. Wir schüttelten einander die Hände und plauderten über Motorräder und den Club. Als die anderen Angels sich uns anschlossen, redete ich weniger und beschränkte mich aufs Zuhören und Beobachten. Sonny hingegen, der selbst erst zwanzig war, leitete das Gespräch.

Ohne wie ein Jugendlicher zu wirken, sprach er vom Motorradfahren als Lebensstil, nicht als Hobby. »Aber warum davon reden, wenn man's tun kann?« Er ging zu seinem Motorrad, machte eine lässige Kopfbewegung und fragte: »Na los, George. Lust auf 'ne Tour?«

»Klar«, sagte ich und brach auf zu meinem ersten »Run« – mit gerade einmal zwanzig Minuten Fahrpraxis auf einem Motorrad. Die Gruppe fuhr den Boulevard entlang, von einer Ampel zur nächsten, und ich fiel weit zurück, vor allem auf den geraden Strecken, weil meine Maschine bei jedem Versuch, sie hochzudrehen, stotterte und abstarb. Wenn ich das Bein hob, sprang der Motor wieder an, nur um eine Minute später erneut auszugehen. Ich versuchte mitzuhalten und wurde dabei schier verrückt. Nachdem ich den Motor sieben- oder achtmal abgewürgt hatte, hielten wir endlich vor Top's Cafe, in dem die Biker regelmäßig Kaffee tranken. Sonny schaute sich meine Maschine an und kam zu dem Schluss, dass mein Hosenbein dem Vergaser die Luft abschnitt.

Sonny nahm ein paar kleine Reparaturen vor, und nach einigen Ausfahrten steuerte ich meine Harley mit der gleichen wundervollen Eleganz durch den Verkehr wie die anderen. Ich liebte das Dröhnen der großen Kolben und kam sogar mit der nach hinten verlagerten Schaltung klar, die damals große Mode war. Sie verlangte präzise Bewegungen – eine Hand steuerte, während die andere zurückschwang und den Gang einlegte.

Meist fuhren wir, bis der Hintern schmerzte. Dann hielten wir an, tranken Kaffee und fuhren weiter. Wir rasten wie die Irren, donnerten in Kneipen hinein oder die Gehsteige entlang, rissen das Vorderrad in die Höhe, sahen einfach gut aus und fühlten uns gut. Es war fantastisch, zu viert oder zu fünft nebeneinander zu fahren und beide Spuren zu besetzen. Niemand überholte uns. Wir lösten Staus hinter uns aus, wann immer wir Lust hatten. Wir fuhren einfach los, die Motoren surrten, und alle blieben zusammen.

Etwa drei Wochen nach meiner ersten Ausfahrt wartete ich auf der Veranda eines Hauses auf der anderen Seite der Eisenbahnschienen entlang der 23rd Avenue. Ich war nervös. Drinnen diskutierten etwa 15 Mitglieder über ihren neuen »Anwärter« – über meine Persönlichkeit, meine Fahrkünste und vor allem meinen Wunsch, Mitglied zu werden. Zwei Neinstimmen hätten das Aus für mich bedeutet, aber alle fanden: je mehr, desto besser.

Als sie mich hineinriefen, gratulierten mir alle mit einem Händedruck und mit kräftigen Schlägen auf den Rücken. Ich bezahlte die wöchentliche Gebühr von 25 Cent und ein paar Dollar für das Club-Abzeichen, doch ich besaß noch keine Kutte. »Keine Sorge«, sagte Sonny und warf mir seine alte Jacke zu. Der Totenkopf war mit Blut getränkt, das Sonny bei einem Kieferbruch vergossen hatte. Stolz schlüpfte ich in die eng anliegende Jacke. Das Gefühl, Kameraden und einen Status zu haben, elektrisierte mich. Jetzt war ich kein Schulabbrecher mehr und kein entlassener Soldat, ich war ein Hells Angel.

Zu Hause musste ich allerdings einen Dämpfer hinnehmen. Hass ist ein mildes Wort, um zu beschreiben, was meine Mutter vom Club hielt. Schon der Name verspottete den Glauben, den sie jeden Tag in der Messe feierte. Sie hielt uns für arrogante Punks im späten Teenageralter, die bei ihren Eltern wohnten und von diesen abhängig waren. Jedes Mal, wenn mich Angels besuchten, rümpfte sie wegen der eingefetteten, zurückgekämmten Haare die Nase und nannte sie ein Pack von Vagabunden. Einmal schlug sie mit einem Besen auf ein paar Jungs ein.

Eines Abends versuchte sie, mir ihre Auffassung mit einer Bratpfanne einzubläuen. Mein Vater raufte mit mir, und Mutter schrie: »Ruf die Polizei. Sperr dieses Kind ein.« Also floh ich, bevor es zu spät war. Ich warf meine Harley an und brauste los. Das Summen des Bierdosenauspuffs beruhigte mich. Wieder frei!

Später am Abend saß ich mit Sonny und Waldo im Doggie Diner, als das Münztelefon klingelte. Irgendein Mädchen wollte ein Clubmitglied sprechen.

Sie und ihre Zimmergenossin sehnten sich nach Gesellschaft. »Gehen wir«, sagte ich zu den anderen.

Sie wohnte in einem alten Doppelhaus in der 18th Street und entpuppte sich als die wildeste Avon-Beraterin, die ich je getroffen hatte. In dieser Nacht begannen wir eine Affäre und sie zerkratzte mir den ganzen Rücken. Am Morgen musste ich wegen einiger Strafzettel zum Gericht, aber vorher sagte sie noch, sie sei sehr beeindruckt von meinen Leistungen im Bett. »Grüße von den Hells Angels«, erwiderte ich und fuhr los.

Ich probierte es auch mit den regulären »Mamas« des Clubs. Sie waren eine Art sexuelle Zusatzleistung für Clubmitglieder. Da war »Big Jane«, eine stattliche blonde Amazone, so stark, dass sie mich wie ein Baby auf den Armen tragen konnte. Dann Sue, deren Power im Bett legendär war – sie und ihre Zimmergenossin bumsten mich einmal, bis ich nicht mehr konnte, und ich schlich mich mit den Stiefeln in den Händen hinaus, während sie schliefen. Und Spider, deren Spitzname zu ihren dunklen Haaren an gewissen Stellen und zu ihren Gepflogenheiten im Bett passte. Eine der berüchtigsten war »Garbage Head«, eine Außenseiterin aus San Bernardino, die in Bars Vierteldollars schnorrte, indem sie die Beine zusammenpresste und um Geld für Tampons bettelte. Eines Abends versteigerten wir ihren Körper, aber das Höchstgebot waren nur 14 Cent. Viele Frauen betrachteten uns als Wiedergeburt der James Gang[3] und fuhren auf unsere Leder-Jeans-Motorrad-Erotik ab. Diejenigen, die bei uns blieben, vertrugen entweder eine Menge Misshandlungen oder hatten kein Zuhause.

Anfangs hielt ich Helen vom Club fern, teils aus Rücksicht auf ihre Unschuld, teils weil ich mir sexuell alle Möglichkeiten offenhalten wollte. Doch allmählich wurde sie in unsere Welt hineingezogen und ließ sich mit uns den Wind ins Gesicht blasen. Vor unserer ersten gemeinsamen Fahrt sagte ich: »Steig auf und halt dich gut fest. Leg dich in die Kurve, wenn ich es tue.« Unser Gehabe jagte ihr Angst ein, doch bald stellte sie fest, dass sie als Freundin eines Angels in der Schule an Ansehen gewann. Ihre Freundinnen fragten: »Meine Güte, dein Typ ist im Club. Wie ist das denn so?« Ihre erste Party mit den Angels – an einem Lagerfeuer in den Bergen – lieferte die Antwort.

»Es war wild«, erzählte sie ihren Freundinnen. »Ich kam mir unter diesen großen Kerlen wie ein Kind vor. Sie waren betrunken, machten mit den

Frauen rum und hatten eine Menge Spaß. Viele schluckten Pillen oder was anderes. Ich hab ihnen zugeschaut und so getan, als würde ich an meinem Bier nippen. Hat Spaß gemacht. ›Schau dir den dort an‹, hab ich zu George gesagt. ›Wie irre der aussieht!‹ Und alle Mädchen trugen aufreizend knappe Pullis und kurze Lederröcke. Die Frauen waren echt hart und benahmen sich wie die Kerle, forsch und böse. Sie hatten Messer, und bei einigen dachte ich: Eigentlich müssten die am Lenker sitzen, nicht die Jungs.

George schaute hauptsächlich zu, außer wenn er auf einem Tisch tanzte. Er war meist unterwegs und unterhielt sich mit den Leuten. Ich sollte einfach sitzen bleiben. Das gefiel mir gar nicht. Immer wenn einer mit mir tanzen wollte, kam George und stellte sich vor mich hin. Er beschützte mich die ganze Zeit und redete Klartext mit seinen Kumpels. ›Die gehört mir‹, sagte er, ›also lasst die Finger von ihr.‹ Ich hab sowieso keinen von denen gereizt. Die Angels wollten mit prallen Miezen rummachen, nicht mit mir.«

Helens Eltern wussten das nicht. Sie glaubten, der Club gefährde Helens moralisches und mein Motorrad ihr körperliches Wohlbefinden. Anfangs mochten sie mich, doch das änderte sich, als ich vor ihrem Haus auf dem Hinterrad balancierte. Sie verboten ihrer Tochter Motorradfahrten, sodass ich sie mit dem Auto abholen und dann mit ihr aufs Zweirad umsteigen musste.

Als Helen ein Jahr alt war, hatten die Bagleys ihr bescheidenes, rustikales Haus in Oklahoma verlassen und waren nach Kalifornien gezogen. Ihr Vater Charley war ein lebhafter kleiner Mann, gezeichnet von Kneipenprügeleien und einem Verkehrsunfall, seit dem eines seiner Beine dauerhaft verkürzt war. Er hinkte merklich und verschwendete viel Zeit und Geld in guten alten Kneipen wie dem Silver Saddle. Aber seine schwieligen Hände spalteten Schiffstrossen und ernährten drei Kinder. Um über die Runden zu kommen, arbeitete seine Frau einige Monate im Jahr in der Konservenfabrik Del Monte und in Gebrauchtwarenläden.

Erst vor Kurzem konnte es sich die Familie leisten, das ebene, überwiegend schwarze Ghetto in West Oakland zu verlassen und in ein höher gelegenes, »weißeres« Viertel mit besseren Schulen zu ziehen. Weder die Eltern noch Helens ältere Brüder hatten die Highschool beendet. Sie sollte die Erste sein, die diese Schule abschloss.

Sie zeichnete und malte gerne, doch an eine Kunstschule war nicht zu denken. Helen liebäugelte mit einer Ausbildung als Kosmetikerin, aber 500 Dollar Gebühren im Jahr waren zu viel. Also besuchte sie den Sekretärinnenkurs an der Highschool und hoffte, eines Tages mit anderen ungebundenen Mädchen eine Wohnung beziehen zu können.

Doch bald wurden ihr andere Vorschläge unterbreitet. Zum Beispiel bat ich sie, mich zu heiraten.

»Ich möchte noch nicht heiraten«, erwiderte sie. »Erst will ich die Schule abschließen.«

»Nun ja, du wirst bald schwanger sein«, sagte ich, und diese Prognose bewahrheitete sich innerhalb weniger Monate.

Die Schwangerschaft geheim zu halten, machte ihr mehr zu schaffen als die morgendliche Übelkeit. Wir wollten eines Tages auf dem Land leben und unsere Kinder als Katholiken großziehen, obwohl Helens Eltern Baptisten waren. Wir versuchten Geld zu sparen, um zusammenleben zu können, und den Mut aufzubringen, es ihren Eltern zu sagen.

Mittlerweile galt Helen bei den Angels als meine feste Freundin. Ihre offizielle Aufnahme fand auf der Halloween-Party des Clubs im Jahr 1959 statt. Sie und J. B.s Frau Irma freuten sich, dass sie jetzt dazugehörten. Helen holte viele Ratschläge ein und beschloss dann, Levi's und einen geborgten grünen Mohair-Pullover anzuziehen.

Das gesamte Oakland-Charter quetschte sich auf den zwei Tonnen schweren Lieferwagen meines Vaters und fuhr nach San Francisco. »Du setzt dich nach vorne zu mir«, sagte ich zu Helen, obwohl sie sich lieber der bekloppten Gruppe auf der Ladefläche angeschlossen hätte. Die Leute waren beschwipst, tranken und verschütteten Bier, noch ehe wir Oakland verlassen hatten.

Da wir uns ein wenig verspätet hatten, drückte ich aufs Gaspedal und fuhr hundert Kilometer in der Stunde. Nur zum Spaß machte ich immer wieder Schlenker, sodass meine Passagiere gegen die Wände prallten. An der Mautstelle bei der Bay Bridge zog meine geschminkte und mit Ziegenbärten geschmückte Besatzung eine Show für die Autofahrer ab. Sie prosteten einander zu und pinkelten durch das hintere Gitter. »Hilfe, lasst uns raus!«, kreischten die Frauen. Der Zuständige an der Mautstelle ging nach hinten, um das Auto zu inspizieren, kam aber gleich wieder zurückgerannt.

Ich hatte die anderen zu der Fahrt im Lieferwagen überredet, weil die Gruppenreise lustiger und sicherer war als eine nächtliche Biker-Karawane. So konnten wir die Gefahr verringern, dass Betrunkene sich verletzten, belästigt wurden oder sich in der fremden Stadt verirrten. In der Vergangenheit hatte die Polizei von San Francisco Clubmitglieder, die auf dem Weg zu einer Party waren, manchmal aufgehalten, aber in dieser Nacht rollte der Lieferwagen ungehindert zum alten Fillmore Auditorium, einem muffigen, abgetretenen Tanzlokal im ersten Stock eines Eckhauses im Schwarzen-Bezirk Fillmore.

Drinnen zog Helen sich in eine Ecke beim Getränkestand zurück, während ich meine Runde drehte, plauderte, Pillen einwarf, Bier kippte und Krach schlug. Das Lokal füllte sich langsam mit Bikern von Clubs wie den Mofos, den Presidents und den Gypsy Jokers, aber die Angels stachen heraus. An Halloween waren wir meist besonders gut in Form – eher ausgefallen als befremdlich. Wir liefen mit bemalten Gesichtern, rasierten Köpfen, Kettenpeitschen, Glühlampen, Mohikaner-Frisuren, Ohrringen, Nasenringen, Nazihelmen und Hakenkreuzen herum.

Im erbitterten Kampf um Aufmerksamkeit sprühte Sonny sich orange an, doch Frank Sadilek, der Präsident in Frisco, übertrumpfte ihn: Er hatte sich grün angesprüht und trug seinen Bismarck-Helm mit einem Blinklicht. Der 135 Kilo schwere Filthy Phil, ebenfalls aus San Francisco, torkelte in weiten Kniehosen herum und war als Kleiner Lord kostümiert.

Als die Jungs herumzupöbeln und die Frauen zu betatschen begannen, suchte mich Helen fieberhaft in der Menge. Als ich zurückkam, versuchte gerade ein hartnäckiger Biker, sie anzubaggern. Ich stellte mich eine Nasenlänge vor ihm hin und schickte ihn mit einer heftigen Kopfnuss fort.

»Du bleibst am besten in meiner Nähe«, sagte ich zu ihr. Sie steckte eine Hand in meine Gesäßtasche und folgte mir durch den Saal wie ein Lotsenfisch einem Hai. Wir drängten uns durch das Getümmel und blieben nur gelegentlich stehen, um zu plaudern, Bier zu trinken oder Diätpillen zu schlucken.

Das langweilte sie bald, und sie wollte tanzen. »Nur zu, tanz alleine«, sagte ich. Einige Angels stampften und wackelten ungeschickt herum, aber ich fand, Tanzen war nichts für einen Kerl. Wenn ich herumtanzte, dann auf dem Gesicht eines Feindes.

Der Star eines Tanzabends war meist kein Mitglied der Band, sondern der Angel, der sich am wildesten aufführte – einer, der auf dem Tanzboden kopulierte, mit dem Kopf eine Basstrommel durchschlug oder ähnliche Kunststücke zum Besten gab. An diesem Abend war es Scab, ein Anwärter und Matrose, der sich während seiner ersten Motorradfahrt beide Beine gebrochen und seinen Ruf endgültig gefestigt hatte, indem er ein weiteres Mal stürzte, als er sich mit einer Bierkiste auf dem Schoß und Krücken in den Händen auf den Rücksitz eines Motorrads setzte.

Trotz seiner Pflaster und Verbände betrank sich Scab und fing Streit an, verlor aber das Bewusstsein, bevor der Kampf entschieden war. Einige Angels schleppten ihn auf die Ladefläche des Lieferwagens, wo er seinen Rausch ausschlafen konnte.

Gegen zwei Uhr morgens tranken wir im Apartment von Jerry und Betsy Jordan weiter, als wir von weitem Schreie hörten: »Skip! Hilf mir. Hiiilfe!« Das war Scab. Er war aufgewacht und glaubte, er befinde sich im Knast. Darum rief er nach Skip Workman, einem Kumpel von der Marine. Als Scab wieder bei uns war, geriet er wieder in beste Partystimmung, machte aber den Fehler, sich auf dem Küchenboden zu erleichtern. Betsy heulte ungläubig auf: »Jerriii! Verdammt! Schmeiß diesen Hundesohn raus!«

Also kam Scab erneut in den Knast, doch die Party ging fast bis zur Morgendämmerung weiter. Helen und ich schliefen dann dort und fuhren vormittags nach Hause. Zum ersten Mal hatten wir mit den Angels eine ganze Nacht durchgefeiert.

Einen Monat später sagte Helen beiläufig zu ihrer Mutter: »George und ich gehen nach Reno.«

»Was?« Die Frau war verdutzt. »Warum?«

»Wir heiraten«, sagte Helen, ohne ihre Schwangerschaft zu erwähnen.

Irgendwie rangen wir unseren Eltern die Zustimmung zur Heirat ab, doch meine weigerten sich, an der standesamtlichen Zeremonie teilzunehmen. Wir wollten an einem Freitagabend nach Reno fahren und am Samstagmorgen heiraten.

Am Abend vor unserer Abreise verkaufte ich mein Motorrad und zog anschließend mit Jerry und einigen anderen Mitgliedern durch mehrere Kneipen, um meinen Abschied als Junggeselle zu feiern. Helen blieb mit

Betsy zu Hause und wunderte sich darüber, dass ich so lange brauchte, um ein Motorrad zu verscherbeln. Nach Mitternacht jammerte sie: »Ich weiß, dass er nicht heimkommt. Er ist unterwegs.« Die größte Sorge bereitete ihr ein Brief, den meine ehemalige Verlobte in Idaho mir kurz zuvor geschrieben hatte. Doch um drei Uhr morgens platzte ich etwas unbeholfen herein. Ich hatte einen großen Teil meines Verkaufserlöses bereits wieder ausgegeben, und die hundert Dollar, die ich von meinem Chef als Hochzeitsdarlehen erhalten hatte, waren ebenfalls weg. Um Helen zu versöhnen, küsste ich sie und schenkte ihr einen Weihnachtsmann auf einem Motorrad, den ich in einer Kneipe gekauft hatte.

Sie verzieh mir, und wir stiegen zu viert in Jerrys Renault und machten uns auf die fünfstündige Reise. »Reno, wir kommen!«, schrien wir, während das kleine Auto sich die Westseite der Sierra Nevada hinaufkämpfte. Als der Tag anbrach, rumpelten wir in die »größte Kleinstadt der Welt«, wie Reno genannt wurde. Dann zogen wir uns in der Toilette einer Tankstelle um.

Vor dem Gerichtsgebäude des Bezirks Washoe schliefen Helens Eltern und ihr Bruder Dean in ihrer alten Blechkiste – einarmige Banditen hatten ihnen das Geld fürs Motel gestohlen. Charley schwankte, als er die Treppe hinaufstieg. Die Szene erinnerte mich an den Film *Früchte des Zorns*. Ich ging voraus in ein kaltes, schlichtes Büro, wo mehrere andere Hochzeitsgesellschaften darauf warteten, dass der Standesbeamte sie hineinrief.

Dann waren wir an der Reihe. Der Beamte brabbelte das Gelöbnis, wir wiederholten seine Worte und waren verheiratet. Helens Eltern wussten immer noch nicht, dass drei Menschen vereinigt worden waren, nicht zwei. Nachdem die Jordans unseren Auszug aus dem Gerichtsgebäude auf Film gebannt hatten, speisten wir alle in einem nahe gelegenen Spielkasino, warfen ein paar Münzen in die Automaten und fuhren dann auf dem Highway nach Westen zurück. Unsere Hochzeitssuite war ein kleines, muffiges Apartment in der Nähe der Fremont High School. Die Hochzeitsreise fiel aus, weil ich meine Lehrstelle (49 Dollar pro Woche) nicht verlieren wollte.

KAPITEL 3

EINE JUNGE FAMILIE

Das metallische Dröhnen einer Glocke riss mich jäh aus dem Schlaf. Mit hängendem Kopf hockte ich einen Augenblick lang an der Bettkante und stand dann mühsam auf. Nach ein paar Wochen erinnerte mich die Wohnung noch immer an ein Motelzimmer für vier Dollar die Stunde, doch nach schmerzhaften Zusammenstößen hatte ich gelernt, im Dunkeln dem Heizkörper und den von Motten zerfressenen Möbeln auszuweichen. Ich verließ das Rollbett, das nie weggerollt wurde, und ging an dem dick gepolsterten Sofa, dem Sessel und dem gebrauchten Fernseher vorbei. Am offenen Fenster ließ ich die kalte Luft über meine Brust streichen, aber die Luft linderte meinen Kater nicht, und meine Zunge klebte am Gaumen. Mein Schädel brummte, als ich mich anzog; darum schluckte ich eine Tablette. »Bis später, Idiotin«, rief ich der schlafenden Helen zu. Dann ging ich.

Später betrachtete sie ihren Bauch im Spiegel und schlüpfte zum ersten Mal in ein Umstandskleid. Entschlossen marschierte sie die wenigen Straßenblöcke entlang zur Kellerwohnung ihrer Eltern und durch die nicht verschlossene Türe. An der Schlafzimmertür blieb sie stehen.

»Morgen, Mama.«

Die Mutter rückte ihre Bifokalbrille zurecht, lächelte und richtete sich auf. »Was hast du da angezogen?«

»Wie sieht's denn aus?« Sie wartete auf ein Zeichen der Vergebung oder Akzeptanz.

Aber ihre Mutter sagte nur: »Warum hast du es mir verschwiegen?«

»Ich dachte, es ist das Schlimmste, was mir passieren kann.«

»Liebst du ihn?«, fragte sie in verschwörerischem Ton. »Du weißt, du hättest ihn nicht heiraten müssen, wenn du ihn nicht liebst. Warum hast du's getan?«

»Ich musste es tun, ich war schwanger.« Die Wahrheit drang durch ihre Tränen.

»Du kannst immer noch mit heiler Haut davonkommen. Ich ziehe das Kind als meines auf.«

»Mama, wie könnte ich das tun?« Der Gedanke ließ sie erschaudern. »Ich würde das Kind heranwachsen sehen. Ich wäre seine Schwester. Das würde ich nicht aushalten.«

Die Mutter nahm Helens Hand. »Ich wollte dir nur sagen, was du tun kannst. Du musst nicht bei ihm bleiben.«

»Ich liebe ihn wirklich«, erwiderte Helen zuversichtlich.

Als sie dann wieder zurück in unserem Flitterwochen-Apartment war, das 57,50 Dollar im Monat kostete, vergaß sie die trostlose Umgebung und träumte von einem Baby, das bei liebevollen Eltern in einem glücklichen Heim herumkrabbelte. So wie im Film.

In der realen Welt war sie dankbar dafür, dass das Kind einen Namen bekommen und hoffentlich gut behütet sein würde. Leider waren wir beide nicht für den Alltag einer Ehe geschaffen, aber wir wurstelten uns durch. Als Ernährer brachte ich den größten Teil meines mageren Lohnes nach Hause, nahm Helens Einkaufsliste entgegen und kaufte für eine Woche ein. Sie war zuständig fürs Kochen, für das Putzen unserer wohnwagengroßen Wohnung und für das Bügeln meiner Kleider gemäß den strengen Richtlinien meiner Mutter.

Jeden Abend saßen wir in unserer Miniküche und spielten Rollen, die aus einer Fernsehserie stammen könnten. Ich erzählte von meiner Arbeit, sie machte ein paar Bemerkungen über ihren Tag und berichtete, wie ihr Körper sich veränderte oder was es Neues in ihrer Familie gab. Ich war kein sehr aufmerksamer Zuhörer, dafür ein starker Esser. Nach jeder Mahlzeit machte ich Helen Komplimente, einerlei wie schlecht das Essen geschmeckt hatte.

Sie wollte abends bei mir sein, selbst wenn sie während eines Clubtreffens im Auto warten oder in zwielichtigen Bars Flipper spielen und Limo trinken musste.

Zu Beginn ihrer Schwangerschaft konnte ich der Versuchung nicht widerstehen, erneut ein Motorrad zu kaufen. Eine Weile benutzten wir es, um andere Clubmitglieder zu besuchen, doch später legten wir uns ein Auto zu, um das Baby nicht zu gefährden. Die Runde zu machen war Pflicht im Club, und verheiratete Männer waren keine Ausnahme.

Am liebsten hingen wir in Sonnys Haus herum. Er hatte die Ellbogen tief in Motorradersatzteilen versenkt und hielt dabei Hof. Beim Klang hochgedrehter Motoren, klirrender Schraubenschlüssel und rauen Gelächters plauderten wir über unsere kleinen Sorgen, leerten Bierkisten und schauten Sonnys wilden Basteleien zu. Er arbeitete trotz aller Ablenkungen weiter und war ein solcher Perfektionist, dass leicht tropfendes Öl ihn veranlasste, den ganzen Motor auseinanderzunehmen. Er verschliss sogar Bolzengewinde.

»He, Dummerchen«, hänselte ich ihn, »geht es dir nicht auf den Geist, diese Maschine immer wieder auseinanderzunehmen?« »Sie verliert Öl, na und? Gieß doch Öl nach.«

Anstatt aufzuhören, zeigte Sonny mir einen verschmierten Finger und bat mich, ihm zu helfen, Teile in die Küche zu tragen, wo es sauberer war. Obwohl wir im Raum nebenan waren, kümmerten sich die Männer kaum um die Frauen, außer wenn sie jemanden brauchten, der ihnen Essen oder Getränke holte.

Das Wohnzimmer war mit Ehefrauen und Freundinnen gefüllt wie das Wartezimmer eines Geburtshelfers. Meist langweilten sie sich, oder sie waren stocksauer auf die Männer. Um die Zeit totzuschlagen, unterhielten sie sich miteinander oder blätterten in Filmzeitschriften. Nur sehr wenige waren befreundet, viele waren Rivalinnen. Sonnys Frau Sharon H., ihre Gastgeberin, machte sich wenig aus ihrer Gesellschaft, und das zeigte sie ihnen.

Helen war einer der wenigen Menschen, welche die blonde Einzelgängerin zu mögen schien. »Komm mit«, pflegte sie zu sagen, lud Helen ins Schlafzimmer ein und plauderte mit ihr über Sonny, ihren vierjährigen Sohn und ihre Mutter, deren Spirituosengeschäft zum Unterhalt ihrer Familie beitrug. Helen war über die 25-Jährige verblüfft. Sharon schien sehr weltläufig zu sein. Auf ihrem Nachttisch lagen *True-Confession*-Hefte, und sie hatte immer Geld für den Haushalt und Sonnys Motor-Basteleien.

Helen hatte keine Ahnung, warum Sharon gerade sie als Freundin auserkoren hatte und ihr gebrauchte Sachen schenkte. Doch aus irgendeinem Grund zeigte Sharon großes Interesse an der Arterienverkalkung von Helens Mutter.

»Welche Tabletten nimmt sie?«, fragte sie.

»Weiß ich nicht. Gelbe Tabletten gegen Schmerzen.«

Sharon strahlte. »Gegen Schmerzen? Kannst du mir ein paar besorgen?« Sie war sich sicher, dass es sich bei den Tabletten um Percodan handelte, ein starkes Betäubungsmittel, das auch Halluzinationen auslösen konnte.

Man brauchte dafür ein spezielles Rezept in dreifacher Ausführung, dessen Verwendung staatlich kontrolliert wurde.

Widerstrebend mopste Helen ein paar gelbe Tabletten für sie, doch diese reichten ihr offenbar nicht. Zufällig fanden wir einige Wochen später heraus, dass Sharon sich für Helen ausgab, um von deren Arzt und von meinem Zahnarzt dieses Medikament zu bekommen.

Sharon schickte Angels los, um mit gefälschten Rezepten Medikamente zu beschaffen. Sonny fand es bald peinlich, dass seine Alte im Club die fleißigste Drogenkonsumentin war, denn damals lehnte er Drogen strikt ab. Zur Strafe spülte er vor ihren Augen den ganzen Vorrat die Toilette hinunter.

Dieser Vorfall zeigte mir, dass Helen zu naiv war, um an Ausflügen des Clubs teilzunehmen. Darum gewöhnte ich mir an, sie im Apartment der Jordans bei Betsy abzuladen, die ebenfalls schwanger war, manchmal auch bei Irma, einer jungen Mutter. Helen hatte nicht den Mumm, mir zu widersprechen. Betsy, eine große Blondine, die ganz verrückt nach Motorradfahren war, wollte zwar unbedingt mitfahren, konnte sich jedoch nicht durchsetzen. Und Irma, eine heißblütige Latina, hatte ihren Mann J. B. mit einem Kinderwagen vom Motorrad geschubst. Danach blieb J. B. etwas öfter zu Hause, aber Jerry und ich düsten los.

Helen und Betsy verloren beim Tauziehen mit dem Club immer mehr an Boden. »Diese Bastarde lassen uns einfach allein!«, klagten sie. »Das ist nicht fair.« Sie beschimpften und verwünschten uns, aber es blieb ihnen nichts anderes übrig als wieder einmal Canasta zu spielen, sich eine Fernseh-Soap anzuschauen und über die Freuden der Mutterschaft zu sinnieren.

Wegen der Angels und der Berufsschule war ich jede Woche an mehreren Abenden nicht zu Hause, und im Laufe der Monate fing ich auch noch an, um zwei Uhr morgens oder später betrunken ins Bett zu plumpsen. Helen fragte nie, wo ich so lange gewesen war – bis sie in meinem Auto lange Haare und Zigarettenkippen mit Lippenstiftspuren fand. Meine Erklärungen waren so unglaubhaft, dass sie nicht mehr reagierte, wenn ich Sex wollte.

Im Rückblick nehme ich an, dass sie sich ungeliebt fühlte. Sie glaubte wohl, ich hätte sie nur als Sexobjekt abgeschleppt und später aus schlechtem Gewissen geheiratet. Auch ihre erste und unerwünschte Schwangerschaft setzte ihr zu. Ihre Depression machte sie launisch und gereizt.

KAPITEL 4

JUNGE ENGEL

»Im Jahr 1960 war es hauptsächlich ein Motorradclub. Die Mitglieder hingen in Kneipen herum, zettelten Schlägereien an und pissten auf die Motorräder ihrer Kumpels. Viele hatten einen Beruf und schlugen nur abends über die Stränge.«
Ein Polizist aus Oakland, der den Club kannte

Nachdem ich den ganzen Tag bei der Arbeit geschwitzt und dann kurz den werdenden Vater gespielt hatte, wollte ich nur noch raus. Je gereizter Helen wurde, desto schneller floh ich. Ich duschte, kämmte meinen Ziegenbart, klatschte mein dunkles Haar nach hinten und schlüpfte dann – während Helen missbilligend zusah – in meine stets ungewaschene Bikerkluft. Vorsichtig wie ein Revolverheld zog ich meine Levi's bis zum Bauch hoch. Der Stoff war mattschwarz und am Hosenboden poliert. Ich knöpfte ein kurzärmliges schwarzes Hemd zu, bückte mich, um die schwarzen Stiefel zu schnüren, die bis zu den Kniekehlen reichten – ganz im Stil der Highway Patrol –, und ließ dann die Hosenaufschläge darüber fallen. Dann war die mit Kupfernieten verzierte Kutte an der Reihe. Zum Schluss stürmte ich mit einem Messingring in der Nase und einem ledernen Harley-Hut auf dem Kopf hinaus in die Nacht.

Überall in der Stadt winkten andere Angels ihren Frauen, Freundinnen und Kindern zu und verließen Restaurants und Fabriken, Baustellen und Sattelschlepper. Sie holten ihre Kutten aus dem Spind oder aus dem Kofferraum, befreiten ihre Harleys von den Abdeckplanen, rollten sie aus der Garage und erweckten sie zum Leben. Bald trafen sich zwanzig oder mehr Angels am vereinbarten Treffpunkt, erregt vom Vibrieren des Motors und der Straße. Das Fieber stieg.

Auf dem Parkplatz alberten schon die ersten Angels herum und beschäftigten sich mit ihren Motorrädern. Manche scherzten und rauchten, andere verschlangen Burger und Bier. Wir lehnten uns an unsere Maschinen und weideten uns an den empörten Blicken der braven Bürger, die vorbeigingen. Wir baggerten hübsche Damen an, die sich vorbeimogeln wollten, aber unsere eigenen, ganz in Leder gekleideten Frauen mit den hochgeschnürten Brüsten, Strato-Sonnenbrillen und dramatischem Make-up standen in der Nähe herum. Die meisten waren Twens, doch ihre grimmigen, verkniffenen Gesichter schreckten fast alle Mitbewerberinnen ab. Ab und zu kam eine Neue, die sich nicht einschüchtern ließ oder die Gruppensex ertrug. Dadurch wurde sie eine von uns – sie hockte auf dem Heckkotflügel einer Chopper-Harley, ließ sich den Wind ins Gesicht blasen und schlang die Schenkel um einen wilden Kerl.

Mit den Gasgriffen machten wir Musik und nahmen eine grobe Formation in dieser Reihenfolge ein:

– Ralph »Sonny« Barger sah mit seinen Narben und seinem Machogehabe auf einem Motorrad größer aus als auf den Füßen. Er arbeitete zunächst im Montagewerk von General Motors, dann bediente er eine Maschine in einer Röhrenfabrik.

– Ich selbst war etwa 1,83 Meter groß, wog knapp hundert Kilo (mehr Muskeln als Fett) und nahm immer noch zu.

– Jerry Jordan, ein dunkelhaariger, adretter Typ, war so groß wie ich und trug seine gut hundert Kilo wie ein Footballspieler. Er arbeitete in der Bonbonfabrik Peter Paul.

– Junior, 135 Kilo schwer, war zu monströs, als dass man ihn hätte dick nennen können. Unter ihm verschwand fast das ganze Motorrad. Er trank viel, faulenzte gerne und wohnte bei seinen Eltern.

– J. B., ein durchschnittlich großer Mann mit rostrotem Haar, bediente sein Motorrad mit seltener Präzision. Der Lkw-Fahrer und ich waren schon als Kinder befreundet gewesen.

– Waldo war ein unbekümmerter Bursche, solange er nicht betrunken war. Er wartete hinter einer trügerischen Hornbrille auf seine Chance, zu zeigen, dass er einer der mächtigsten Angels war. Waldo war etwas größer als ich, wog 115 Kilo und arbeitete als Maler in der Werft Alameda Naval.

– »Skip the Scotchman«, ein ehemaliger Marineboxer, der in seiner Fantasie manchmal wieder im Zweiten Weltkrieg kämpfte, konnte ebenso genial wie unberechenbar sein. Er sammelte Erinnerungsstücke und Waffen und arbeitete als Fließbandaufseher in einer Autofabrik.

– »Johnny Angel« oder »Polliwog« Palamar, 1,70 Meter groß und 93 Kilo schwer, mit breiter, dunkler Nase, erinnerte uns an eine Kaulquappe. Er war ein Typ, der eine Kugel knapp an einem Barkeeper vorbeischoss, weil dieser das Sakrileg begangen hatte, ihn »Bruder« zu nennen. Johnny war Schweißer.

– Elliott S. »Cisco« Valderama, 1,80 Meter groß und 63 Kilo leicht, war ein Motorradveteran, der bei den Misfits in Santa Rosa angefangen hatte.

– Tommy, 1,75 Meter groß, war ein verwegener Biker, der Motorräder ebenso liebte wie Sonny und der seine Verschlossenheit bizarr überspielte. Er arbeitete als Dreher.

– »Swede« fuhr ruhig und sprach verbindlich. Er wollte Vizepräsident werden.

– »Gypsy«, eine Art Hinterwäldler mit Frau und zwei rotzfrechen Kindern, fuhr mit den Angels, um seinem häuslichen Elend zu entfliehen.

– Elvis, ein drahtiger, 1,93 Meter großer Angel mit rotem Spitzbart, war aus Südkalifornien geflüchtet. Er war wie »Norton Bob« einer der wenigen Angels, die anstelle einer amerikanischen Harley einen »Engländer« fuhren, also ein englisches Motorrad (eine BSA).

– Auch drei Brüder waren im Club: Ernie, ein rau aussehender K.o.-
Künstler – ein Schlag genügte –, war früher Vizepräsident in
einem Unternehmen gewesen. Amaro war einer meiner ehemaligen
Schulkameraden und Danny ein alter Kumpel, den ich bei der Air Force
getroffen hatte. George, ihr älterer Bruder, hatte den Club verlassen, um
Dragster-Rennfahrer zu werden.

Neben Oldtimern wie Pete und Ike und ruhigen Neulingen wie Brad und
Andy schlossen sich uns gelegentlich Nichtmitglieder in ihren Dreißigern und
Vierzigern an, unter anderen Richie, »Peg Leg« (mit Holzbein) und »Dumbo«
(mit Stahlplatte im Schädel, nachdem ihn eine Möwe vom Motorrad geholt
hatte). Wie die Gesetzlosen im Wilden Westen nannten wir uns gerne nur
beim Vor- oder Spitznamen.

Normalerweise fuhr das Oakland-Charter allein und blieb in der Nähe
der Stadt, obwohl Benzin nur etwa fünf Cent pro Liter kostete. An fast
jedem Abend und Wochenende düsten wir die 14th Street entlang. Wie
Höllenbewohner mit flatternden Jeans und tödlichen Stiefeln umarmten
wir unsere heißen, qualmenden Metallungeheuer. Wir donnerten über das
Pflaster, als gehöre es uns, und das Ganze war größer als die Summe seiner
Teile. Es war schwer zu sagen, ob die Männer Gliedmaßen der Maschinen
oder die Maschinen Gliedmaßen der Männer waren. Wir waren eins.

Solange wir Benzin im Tank oder einen Dollar zum Auftanken hatten,
fuhren wir herum ohne anzuhalten, bis der Durst uns in Kneipen wie Hazels in
der Bancroft Street oder in den Hilltop Club am MacArthur Boulevard trieb.
Von anderen Gästen erwarteten wir, dass sie über Beleidigungen oder Arroganz
hinwegsahen, denn ein kritischer Blick, eine ungebetene Bemerkung oder ein
Mangel an Ängstlichkeit waren Grund genug für einen Hieb oder einen Tritt.
Wir brauchten keine klaren Motive und keine Diskussionen zum Kampf.

Manchmal suchte uns der Ärger, manchmal suchten wir ihn. Gruppen
von Cowboys, Seeleuten oder Schwarzen tranken bisweilen so viel flüssige
Tollkühnheit, dass sie uns herausforderten. Doch meist luden wir zum Kampf
ein. Wir wählten auffallende und verhasste Minderheiten aus, zum Beispiel
Schwarze, um sie zu demütigen. Wer schlau war, ignorierte die Beleidigungen
und stahl sich davon – wenn er konnte.

Wir verloren nicht viele Kämpfe. Da wir oft hübsche Dinge wie Ketten, Schraubenschlüssel, Messer und Rasiermesser bei uns trugen, waren wir besser ausgerüstet. Die vielen Schlägereien, das nächtelange Trinken und die wilden Motorradfahrten härteten uns ab und machten uns erfahren. Das Clubabzeichen wirkte ebenso einschüchternd wie eine gezückte Waffe, denn es verkündete, dass jeder Angel in Rufweite seinem Bruder zu Hilfe eilen würde. Wer glaubte, er kämpfe von Mann zu Mann gegen einen Angel, oder könne darauf bauen, dass wir die Regeln des Boxsports einhielten, merkte bald, dass wir nur gewinnen wollten. Wenn ein Mitglied am Verlieren war, galt für uns der zweite Teil des Mottos »Einer auf alle, alle auf einen«.

Aber meist genügten einfachere Maßnahmen. Einmal geriet Sonny in einer Kneipe an einen viel größeren Kerl. »Einen Moment«, schrie ich und trat zwischen die beiden. Ich hauchte die Brille des Typs an, trat zurück und sagte: »Jetzt.« Sonny landete einen makellosen Sonntagstreffer. Wieder war ein Kampf gewonnen, und wieder hatte die Welt die Botschaft erhalten: »Ein Angel hat immer recht.«

So kämpfte ich: schnell, sauber und siegreich. Warum sollte ich um Gnade winseln und mir eine blutige Nase holen, wenn ein überraschender Faustschlag und ein Dutzend Nachschläge einen Streit zu meinen Gunsten entscheiden konnten?

Ich hielt mich eher für einen Gefühlsmenschen als für einen Schläger, aber ich wurde leicht wütend. Wenn jemand mir den Vogel zeigte, weil ich an einer roten Ampel gehupt hatte, konnte er damit rechnen, vor der nächsten Ampel von der Straße gedrängt und aufgemischt zu werden. Und wer Helen anstarrte, durfte sich auf eine Tracht Prügel gefasst machen. Mein Temperament machte es Helen unmöglich, sich in der Öffentlichkeit jemals zu entspannen, aber es stärkte mein Ansehen im Club und verschaffte mir einen Platz bei den »Schwergewichten«, die in der vordersten Verteidigungslinie standen. Diese größten und streitlustigsten Brüder wogen im Durchschnitt über hundert Kilo und waren mehr als 1,80 Meter groß.

Wir brachen eine Menge Kneipenschlägereien vom Zaun. Vor allem mein großer, bebrillter Kumpel Waldo schlug alles kurz und klein, wenn er ein paar Bierchen gekippt hatte. Er machte jeden fertig. Das Tail End in San Leandro verwüsteten wir besonders gerne, weil die Kerle des Motorradclubs Paisano dort herumhingen. Wenn wir fertig waren, lagen überall zerbrochene Möbel und Flaschen und blutende Männer am Boden Wir fuhren unsere Runden, schlugen Krach und zogen eine Schau ab. Dabei behielten wir die örtliche Polizei immer im Blick.

An einem anderen Abend trafen wir unsere Kumpels aus Frisco, Vallejo und ein paar weiteren Chartern in Rodeo an der Bucht. Insgesamt waren es fünfzig Angels oder mehr, und wir wollten ein Hotel heimsuchen, in dem ein Autoclub namens The Slicks einen Tanz veranstaltete. Dessen Mitglieder hatten einige unserer Brüder aus Vallejo belästigt und uns herausgefordert.

Wir parkten unsere Motorräder einen Straßenblock entfernt an einer Tankstelle, damit uns niemand kommen hörte. Vor dem Hotel hielten uns einige Wachmänner auf, aber nicht lange. Wir schubsten sie einfach beiseite und strömten dann in die Lobby. Dort spielten wir Cowboy und Indianer. Es krachte und schepperte. Möbel und Menschen fielen übereinander. Dann walzten wir die Kartenabreißer vor der Tür zum Tanzsaal platt, warfen Männer über den Balkon, stießen Leute links und rechts zu Boden und verließen den Ort der Verwüstung. Einige unserer Frauen bewarfen die Slicks mit schweren Aschenbechern. Wir brauchten nur fünf Minuten, um sie aufzumischen (in fünf Minuten ist vieles möglich). Dann rief jemand: »Raus hier!« Und wir rannten. Immerhin waren 200 Mitglieder des Autoclubs im Saal, und die Überraschung war unser wichtigster Verbündeter.

Leider fuhren gerade einige Polizeiautos vor, als wir hinausliefen. Ein paar Mitglieder und Bräute wurden aufgegriffen und in Handschellen abgeführt, aber wir zerrten die Opfer so schnell wieder aus den Polizeiautos, wie die Cops sie hineinstoßen konnten. Auf einmal stolperten Frank Sadilek, der Präsident von Frisco, und Frisco Pete blutüberströmt aus dem Hotel. »Ihr Dreckskerle!«, schrien sie. »Ihr habt uns mit diesen Typen allein gelassen.« Als wir die meisten unserer Leute gerettet hatten, zogen wir uns zur Tankstelle zurück. Einige Frauen trugen immer noch Handschellen, und Filthy Phil schleppte einen gestohlenen Reifen mit.

Als wir mit dröhnenden Motoren davonpreschten, fuhr einer auf dem Hinterrad in die Tankstelle hinein. Mittlerweile trafen immer mehr Polizisten ein. In Zweier- und Dreiergruppen rasten wir aus der Stadt und nach Hause. An der Mautbrücke Carquinez Straits reihten wir uns hinter den Autos ein und gaben Vollgas, als wir den Brückenwächter erreichten. In dieser Nacht bezahlten wir keine Maut – wir donnerten einfach über die Brücke.

Auf der anderen Seite wartete schon die Highway Patrol mit jeweils drei Mann im Auto. Sie hefteten sich an unsere Seite oder fuhren dicht hinter uns, dann brüllten sie ins Megafon: »Fahren Sie rechts ran!« Einige versuchten, uns von der Straße abzudrängen, doch wir rasten einfach weiter und suchten nach Ausfahrten und Versteckmöglichkeiten. Ein paar Mitglieder wurden geschnappt, aber ich konnte entkommen. Am nächsten Tag stand alles in den Zeitungen.

Jeder Motorradclub, ja sogar jedes Charter der Angels, strebte nach der Oberhoheit. Es kam zu Streitereien, weil wir die Straßen als unser Revier, die Kneipen als unsere Privatclubs und die Frauen als unser Eigentum betrachteten. Zufällige Begegnungen lösten Missgunst und Streitigkeiten aus. Einige weiteten sich derart aus, dass wir unsere stärkste Waffe einsetzten: die Auflösungsverfügung.

Um einen Club aufzulösen, verprügelt man zuerst einen ordentlichen Teil seiner Mitglieder und reißt ihnen dann als Gnadenstoß die Abzeichen von den Jacken. Es war eine Art Skalpieren. Auf diese Weise vernichteten wir die Paisano Boys und die Hayward Angels. Eigentlich hatten wir den Hayward Angels (früher Question Marks) den Clubstatus zugestanden, aber sie hatten ihre Lehenspflichten nicht ordentlich erfüllt.

Anders und bisweilen härter waren unsere Feldzüge gegen schwarze Biker. Die einzelnen Mitglieder hatten unterschiedliche Einstellungen zur Rassenfrage, doch in der Regel war der Club reaktionär und von der Überlegenheit der Weißen überzeugt. Viele Mitglieder, auch ich, waren in gemischtrassigen Vierteln aufgewachsen, in denen es rau zuging; andere mussten zusehen, wie ihr Revier »eingeschwärzt« wurde. Noch schlimmer fanden wir es, dass manche Gruppen von »Niggern« die Frechheit besaßen, Harleys zu fahren und sich Motorradclub zu nennen. Aber sie hatten einen anderen Stil, und wir verspotteten sie, weil sie poppige und geschniegelte »Müllkutschen« mit gefransten Lenkern, Waschbärschwänzen, Satteltaschen und mehr Reflektoren als ein Lkw fuhren. Manchmal platzten wir in ihre Partys, zettelten Streit an und verhöhnten sie.

Nach einer Party der Peacemakers brachen einige Angels einen kleinen Streit vom Zaun. Und dann kam Dumbo ums Leben, als eine Gruppe von

Schwarzen ihr Auto vor seinem Motorrad absichtlich jäh abbremste. Das kotzte die Jungen gewaltig an. Dumbo war einer dieser gemütlichen Typen, die nur achtzig Kilometer in der Stunde fuhren und sich ansonsten um ihre eigenen Angelegenheiten kümmerten. Also ließ der Club den Tätern über ihre Familien mitteilen: »Ab in den Knast oder ihr seid tot!« Die Schuldigen gingen ins Gefängnis, und ihre Familien zogen weg.

Die Rattlers in San Francisco waren ein Club von Schwarzen, den wir duldeten. Sie waren beinahe so was wie schwarze Hells Angels: Sie glätteten ihr Haar, trugen irre Mützen und fuhren Motorräder ohne Firlefanz. Einmal luden sie uns zu einer Party in ihr Clubhaus in der Filmore Street ein, und wir gingen hin. Bei Musik und Alkohol verbrüderten wir uns. Einige Angels gingen sogar so weit, mit schwarzen Frauen zu tanzen – und mindestens einer ging noch weiter. Als ich gerade ein paar Phenobarbital-Tabletten kaute, die mir ein Angel aus Frisco gegeben hatte, schoben mich zahlreiche schwarze und weiße Hände auf die Bühne. Die Sängerin, eine 110 Kilo schwere Matrone, zog mich auf ihren Schoß und schmetterte noch einen Blues. Alle tanzten wie die Wilden. Eine weiße und eine schwarze Elite amüsierten sich gemeinsam.

***

Zu Beginn der 60er-Jahre hatten wir nicht viel vorzuweisen, was uns von den zahlreichen Gangs unterschieden hätte, die Marlon Brandos Film *Der Wilde* hervorgebracht hatte. Die Angels waren über den ganzen Bundesstaat verstreut, aber die meisten Charter genossen Autonomie. Wir begründeten ein paar Trends, was die Aufmachung und das Ummodeln der Motorräder anbelangte, doch unser Stil war typisch für Biker. Jeder Einzelne von uns war so hartgesotten wie ganze andere Clubs. Was uns – vor allem das Oakland-Charter – aber wirklich von den anderen unterschied, war ein Gefühl der Bruderschaft, das auf langjährigen Freundschaften basierte. Anwärter waren Freunde oder Freunde von Freunden. »Es ist nicht leicht, bei uns reinzukommen«, sagte Sonny einmal. »Wir bleiben lieber klein, damit sich Korpsgeist entwickelt.«

Im Jahr 1959 traf sich das Charter Oakland freitagabends im Keller von Juniors Haus. Nachdem jeder eine möglichst bequeme Kiste gefunden hatte, reichten wir Zigaretten herum und schwelgten in unserem Image als rebellische

Außenseiter. Die Jungs rauften ein bisschen und lachten über irgendetwas, hörten aber auf, als Juniors Vater die Treppe herunterkam, um an seinem Boot zu arbeiten. »Hallo, Mr. G.«, sagten wir höflich, und der muskulöse kleine Mann tauschte Nettigkeiten mit uns aus.

Sobald er weg war, fielen wir in unsere Rolle als »böse Jungs« zurück, deren »Verbrechen« meist mit Krawallen, minderjährigen Frauen, gestohlenen Motorradteilen und billigen rezeptpflichtigen Medikamenten zu tun hatten. Die meisten von uns waren im Grunde ehrliche Arbeiter oder Hilfsarbeiter, die etwas Aufregendes erleben wollten. Andere klauten, um zu überleben, und schlugen ihr Lager bei Freunden auf. Die Clubtreffen und die anschließenden Partys brachten uns einander näher.

Wir prahlten mit Kämpfen, Frauen und verpassten Verabredungen mit dem Tod, und wir kippten Cocktails aus Alkohol und codeinhaltigem Hustensaft. Dabei plauderten wir über Bagatellen wie Motoren und Vergaser. Teile und ganze Maschinen wurden gekauft und verkauft, und jeder von uns erwarb sich einen Ruf in der Motorradwelt. Ich bastelte ständig an meiner Elektrik und an den defekten Lampen herum. Tropfendes Öl machte Sonny verrückt. J. B.s Motorrad war in einem so schlechten Zustand, dass er die ganze Gruppe aufhielt, wenn er es zu starten versuchte. (Eines Tages zwangen wir ihn, die Maschine reparieren zu lassen: Wir zerlegten sie in ihre Einzelteile und überreichten sie ihm in Kisten verpackt.)

Sonny leitete die Meetings nach strengen parlamentarischen Regeln. Zuerst wurde das Protokoll des vorigen Treffens verlesen, dann sammelte jemand die wöchentlich fälligen Mitgliedsbeiträge ein – 25 Cent pro Kopf. Der Schatzmeister setzte säumige Schuldner unter Druck; dennoch häuften einige Schulden bis zu einem Dollar an, weil sie jede Woche ihre letzten Cents fürs Benzin ausgaben. Sobald rund fünfzig Dollar in der Kasse waren, heuerten wir eine Band an, besorgten ein Fass Bier und schmissen eine Party.

Sonnys organisatorische Fähigkeiten dominierten alle Entscheidungen. Er reagierte schnell, lenkte die Diskussionen, erteilte den Sprechern das Wort und fasste die Argumente zusammen. Und wenn er zum Schluss sagte: »Okay, wir machen es so«, stimmten ihm alle zu. Wenn es um Ausfahrten, Attacken oder Geselligkeit ging, hatte er so viele gute Ideen, dass niemand ihn ernsthaft als Anführer in Frage stellte.

Bei einem Treffen Ende 1959 stieß er jedoch auf Widerstand. Zuversichtlich und fast beiläufig eröffnete er die Diskussion über die Wahl des Vizepräsidenten, denn der Clubpräsident hatte bei uns wie in der Politik ein gewichtiges Wort mitzureden, wenn es um seinen Stellvertreter ging. Kurz und mit ruhiger Stimme schlug er mich vor.

Angesichts dieser Unterstützung roch ich bereits die Macht und sah schon das »Vice-Pres.«-Abzeichen an meiner Kutte. In meiner Aufregung tat ich es kurzerhand als reine Formsache ab, dass auch Swede nominiert wurde – aber der Club wählte ihn. Dies war überhaupt das erste und wahrscheinlich letzte Mal, dass die Mitglieder einen Vorschlag von Sonny ablehnten.

Ich war niedergeschmettert, fühlte mich zurückgewiesen von einer Gruppe, zu der ein halbes Dutzend meiner ältesten und engsten Freunde gehörte. Aber ich schluckte die Pille ohne Verbitterung, denn mir war klar, dass Swede erfahrener und schlauer war als ich. Doch insgeheim nahm ich mir vor, irgendwann die Nummer zwei zu werden. Wenn der Club unterwegs war, fuhr ich voraus. Wenn der Club kämpfte, schlug ich als Erster zu. Und wenn der Club feierte, verschlang ich die Leckerbissen. Ich war überall dabei.

Mit der Clubführung hatte ich weiterhin engen Kontakt. Nur wenige Leute durften in Sonnys Privatsphäre eindringen, aber ich verstand mich gut mit ihm. Es war eine sonderbare Freundschaft, weil wir uns nicht sehr ähnlich waren. Sonny musste man ein Lächeln abringen, ich aber war ganz unbekümmert. Er war zäh für seine Größe, obgleich seine körperliche Ausstattung nicht die beste war; ich hingegen war nach allen Maßstäben ein Schwergewicht. Er spielte den starken, leisen Typ, während ich mit meiner Meinung nie hinter dem Berg hielt.

Sonny war ein berüchtigter Langschläfer, und mir machte es Spaß, ihn aus dem Bett zu holen und aufs Motorrad zu scheuchen. »Steh auf, verdammt«, schrie ich und klopfte ihm mit einem Besen auf die Füße. »Du kannst nicht den ganzen Tag im Bett liegen. Ich bin längst auf. Los, komm.« Wenn Sonny dann fluchte oder sich umdrehte, um weiterzuschlafen, schob ich den Besenstiel unter die Bettdecke, hebelte ihn hoch und rollte ihn auf den Boden. Dann piesackte ich ihn so lange, bis er sich anzog.

An vielen Wochenenden fuhren wir die von Kiefern gesäumten kurvigen Straßen der East Bay entlang. Manchmal rasten wir nur herum, und Sonny reparierte meine Maschine, wenn sie den Geist aufgab. Ein andermal nahmen wir zwei Frauen mit in die waldigen Parks und veranstalten eine Orgie mit ihnen. Einmal erspähte ich Sonny, als seine Hose sich an den Stiefeln bauschte und er mit weißem Hintern einer Nymphe nachhüpfte. Seitdem nannte ich ihn »Sunny Bunny«.

Und meine Zeit sollte schon bald kommen. Swede ließ sich nicht mehr so oft blicken und wurde abgesetzt. Zum zweiten Mal schlug Sonny mich mit blumigen Worten als Vize vor und nannte mich einen aufrechten, kampfeslustigen und beispielhaften Hells Angel. Die Mitglieder stimmten ihm zu, und das viereckige, rot-weiße »Vice-Pres.«-Abzeichen wurde an meine Kutte genäht.

Das verschaffte mir größeres Prestige. Es war leichter, eine willige Frau auf meinen Heckkotflügel zu bekommen, und wenn die Cops mich anhielten und mir einen Strafzettel ausstellten, waren sie ganz aufgeregt und sagten: »He, diesmal haben wir ein hohes Tier erwischt.« Ein Nachteil bestand jedoch darin, dass ich nun auf der Schikanierliste der Polizei weit oben stand. Als ich eines Tages auf der East 14th Street ins nahegelegene Hayward fuhr, stoppten die Cops mich 22 Mal, und einige Zeit später wurde ich wegen zu hoher Geschwindigkeit festgenommen, obwohl ich ganz brav vierzig Kilometer in der Stunde gefahren war.

Alle führenden Angels mit Ausnahme von Sonny wogen über 90 Kilo, aber Führung bedeutete nicht rohe Kraft. Es kam darauf an, Leute zusammenzubringen, mit denen man sich anfreundete, oder sich bei Bedarf gewaltsam durchzusetzen. Alle Führungspositionen waren von meinen engsten Freunden besetzt: Sonny war Präsident, Jerry Schatzmeister, Junior Sekretär und Waldo Sergeant at Arms, also zuständig für die Clubdisziplin.

Von mir als Nummer zwei wurde Führung durch gutes Beispiel erwartet; das heißt, ich musste aktiver sein als der Durchschnitt. Ich half Tanzveranstaltungen, Partys und andere Veranstaltungen des Clubs zu organisieren und dafür Werbung zu machen. Wenn Sonny nicht anwesend war, leitete ich unsere Versammlungen, und manchmal repräsentierte ich den Club bei Bikertreffen oder begleitete und unterstützte den Präsidenten bei offiziellen Anlässen.

Anfang 1960 düsten Ralph und ich über die Bay Bridge zum Haus des Frisco-Präsidenten Frank Sadilek[4]. Führende Hells Angels aus ganz

Kalifornien, auch aus dem Süden, lümmelten im Zimmer herum und tranken Rotwein aus Vier-Liter-Krügen. Ebenfalls zugegen waren Vertreter der Gypsy Jokers, Road Rats, Galloping Gooses, Satans's Slaves, Presidents (eines Clubs aus North Beach) und Mofos (die Mofos – das Wort ist eine Kurzform für »Motherfuckers« – waren ein ausgeflippter Haufen und sahen eher wie Saufbrüder aus als wie Biker).

Es war eine historische Versammlung, eine Art Jalta-Konferenz. Clubs, die sich jahrelang mit Kettenpeitschen Revierkämpfe geliefert hatten, debattierten über ein gemeinsames Problem: Polizeischikanen. Wir fühlten uns belästigt, weil die Cops uns in unseren Stammlokalen aufscheuchten und auf der Straße »routinemäßig« anhielten. Die Polizei machte anscheinend auf jeden Jagd, der auf zwei Rädern fuhr, und lud ihn schon wegen kleiner Ordnungswidrigkeiten vor, zum Beispiel wegen eines fehlenden Spiegels oder wegen einer zu hohen Lenkstange. Ich war ein typisches Beispiel: Im Jahr zuvor hatte ich für Strafzettel über tausend Dollar bezahlt.

»Wir müssen aufhören, einander zu bekämpfen, und anfangen, gegen die Cops zu kämpfen«, sagten wir uns, während der Krug die Runde machte. Alle berichteten von übereifrigen Polizisten und regelrechten Fallen, und wir ließen eine feindselige Erklärung der American Motorcycle Association herumgehen. Um zwischen ihren Mitgliedern und uns Abtrünnigen zu unterscheiden, bezeichnete die AMA 99 Prozent der Motorradfahrer im Land als anständige Bürger, die sauberen Sport genießen wollten. Das restliche Prozent bestand angeblich aus asozialen Barbaren, die auch auf Pferden oder Surfbrettern zum Abschaum gehören würden.

Anstatt beleidigt zu sein, beschlossen wir Angels und unsere Freunde, diese lobenden Worte zu unserem Vorteil zu nutzen und künftig ein Abzeichen mit den Worten *one percenter* (Einprozenter) zu tragen. Es sollte unsere anderen Aufnäher ergänzen und seinen Träger als echten Outlaw identifizieren. Außerdem konnte dieses Abzeichen sinnlose Kämpfe zwischen verschiedenen Clubs verhindern helfen, denn es würde Angels, Mofos und alle anderen Einprozenter gegen den gemeinsamen Feind verbünden.

Allen war klar, dass der neue Aufnäher eine bewusste Provokation war, aber wir wollten uns eindeutig von Wochenend- und Möchtegernbikern abgrenzen, die nur mit Motorrädern spielten.

Begeistert von unserem Bündnis und wackelig vom Wein, zerstreuten sich die Gesetzlosen über ganz Kalifornien, um ihre Truppen zu informieren und Aufnäher zu bestellen. Sonny und ich bestiegen unsere Harleys, sturzbetrunken, aber besessen von dem Gedanken, alle anderen zu übertrumpfen. Ein kleines Abzeichen mochte anderen Einprozentern genügen, aber nicht uns. Wir fuhren über die Bucht zu Richs Tätowierstudio in der Stadtmitte von Oakland. Kaum hatten wir ihn unterrichtet, schrieb seine Nadel Bikergeschichte. Ich war zu blau und realisierte es erst am nächsten Morgen, doch Sonny und ich trugen nun als Erste die berühmten Einprozenter-Tattoos – ein Symbol, das wahrscheinlich so lange existieren wird wie die Outlaw-Biker selbst.

Bald standen unsere Brüder in Oakland Schlange, um dasselbe Tattoo zu bekommen. Allmählich glaubten wir selbst daran, etwas Besonderes zu sein. Wir führten ein paar Regeln und Rituale ein, bei denen es bloß ums Motorradfahren ging, und glaubten, damit eine kleine Armee aufzubauen. In Wirklichkeit war es der vorläufige Entwurf einer Geheimgesellschaft.

Wir wollten unser eigenes Hauptquartier haben, einen Ort, an dem wir uns austoben konnten, ohne Juniors Eltern zu stören oder mit dem Gesetz in Konflikt zu kommen. Also mieteten wir ein heruntergekommenes viktorianisches Haus am San Leandro Boulevard in einem Schwarzen-Ghetto. Dem Gebäude drohte zwar die Beschlagnahme, aber die Miete war niedrig, und es kümmerte niemanden, wie laut wir schrien und wie viel Glas wir zerschmetterten. Wir tauften das Haus »Schlangengrube«.[5]

Einige Mitglieder, darunter Johnny Angel, schliefen dort, aber es war vor allem der Ort, an dem wir zusammenkamen, uns betranken und mit offiziellen Bräuten und gemeinsamen »Mamas« Partys feierten. Ab und zu wurde dort eine streunende Teenagerin »eingeweiht«, ausgezogen und genagelt, bis die Jungs sie satt hatten.

Einmal in der Woche ließen wir uns zwischen Biker-Graffiti und kleinen Pyramiden aus Bierdosen zu einer ernsthaften Besprechung nieder. Der Boden war derart mit Zigarettenkippen und anderem Abfall übersät, dass wir um die wenigen Stühle und ein ausgeweidetes Sofa kämpften. Aber das Trinken, Raufen und Hänseln hörte auf, sobald die Anwesenden zur Ordnung gerufen wurden.

Wir sprachen hauptsächlich über Aktivitäten wie wöchentliche Ausfahrten oder simple Spazierfahrten durch die Straßen. Um die Mitglieder zu motivieren, veranstalteten wir zudem Wettbewerbe. Es gab sogar eine Plakette für das aktivste Mitglied und nach fünf Jahren Mitgliedschaft eine Sonderplakette, die man sich zu Hause an die Wand hängen konnte.

Wir begannen auch Grundregeln aufzustellen, aber nicht viele. Keiner hatte eine echte Chance, die Regeln zu brechen, es sei denn, er war allein. Wenn andere in der Nähe waren, wiesen sie ihn auf sein Fehlverhalten hin. Die Regeln wurden ziemlich genau befolgt, und wir lebten nach einem lockeren Kodex. Geheim war allenfalls der Klatsch über inaktive Mitglieder, und selbst denen gaben wir die Chance, sich durch fleißige Beteiligung am Clubleben zu rehabilitieren. Wer diese Einladung ausschlug, wurde rausgeworfen. Am häufigsten schlossen wir Mitglieder aus, die dreimal hintereinander unsere Zusammenkünfte geschwänzt hatten.

Allerdings gab es auch eine Ehrenmitgliedschaft für Leute, die nicht regelmäßig an Treffen und Partys teilnehmen konnten – in der Regel deshalb, weil sie beim Militär waren. Ehrenmitglieder durften unsere Abzeichen tragen und mit uns fahren, wenn sie nach Hause kamen. Paul, ein Freund von der Highschool, war der erste Angel ehrenhalber.

Diese Ehrenmitgliedschaft war kein geringes Zugeständnis, da unsere Abzeichen gewisse militärische, nationalistische und spirituelle Bezüge hatten, ähnlich wie das deutsche Eiserne Kreuz, das manche trugen. Für zehn Dollar bekamen Neuzugänge einen rot-weißen Aufnäher, der in ganz Kalifornien der exklusivste war. Er stellte einen menschlichen Schädel dar, der breit und spöttisch grinste und einen alten, ledernen Fliegerhelm sowie Flügel anstelle von Ohren trug.

Die ersten Aufnäher waren nur 15 Zentimeter breit, doch ab etwa 1960 gab es eine kühnere Version, die quer über den Rücken reichte. Die Worte »Hells Angels« formten einen Bogen über dem Totenkopf, der Name des Charters bildete einen Halbkreis darunter.

Lange Städtenamen wurden abgekürzt. So wurde San Francisco zu Frisco, San Bernardino zu Berdoo und San Diego zu Dago (später wollten wir verhindern, dass andere unsere Charter-Zugehörigkeit allzu leicht ermitteln konnten, und gaben nur noch den Bundesstaat an).

Die kleineren Aufnäher wiesen auf paramilitärische Ränge oder persönliche Neigungen hin. Neben Offiziersabzeichen wurden Hakenkreuze oder nationalsozialistische Kriegsorden getragen, um andere zu schockieren. Aber was konnte noch mehr schockieren als ein faschistisches Symbol? Ein sexuelles Symbol! Die Brüder begannen, »69«-Aufnäher sowie kleine rote und schwarze Flügel zu tragen. Wer eine menstruierende weiße Frau öffentlich oral befriedigte, bekam einen roten Flügel, für Oralsex mit einer schwarzen Frau gab es schwarze Flügel. Einige Mitglieder stellten eine Menge Flügel zur Schau, aber ich hatte nie welche.

Wie die Spitznamen enthüllten auch unsere Abzeichen Teile der persönlichen Geschichte. Ich trug zum Beispiel auf der linken Brustseite der Kutte den Aufnäher »Vice-Pres.«. Auf einer Seite prangte das Wort »Baby« und auf der anderen »Huey« in roter und blauer Schrift. »Baby Huey« war eine dicke, Windeln tragende Ente aus einem Comic. Dieser Name sollte mein Image als leichtlebiger Bursche mit Nitroglyzerin-Temperament und eindrucksvoller Körpermasse betonen.

Alle diese Abzeichen spiegelten Bruderschaft und schwer errungenes Ansehen wider; darum duldeten wir keine Beleidigung dieser Insignien, weder ein unangebrachtes Grinsen in einer Kneipe noch eine Imitation. Wir verboten anderen Clubs, rot-weiße Abzeichen und andere Angel-Insignien zu tragen, und einige Charter untersagten anderen Clubs sogar generell das Tragen von Abzeichen, die nicht genehmigt waren.

Mit unserem Ruf wuchs auch die Zahl der Idioten, die uns nachahmten. Wir legten nie Wert darauf, für unsere Heldentaten gelobt zu werden, aber wir mochten es nicht, wenn man uns fälschlich beschuldigte, Kinder zu verderben. »Die Wahrheit ist schlimm genug«, pflegte Sonny zu sagen.

Wir schnappten uns einige Burschen, die frech durch die Straßen fuhren und sich als Angels ausgaben. Jerry, Waldo und ich waren eines Abends im Renault unterwegs, als wir ein paar fremden Bikern begegneten, die unsere Abzeichen trugen. Wir fuhren an sie heran und riefen scheinbar freundlich: »He, fahrt doch mal rechts ran.« Als sie anhielten, wurden sie von echten Angels mit einem Gesamtgewicht von knapp 340 Kilo verdroschen, zurechtgewiesen, ihrer Abzeichen beraubt und fortgejagt.

Solche Vorfälle zeigten, dass wir narrensichere Insignien brauchten, die nicht so leicht gefälscht und nicht in aller Eile abgestreift werden konnten: Abzeichen, die man wegschneiden oder – als Tattoo – mit der Nadel entfernen musste.

Unsere Tätowierung war anfangs keine Pflicht, aber das änderte sich nach und nach. Zunächst trugen wir die Worte »Hells Angels« auf dem Arm, später den Totenkopf. Dann fügten wir dem Schädel das Logo »Oakland Hells Angels« hinzu, das schließlich zu »Oakland, Calif. Hells Angels« erweitert wurde. Mit der Zeit kamen noch mehr Symbole hinzu.

Dennoch waren Tattoos und Aufnäher kaum mehr als Verzierungen für unsere Motorräder. Das Motorrad eines Angels war sein Machtsymbol, sein Gleichmacher, sein Sexobjekt, sein Religionsersatz und oft sein einziger Besitz. Das Gefühl, eine gute Chopper-Harley zu besitzen, ließ sich nur schwer beschreiben, aber wenn man eine hatte, kannte man es.

Im Jahr 1960 gab es ziemlich wenige Werkstätten, in denen man einen schnittigen, verchromten Hengst kaufen konnte. Am besten präparierte man ihn selbst.

Abgesehen von 3000 Dollar brauchte man dafür technisches Wissen und die Energie, eine Harley-Davidson mit einem Hubraum von über 1200 Kubikzentimetern zu zerlegen und aufzumotzen. Aus der Fabrik kam die Maschine mit großen Ballonreifen, einem zwiebelförmigen Benzintank, schweren Kotflügeln, protzigen Spiegeln und langweiliger Lackierung. Wir nannten diese Motorräder »Müllkutschen«, aber die 315 Kilo schweren Standard-Harleys rollten wie zweirädrige Cadillacs.

Hinter dem doofen Profil verbarg sich eine erstaunliche Kraft, die nur darauf wartete, mit Schweißbrennern, Schraubenschlüsseln und Schraubenziehern befreit zu werden. Sobald die Maschine wie ein nackter Rahmen aussah, wurde der Motor zerlegt und auf 1300 Kubikzentimeter vergrößert, sodass er mehr leistete. Ein Rad mit gut 21 Zoll Durchmesser wurde an der verbreiterten Gabel angebracht, sodass der abgespeckte Rahmen schräg stand. Verstärkt wurde diese Wirkung durch Hochlenker und Spiegel in Silberdollargröße. Die Kotflügel wurden weggeworfen oder auf das legale Minimum reduziert. Der bequeme Bananensitz wurde durch einen einfachen Sattel ersetzt, und der serienmäßige Benzintank musste einem schnittigen Choppertank mit zwölffachem Überzug aus Hochglanzlack weichen. Wenn die verchromten Rohre dröhnten, war die Bestie sprungbereit, neunzig Kilo leichter, um einen unbekannten Prozentsatz schneller und temperamentvoller – eine Herausforderung, neue Grenzen zu testen.

Die meisten unserer Motorräder hatten kein Tachometer. Wir fuhren einfach schnell: hundert, wo vierzig erlaubt war, und auf dem Highway so schnell wie möglich. Eines Abends erreichte ich gut 190 km/h, als ich ab Richmond mit einem Pontiac um die Wette fuhr. Mein Gesicht war wund, und die Arme schmerzten vom bloßen Festhalten. Der Wind drückte mich nach hinten, als ich an Berkeley vorbei auf Oakland zuraste. Es war zu schnell. Ich sah nur noch verschwommene Lichter.

Aber ich mochte Motorräder, die auf Höchstgeschwindigkeit getrimmt waren, denn ich wollte auf dem Highway voll aufdrehen. Ich bog mit 100 oder 110 auf den Highway ein, schaltete in den dritten Gang hoch, beschleunigte auf 130 oder 140 und legte dann im vierten Gang richtig los. Volle Pulle. Tempo war alles.

Ein Nachteil waren die zahlreichen Reparaturen. Viele Mitglieder waren gute Mechaniker, die sich darauf spezialisiert hatten, gestohlene und verschrottete Motorräder auszuschlachten, damit ihre Maschinen überlebten. Meine Fertigkeiten beschränkten sich darauf, Öl und Benzin nachzufüllen oder mir ein Farbschema auszudenken, um die schlichten, klaren Formen des Bikes zu betonen. Aber ich musste mir die Hände auch gar nicht schmutzig machen, denn Sonny war immer bereit, mein Motorrad zu pflegen. Er baute mir sogar mehrere Maschinen von Grund auf neu und war dann etwas gereizt, als ich eine davon mit Gewinn verkaufte.

Ersatzteile waren eine Nebenleistung des Clubs für seine Mitglieder. Nach einem ungeschriebenen Gesetz verkaufte oder borgte ein Mitglied seine nicht benötigten Teile einem anderen. Außerdem feilschten wir mit Händlern und erzielten oft gute Preise. Manche Jungs stahlen auch Motorräder. Sie rollten sie auf Kleinlaster und demontierten sie innerhalb von Stunden. Einige Angels hatten ein größeres Ersatzteillager als ein Harley Händler. Selbst ich kaufte so viel Zeug, dass ich damit eine ganze Garage füllen konnte, unter anderem vier Motoren mit derselben Seriennummer – mindestens drei waren also heiße Ware. Ich verkaufte einige Teile sogar an einen Polizisten in San Francisco, der keine Fragen stellte.

Die Polizei half uns unfreiwillig, illegale Motorräder zu legalisieren, und zwar so: Manche Angels besuchten Polizei-Versteigerungen und zahlten bar für die ausgemusterten Harleys der Cops. Dann bauten sie mit Seriennummern versehene Teile aus den Polizeirädern in gestohlene ältere Motorräder ein. Das Ergebnis war ein neues Motorrad zum Versteigerungspreis. Gab es einen besseren Eigentumsnachweis als eine Rechnung von der Polizei?[6]

Die Anmeldung eines gestohlenen Motorrads bei der Kfz-Behörde war noch einfacher; darum wurden auch viele angemeldet. Am Anfang machten wir uns nicht einmal die Mühe, Seriennummern zu entfernen, weil die Polizei sie selten überprüfte. Man konnte alles mit einem Motorrad machen. Manche feilten die Nummern provisorisch ab und kamen damit durch, aber man konnte auch eine ganze Maschine – mit »heißem« Motor – zur Meldebehörde bringen. Dort sagte man: »Die habe ich eben zusammengebaut«, und die Beamten schluckten es. Auf diese Weise bekam man ein neues Motorrad für zehn Dollar Meldegebühr.

Später wurden die Gesetze allmählich verschärft, sodass wir uns über die Motoren Gedanken machen mussten. Anstatt die Nummern abzufeilen, bohrte man sie heraus, schweißte die Löcher zu und stanzte eine neue Nummer hinein. Doch eines Tages begann die Behörde, Motorräder zu beschlagnahmen, deren Motornummern herausgebohrt worden waren.

Der technische Krieg weitete sich aus, und neue Gesetze legten fest, dass die Rahmennummer mit den anderen Seriennummern übereinstimmen musste. Wenn jemand an dem Motorrad herumgepfuscht hatte, wurde es beschlagnahmt, es sei denn, man konnte Rechnungen vorlegen, aus denen hervorging, dass man die Einzelteile von einem Motorradhändler erworben hatte. Aber wir umgingen auch diese Vorschriften. Wer ein heißes Motorrad hatte, zerlegte es, brachte beispielsweise ein beschädigtes Motorgehäuse in die Werkstatt und kaufte ein neues. Die Meldebehörde akzeptierte die Rechnung des Händlers. Wir waren eben immer einen Schritt voraus.

Es kam selten vor, dass eine unserer Maschinen verschwand. In diesem Fall startete der Club eine Such- und Vernichtungsaktion. Dieses Verbrechen war vergleichbar mit Pferdediebstahl im Wilden Westen. Einmal suchten wir eine Woche lang jedes bekannte Motorradgeschäft in Oakland heim und forschten nach den Maschinen, die Gypsy und Elvis geklaut worden waren. Als wir die Ersatzteilhaufen in Willard G.s Werkstatt durchstöberten, entdeckte Gypsy einen Auspufftopf mit einem vielsagenden Kratzer. Ein Angel kennt jeden Quadratzentimeter seines Motorrads; darum gab es keinen Zweifel daran, dass der Auspufftopf von seiner Maschine stammte. Als wir Willard zur Rede stellten, leugnete er den Diebstahl, bot aber sofort Schadenersatz an. Wir legten sein Geschäft lahm, bis er dem Club zwei neue Motorräder lieferte.

Schlimmer als ein Diebstahl waren Fahrfehler und Stürze bei hoher Geschwindigkeit. Wer Glück hatte, erlitt nur Schürfwunden, wer Pech hatte, landete im Krankenhaus oder auf dem Friedhof.

Wer die Zerstörung seines Motorrads überlebt hatte, gehörte einer Bruderschaft innerhalb des Clubs an. Einerlei, wie viele schweißtreibende Albträume man dadurch erleiden musste, die Narben waren Insignien des Ruhmes, und der Betroffene schmückte das Ereignis beim Biertrinken mit den Brüdern weidlich aus. Doch ein anständiger Angel wollte seine Maschine unbedingt reparieren, damit er wieder Gas geben und die Geschwindigkeit dafür strafen konnte, dass sie ihn hatte vernichten wollen.

Das Verhalten nach einem Unfall war ziemlich aufschlussreich, egal wie viel Show damit verbunden war. Manche Jungs fuhren wieder los, ehe man ihnen die Bandagen und Gipsverbände abgenommen hatte. Sonny kurvte mit verbundenem Kopf und Drähten im gebrochenen Kiefer durch die Straßen, und Skip flitzte nach einer Bruchlandung in Portuguese Flats am Ufer der Bucht entlang – was für ein Anblick!

Das Motorrad hatte Skip etwa anderthalb Straßenblocks mitgeschleift. Dabei war sein Gesicht über den Asphalt geschlittert, und er hatte seltsam gezuckt. Das Blut war nicht so schlimm, aber das Zucken war zu viel für mich. Wir sahen, dass er zu atmen versuchte, also hob Jerry ihn hoch und entfernte den Schmutz aus seinem Mund und seinen Augen. Einige von uns rissen mit bloßen Händen einen Zaun nieder, damit der Krankenwagen ihn erreichen konnte. Fünf Stunden später lag Skip im Krankenhaus und schrie nach seinen alten Levi's, die er von der Heilsarmee gekauft hatte, nach seinen Stiefeln und nach seinem Motorrad. Er war so unruhig, dass man ihn ins Oak Knoll Naval Hospital verlegte.

Selbst dort, hörte ich, spielte er wieder Krieg. Als ich ihn besuchte, war er eben unters Bett gekrochen und glaubte, er kämpfe gegen die Japaner. Das Personal wusste nicht, was es mit einem Kerl anfangen sollte, der im Krankenhaushemd und mit Stiefeln Soldat spielte. Damals hielt ich mich zurück, denn ich fürchtete, er würde mich für Kaiser Hirohito oder jemand anders halten.

Mein schwerster Unfall war ein Zusammenstoß mit einem Lkw auf dem Foothill Boulevard mit achtzig Stundenkilometern. Als ich einen halben Block später wieder zu mir kam, fluchte ich, weil mein Motorrad kaputt war. »Das verdammte Vorderrad«, schrie ich immer wieder, während sich Gaffer versammelten und Polizisten mich in einen Krankenwagen hievten.

Einige Stunden später stellten die Ärzte fest, dass meine rechte Seite gefühllos war. Das hätte ich ihnen auch sagen können. »Blödsinn«, polterte ich. »Mir geht es gut, und ich gehe nach Hause.« Ich griff nach meinen Kleidern, zog mich an und stürmte hinaus. Vor Einbruch der Morgendämmerung frühstückte ich mit zwei Mädchen und Tommy, der mir das Motorrad abkaufte, das ich zu Schrott gefahren hatte. Nach dem Essen fuhr mich eine der Frauen in die Berge, half mir aus der Hose und tat dann ihr Bestes, damit ich meine taube Seite vergaß.

KAPITEL 5

ENGELSFLÜGEL ODER BABYSACHEN?

Die Aussicht, Vater zu werden, konfrontierte mich mit der Unvereinbarkeit von Club und Familie. Ich verschob die Entscheidung, obwohl es meiner Frau wehtat, dass die Vizepräsidentschaft mich so viel Zeit kostete. »Der Club ist meine Sache, nicht deine«, schnauzte ich jedes Mal, wenn sie mich bat, die Angels zu verlassen. Dennoch wiederholte sie ständig die Ermahnungen meiner Mutter, die gesagt hatte: »Die Hells Angels sind kein Ort für einen Familienvater.« Die Frauen kapierten nicht, dass meine Selbstachtung und meine engsten Freundschaften an mein Motorrad gekettet waren. Als Clubleiter brauchte ich nie von James Dean oder Marlon Brando zu träumen. Ich war selbst ein Krach machender, Motorrad fahrender Held.

Seltsamerweise wollte Helen einen Sohn haben, während ich mir eine Tochter wünschte. Sie fand, unsere Töchter sollten eines Tages einen älteren Bruder als Beschützer haben, so wie sie. »Das Geschlecht bestimme ich«, erklärte ich und rief mir das Chromosomenthema aus dem Biologieunterricht an der Highschool ins Gedächtnis. »Nur ein richtiger Mann kann eine Tochter kriegen. Man braucht dafür mehr Kraft.« Ich wettete sogar mit Clubmitgliedern beim Biertrinken, dass meine ersten neun Kinder amazonenhafte Mädchen sein würden und das zehnte ein kleiner, büchernärrischer Junge.

Eines frühen Morgens drückte Helen ihren Bauch an mich, sodass ich spürte, wie das Baby gegen ihre Rippen trommelte, und ich ihr Unbehagen mit ihr teilen konnte. Später bekam sie einen Krampf und hielt sich den Magen. Sie rüttelte mich wach und sagte: »Ich habe alle sieben Minuten Schmerzen.«

Eine halbe Stunde danach wurde ich an ihr Bett im Kreißsaal des winzigen Krankenhauses in East Oakland geführt. Jedes Mal, wenn sie vor Schmerzen wimmerte, sahen die Schwestern mich an, als wollten sie sagen: »Sieh nur, was du angerichtet hast, du Hundesohn!« Schuldgefühle plagten mich. Ich tätschelte ihre zerbrechliche, kindliche Hand. Sie war 16 und hatte große Angst.

»Sag mir, was du siehst, wenn du aus dem Fenster schaust«, bat sie mich. »Sprich mit mir.« Ich beschrieb den Sonnenuntergang, so gut ich konnte, doch sie schrie immer wieder vor Schmerzen. Sie zerquetschte mir mit übermenschlicher Kraft die Hand und biss mir in den Arm, so wie ein verwundeter Cowboy auf eine Kugel beißt. Das war zu viel für mich, darum schlich ich mich hinaus.

Im Flur traf ich den Arzt und einige Schwestern. »Gebt ihr etwas gegen diese Schmerzen«, sagte ich. »Geht rein und tut etwas, oder ich schmeiße euch alle aus dem Fenster.«

Der Arzt gab ihr ein Beruhigungsmittel namens »Dämmerschlaf«, das sie scheintot machte. Jetzt atmete sie ab und zu schwer, wie in einem Albtraum. Dann schlief sie mit Unterbrechungen drei Stunden und erwachte erneut mit quälenden Schmerzen. Wieder nahm ich mir den Arzt zur Brust: »Gehen Sie rein und geben Sie ihr etwas. Ich halte das nicht aus.« Mehr Dämmerschlaf. Mehr Schmerzen. Noch mehr Dämmerschlaf.

Während sie schlief, wanderte ich rastlos durch das ganze Krankenhaus und wärmte jeden Wartezimmerstuhl mindestens einmal auf. Mit anderen werdenden Vätern herumzuhängen deprimierte mich, erst recht, nachdem einer von ihnen seinen neugeborenen Sohn gezeigt bekam, dann den ganzen Tag arbeiten ging und am Abend wieder zu Besuch kam. Ich fühlte mich erschöpft und einsam, obwohl Freunde aus dem Club – darunter J. B., Junior, Jerry und Betsy – mit mir wachten.

Dann, als ich knapp davorstand, den Arzt zu verprügeln, kam das Baby – fast 15 Stunden nach unserer Ankunft im Krankenhaus. Es war ein Mädchen.

Doch bevor ich meine Forderungen aus der Wette eintreiben konnte, nahm mich der Arzt beiseite. »Es gibt da ein kleines Problem«, sagte er. »So viel wir wissen, sind Sie katholisch; darum sollten Sie lieber einen Priester rufen.« Er erklärte mir, Helens Gewichtszunahme – über zwanzig Kilo – während der Schwangerschaft habe ihre Nierenfunktion geschwächt und darum leide das Baby an Blutvergiftung. Meine Tochter lag in einem Beatmungsgerät, das wie ein Aquarium aussah.

Ich packte den Überbringer der schlechten Botschaft und stieß ihn an die Wand. »Wenn es ihr so schlecht geht, was zum Teufel tun Sie dann hier?«, schrie ich. »Gehen Sie wieder rein. Tun Sie etwas für sie.«

Ich drückte aufs Gaspedal meines mit Hakenkreuzen verzierten Fords Baujahr 1949 und raste zur nahegelegenen St. Elizabeth's Church, wo ich einen Franziskanermönch aus dem Bett zog. Er kam sich vermutlich wie ein Entführungsopfer vor. Benommen und halb angezogen, hielt er sich am Vordersitz fest, als wir um eine Kurve nach der anderen schleuderten. »Keine Angst, Pater«, überschrie ich die quietschenden Reifen. »Wir sind bald da.« Wir kamen tatsächlich heil an, und der Priester vollzog eine Nottaufe. Nach einer Woche im Beatmungsgerät hatte das Baby das Schlimmste überstanden.

Das Kind stärkte unsere Familienbande. Ich kam zeitig von der Arbeit nach Hause und überschüttete unsere Tochter mit Liebe, ging aber Windeln und Fläschchen aus dem Weg. Helen war glücklich und dachte, ich sei endlich solide geworden.

Doch ein paar Wochen später wurde sie von dem weinenden Baby geweckt und stellte fest, dass ich wieder fort war. Sie war erneut allein – ein Teenager mit vollen, zarten Brüsten und einem kranken Baby, und ihr Ehemann ging auf eine Party, wahrscheinlich mit einer anderen Frau.

Nach vier Nächten kam ich heim, und sie schimpfte mich aus. »Nichtsnutz! Blödmann! Mit wem warst du zusammen?«, zischte sie, als ich mich ihr näherte. Zuerst spielte ich den Unschuldigen, dann reizte ich sie scherzhaft mit Judy, ihrer alten Rivalin. Von da an drehte sie sich weg, wann immer ich versuchte, sie zu verführen.

Wegen meiner Untreue wandte sich Helens Familie abermals von mir ab. Helen begann, jeden Tag ihre Mutter zu besuchen und zu klagen: »George ist nie zu Hause. Ich weiß nicht, was ich tun soll.« Eines Nachts wartete ihr rachsüchtiger Vater mehrere Stunden vor unserer Wohnung, aber ich tauchte nicht auf. Ein andermal drehte er durch, als ich Helen halb verspielt in den Hintern trat, weil ich nach einem Familienessen rasch nach Hause wollte. »Niemand tritt meine Tochter!«, brüllte Charley und stürmte mit rudernden Armen auf mich los.

Ich goss weiteres Öl ins Feuer, indem ich Helens Verwandte als »doofe Oakies« bezeichnete, wann immer sie sich in unsere Angelegenheiten einmischten.

Unsere Familien trafen sich zum ersten Mal auf einer Party, die meine Mutter für unsere Tochter Donna gab. Zufällig ist dieses Fest auch zu einer Abschiedsfeier für meine Mutter geworden, die bald danach an Krebs starb.

Als der Kuchen angeschnitten wurde und der Alkohol floss, machte ich mir wirklich Sorgen darüber, welchen Eindruck meine angeheirateten Verwandten auf meine Familie machen würden. Aber alle mischten sich untereinander. Charley humpelte umher und war umgänglich, und seine Frau verstand sich gut mit meiner Mutter. Die beiden hatten etwas gemeinsam: einen trinkfreudigen Ehemann.

Die Ärzte gaben meiner Mutter nach einer misslungenen Magenoperation nur noch Monate zu leben. Sie weigerte sich, ins Krankenhaus zu gehen, weil sie fürchtete, die Familie finanziell zu ruinieren. Also blieb sie zu Hause und ließ sich von meiner Schwester versorgen, die an der University of California eine Ausbildung als Krankenschwester machte. Meine Mutter war tapfer. »Macht euch keine Sorgen um mich«, sagte sie. »Akzeptiert es einfach so wie ich. Ich werde sterben.« Wir sahen sie nur ein einziges Mal weinen: als sie darüber nachdachte, was aus meinem drei Jahre alten Bruder werden sollte. Zwei Wochen, nachdem sie sich einen Sarg ausgesucht hatte, starb sie.

Der Tod stürzte die Familie ins Chaos, ernüchterte jedoch meinen Vater, der jetzt drei kleine Jungen, darunter ein Kleinkind, allein aufziehen musste. Er stellte eine schwarze Hausangestellte ein und heiratete später erneut.

Der Tod meiner Mutter erfüllte mich mit Reue und änderte meine Prioritäten. Ich weinte auf dem Begräbnisgottesdienst und war wochenlang niedergeschlagen. Der Motorradclub verlor seinen Reiz. Die immer gleichen Treffen und Ausfahrten wurden langweilig, Motorräder kamen ohnehin aus der Mode, und konservative Kleidung war wieder gefragt. So verlor der Club an Beliebtheit, und es schien nur eine Frage der Zeit zu sein, bis die Mitglieder ausbleiben würden.

Außerdem reichten die 49 Dollar, die ich in der Woche verdiente, nicht mehr für Gebühren, Alkohol, Motorradreparaturen, Benzin und Geldbußen in Höhe von mehr als tausend Dollar im Jahr. Ich hörte auf, nächtelang Karten zu spielen – auf diese Weise hatte ich mir Geld für die Miete beschafft, nachdem ich meinen Lohn für Clubaktivitäten ausgegeben hatte –, und nach der Arbeit zog ich es vor, zu Hause bei Helen und dem Baby zu sein, anstatt jeden Abend dieselben schäbigen Kneipen und Frauen zu besuchen. Einige

Angels, vor allem Sonny und Jerry, versuchten mich zu halten, aber eines Tages gab ich meine Abzeichen zurück.

Wir zogen in ein dreistöckiges Apartment zwei Straßen von unserer bisherigen Wohnung entfernt. Mein Schwager wohnte gleich auf der Rückseite desselben Wohnblocks. Ich schloss eine Lebensversicherung im Wert von 3000 Dollar ab und kaufte rechtzeitig Möbel. Wir aßen besser und sparten sogar ein paar Dollar.

Da ich mich anscheinend besser benahm, luden Helens Tante Pearl und ihr Onkel Adam uns für ein Wochenende ein. Ihre fast dreißig Hektar große Ranch war ebenso friedlich wie die überwucherten Ufer des Flusses St. Helena und lag mitten im Weinbaugebiet Nordkaliforniens. Gleich hinter dem Haus befand sich ein Abhang, bewachsen mit welkem Gras. An seinem Fuß beschatteten dicke Eichen den Fluss und trugen ein kühles Baumhaus, wo kaltes, selbst gebrautes Bier und mein Likörwein gelagert wurden. Von dort aus hatte Adam freies Schussfeld auf Rehe und Hasen, die der Gemüsegarten anlockte. Alle wurden ein wenig beschwipst und träge, während wir das Wasser beobachteten, das in die nahegelegenen Forellenteiche floss.

Ein Wochenende folgte dem anderen, und ich lernte die Familie meiner Frau verstehen und schätzen. Die Leute hatten ein großes Herz und wussten, was Spaß machte. Charley wurde beinahe erschossen, als er am Müllplatz Rehen auflauerte. Adam löste einen Feueralarm aus, als er versuchte, die Klapperschlangen im Beerenbeet auszuräuchern. Die angeheiterte Pearl jagte mich um den bauchigen Ofen und flirtete mit mir, dicht gefolgt von Helens Mutter, die sie aufhalten wollte.

Sie waren so verrückt, dass wir andauernd lachten und dieses friedliche Landleben zu lieben begannen. »Wäre es nicht nett, wenn wir auch so etwas hätten?«, fragte Helen, als wir über die Hügel wanderten. Ich nickte, und wir malten uns aus, wie unser Haus und unser Land eines Tages aussehen würden.

Als das Baby ein wenig gehen konnte, beschloss Helen, etwas Geld für unseren Traum zu verdienen. Sie fand einen Job in der Versandabteilung eines Kaufhauses, aber die Arbeit gefiel ihr nicht. Nach zwei Monaten bemängelte ihr Chef ihr Arbeitstempo, und sie war davon überzeugt, dass man sie bald entlassen würde. Also kündigte sie unter dem Vorwand, sie sei wieder schwanger. Als ihre Kollegen eine Abschiedsfeier für sie gaben und sie mit Geschenken für »das Baby« überhäuften, hatte sie ein schlechtes Gewissen.

Doch wie der Zufall es wollte, wurde sie kurze Zeit später tatsächlich schwanger und gebar Ende 1962 unseren Sohn. Weil wir jetzt mehr Platz brauchten, zogen wir in ein altes Haus in der Taylor Street, nicht weit vom Knowland Park und vom Zoo entfernt. Die meisten Einwohner dort waren Weiße, die der Mittelschicht angehörten. Ein umzäunter Garten mit einer großen Kiefer überzeugte uns davon, dass das Haus hundert Dollar im Monat wert war. Für die Kinder war es ideal.

Mittlerweile ging es unseren Freunden Betsy und Jerry nicht mehr so gut. Nachdem ich den Club verlassen hatte, begann Jerry, mit ledigen Bikern herumzuziehen, die ständig Partys feierten und schliefen, wo immer sie landeten. Zu Hause und an seinem Arbeitsplatz erschien er nur selten; darum wurde er entlassen. Er trieb sich herum und mischte Alkohol mit Hustensaft. Eines Tages hatte Betsy die Nase voll und trennte sich von ihm.

Am 4. April 1961, kurz nach der Geburt seiner Tochter – er sprach davon, sich mit seiner Frau zu versöhnen –, veranstaltete Jerry ein Wettrennen mit einem Güterzug zur Kreuzung an der 29th Avenue und verlor. Sein Motorrad prallte auf den zweiten Waggon. Er war betrunken. Zwanzig Minuten später starb er mit zerquetschtem Brustkorb. Jerry war 21 Jahre alt.[7]

Der Angel, der im Rettungshubschrauber starb, war längst nicht mehr der Freund, der mit mir gefahren war und mit mir gezecht hatte. Deshalb ging ich nicht zur Beerdigung. Aber wir halfen Betsy, nach Jerrys Tod wieder auf die Beine zu kommen, und unterstützten sie, als eine ihrer Töchter wenige Monate später versehentlich Gift schluckte. Wir spielten Amor und arrangierten für sie Verabredungen mit Paul, dem Ehren-Angel, der bei der Küstenwache arbeitete.

Die grobknochige und extravagante Betsy und Paul, ein stämmiger, wortkarger Mechaniker – ein wahrer Zauberer in seinem Fach – heirateten und wurden unsere engsten Freunde. In den folgenden Jahren fuhren wir an den Clear Lake, um zu picknicken und Kanu zu fahren, und rodelten in der High Sierra. Ab und zu besuchten wir zusammen Partys der Hells Angels, aber mit deren Lebensstil hatten wir nichts mehr am Hut.

Dennoch behielten Paul und ich den Club dank alter Freundschaften, zufälliger Begegnungen und unserer Arbeit im Auge. Paul arbeitete mit einigen Bikern in einer Süßwarenfabrik, und ich begegnete Bikern als Bauarbeiter. Alles, was ich von ihnen hörte, überzeugte mich davon, dass der Club keine Zukunft hatte. Die Zahl der Mitglieder in Kalifornien, die 1960 etwa 250 betragen hatte, sank innerhalb von vier Jahren um zwei Drittel.[8]

KAPITEL 6

DER WEG ZURÜCK

»Für einen Motorradfahrer ist ein Angel wie Gott. Kein Angel zu sein
bedeutet, in der Furcht vor Gott zu leben.«
Ein Biker, der nie Mitglied wurde

Meine Arbeit führte mich in jeden Winkel der San Francisco Bay, von den noblen Vorstädten an der East Bay bis zu den Wolkenkratzern in San Francisco. Die abwechslungsreiche Arbeit forderte mich heraus und vermittelte mir Grundkenntnisse in mehreren Berufen, die mit dem Bau zu tun hatten, auch im Zimmerhandwerk.

Einer der größten Vorteile dieses Berufes war die Kameradschaft. Sie glich ein wenig derjenigen bei den Angels, obwohl meine Kollegen an kalten Vormittagen vor Lagerfeuern aus Holzresten kauerten und mich wegen des Clubs aufzogen. Ich trug einen Churchill-Cowboyhut mit schmaler Krempe sowie einen Bart anstelle eines Schutzhelms und außerdem Old Spice, aber ich kam mit den meisten Leuten gut zurecht, weil ich meine Arbeit erledigte. Ich konnte doppelt so viele Gipskartonplatten tragen wie die meisten anderen. Mein größter Nachteil waren meine knapp 120 Kilo: Ich schnappte mir so viele Bretter, dass niemand mit mir ein Gerüst bauen wollte.

Nach meiner vierjährigen Lehre behandelten mich die knorrigen Veteranen, denen der eine oder andere Finger fehlte, als gleichrangig. Und als mein Ruf sich festigte, wurde die Gewerkschaftspolitik für mich wichtiger als die Arbeit. Ich trat für längere Kaffeepausen und kürzere Arbeitszeiten ein. Manchmal übernahm ich ungefragt die Aufgaben des Vorarbeiters und beaufsichtigte Arbeiten selbst.

Im Laufe der Jahre wurde unser Trupp immer geschickter, sodass wir eine Tagesarbeit in mehreren Stunden erledigten. Deshalb konnten wir nachmittags faulenzen.

Einige Männer spielten Krieg und benutzten kupferne Blasrohre, um mit Nägeln zu schießen. Dabei gingen einige Fenster zu Bruch. Die Spaßvögel nagelten Lunchboxen an die Decke und Werkzeugkästen an den Boden. Auf einem Hochhaus mit Blick auf die Golden Gate Bridge erreichte unsere Spielkunst ihren Zenit. Wir wetteten auf die Männer, die im Blaumann zur Arbeit gingen, dann zogen wir eine oder zwei Stunden Mauern hoch, ehe wir Feierabend machten. Danach setzten wir uns eine Weile auf die Tragbalken und suchten Dächer und Fenster mit Ferngläsern nach leicht bekleideten Frauen ab. »Die ist splitternackt«, hörte man jemanden schreien, und prompt rannten die Leute in diesen Teil des Gebäudes. Die meiste Zeit verbrachte ich jedoch in einer Pokerbude, die wir gebaut hatten, um uns vor dem Wind zu schützen.

Zum ersten Mal pflegte ich auch außerhalb der Arbeit Kontakt mit Kollegen, vor allem mit John J. Wir legten uns ein gemeinsames Hobby zu und werkelten in seinem Hinterhof herum. Aschenbecher und Bücherstützen gab es zwar in jedem Laden, aber wir schufen mit Hilfe von Muscheln, Treibholz und Steinen besonders schöne Exemplare.

Nachdem wir etwa tausend Dollar in unsere Experimente gesteckt hatten, machten wir aus unseren wildesten Fantasien und Ideen Produkte, die sich verkaufen ließen. Ein paar Kreationen verscherbelten wir an Freunde, um Platz für neue zu schaffen. Der Durchbruch kam schließlich, als ich einen runden Tisch mit einem rot-schwarz-weißen Hakenkreuz schreinerte – ein gefundenes Fressen für ein Clubmitglied. Aber einer von Johns Nachbarn sah ihn zuerst und ließ 2000 Dollar dafür springen. Innerhalb eines Monats eröffneten wir ein Geschäft an der Ecke 38th Street und Foothill Boulevard.

Während wir unsere Familien ernährten und uns als Geschäftsleute versuchten, erlebten die Angels nach einigen stillen Jahren ein Comeback. Dafür war vor allem die große Fahrt nach Monterey am 6. September 1964, einem Labor-Day-Wochenende, verantwortlich. 46 Mitglieder wurden festgenommen, nachdem zwei Teenagermädchen behauptet hatten, sie seien dort in den Sanddünen mehrfach vergewaltigt worden. Vier Angels wurden angeklagt – Terry, Marvin, Mother Miles und Crazy Cross. Obwohl das Verfahren später mangels Beweisen eingestellt wurde, verlangten aufgebrachte Abgeordnete von der Regierung, den Club unter die Lupe zu nehmen, und sie setzten sich durch.[9]

Der Vorfall warf eine alte Frage auf: »Wie sind die Hells Angels wirklich?« Zudem berichteten die Medien mehr denn je über den Club, und das nutzte dieser aus.

»Wir sind nur ein Haufen Männer, die gerne zusammen sind, so wie die Freimaurer oder jede andere Gruppe«, teilte Tiny, ein bärtiger, 1,98 Meter großer Riese, den Reportern mit. »Wir fahren einfach gerne Motorrad.«

Und Tommy erklärte vor den Medien: »Die Staatsanwaltschaft möchte uns verbieten, aber sie kann uns nicht auflösen. Vielleicht fallen wir in ein Loch, doch wir werden zurückkommen.«

In der Tat fiel der Club in ein Loch und blieb dort fast ein Jahr lang drin. Schikanen der Polizei, die man sogar eingeräumt hatte, zwangen das Charter Sacramento, das von Mother Miles geführt wurde, sich im Mai 1965 aufzulösen, sodass die Mitgliederzahl in ganz Kalifornien auf 85 sank. Dennoch kam der Club zurück, und zwar auf einem völlig unerwarteten Weg: Die Angels wurden von der nordkalifornischen Boheme als raue Verbündete gegen das Establishment adoptiert. Gegenseitige Neugier trug zu dieser Allianz zwar bei, doch hauptsächlich einte beide Gruppen die freie Art zu leben und ihr Hang zu Drogen. Vielleicht sorgte der Drogenkonsum mit den Angels dafür, dass die Beatniks sich in einer weniger intellektuellen und umso gewalttätigeren Umgebung wiederfanden, aber beide glaubten, sie befänden sich auf demselben Regenbogen, befreit von den Wolken der Heuchelei.

Am Wochenende des 7. August 1965 luden mich ein paar Angels zu einer Küstenrundfahrt ein, um mich ihren neuen »Freunden« vorzustellen. Ich fuhr ein Motorrad, das mir ein Kumpel bei den Gypsy Jokers geliehen hatte, und fuhr mit ungefähr fünfzig Männern eine Stunde auf dem Highway 1 nach Süden. Wir alle sahen abschreckend aus und machten grimmige Gesichter. Unsere langen Mähnen und die Kutten flatterten im Wind. Ich hatte fast vergessen, wie aufregend es war, Teil dieses rollenden Donnerkeils zu sein.

Die Gruppe wandte sich landeinwärts, fuhr bei La Honda an Mammutbäumen vorbei und ging an einem 3,60 Meter langen Banner vom Gas, auf dem stand: »Die Merry Pranksters begrüßen die Hells Angels.« Die Bäume dämpften das Dröhnen unserer funkelnden Motorräder, als wir anhielten. Freundliche, aber freakige Leute umringten uns. Sie trugen zerlumpte Kleider und Sandalen. Einige gingen barfuß und waren halb nackt und mit fluoreszierender Farbe beschmiert.

Der Empfang verblüffte uns zunächst, weil Nichtbiker uns selten so liebenswürdig und furchtlos begrüßt hatten. Wir wurden einander ohne Umstände vorgestellt und waren bald high. Sonny und der Eigentümer des Grundstücks, der Schriftsteller Ken Kesey[10], ein Superstar der Beat Generation, fanden und begrüßten sich.

Die Pranksters benutzten Gesichtsfarben und Spitznamen nach bester Halloween-Tradition. Wir lachten schallend über Namen wie June the Good, Mountain Girl und Hermit, während sie überlegten, wie Buzzard, Baby Huey, Terry the Tramp und Tiny zu ihren Trägern passten. Alle trugen Kostüme und spielten eine Rolle, sogar ihre heiligen Männer: der Dichter Allen Ginsberg und der LSD-Guru Dr. Richard Alpert.

Schon bevor ich meine Maschine abschaltete, begann ich mich zu fragen, was ich hier ohne meine Abzeichen zu suchen hatte – als halber Angel, umringt von Keseys Menagerie. Man kannte mich zwar von früher, doch nach den Clubregeln hatte selbst ein neu Aufgenommener einen höheren Rang als ein zurückgetretener Vizepräsident. Wenn es hart auf hart kam, würde man mir vielleicht einen unrühmlichen Abgang gestatten, aber wahrscheinlich würde ich mich auf gefährliche Weise behaupten müssen.

Während ich zwischen den Mammutbäumen herumspazierte und mir die Beine vertrat, rauchte ich einen Joint. Marihuana hatte bei mir kaum gewirkt, als ich es mit meinen Arbeitskollegen probiert hatte, aber diesmal war ich in anderer Stimmung. Seltsame Geräusche drangen aus den Lautsprechern, die in den Bäumen und an einem Felsen hingen. Der sogenannte Rundfunksender der Pranksters, KLSD, brachte Musik, Nachrichten und Kommentare von jedem, der das Mikrofon in die Hand nahm. Eine Stimme – ich glaube, sie gehörte Tramp – verspottete die Hilfssheriffs des Bezirks San Mateo, die sich an der Grundstücksgrenze im Gebüsch versteckten: »Mr. Sheriff, wer kriecht deiner Alten zwischen die Beine, während du durchs Gestrüpp kriechst?« Es folgte raues Gelächter. Keseys Anwesen schien unüberwindlich zu sein.

Als die Pranksters einige Männer auf LSD- und DMT[11]-Trips mitnahmen, wanderte ich durch die Gebäude. Die größte Hütte war mit Soundmaschinen, Kameras und anderen Apparaten der Kesey-Medienfreaks vollgestopft. Außerdem gab es Baumhäuser, einen Wigwam und eine Höhle, die Hermit gehörte, einem barbrüstigen, wilden Knaben, der angeblich Rehe jagte und sie mit seinem Messer tötete. In der Höhle, die in einen Kanalgang eingegraben war, galten strikte Regeln: Wenn der grün-rosafarbene Golfball in der Blechdose am Eingang lag, durfte ihn jeder herausnehmen und eintreten, um beim Sex oder bei Halluzinationen ungestört zu bleiben. Eine leere Dose bedeutete, dass die Höhle besetzt war.

Das übrige Gelände war unbebaut. Einige Angels waren begeistert davon. Sie durchstöberten den Wald wie Kinder, bedienten sich an einem Drogenbuffet und sammelten irre Ideen aus Büchern und aus den Köpfen dieser Außerirdischen. »Verdammt schön ist es hier«, sagte ein Typ verzückt.

Die Clubmitglieder wiederum ließen die Hipster ihre Bike-Erotika befummeln und reichten Ketten, Hakenkreuzohrringe, Medaillons und verchromte Nazihelme herum. »Geil!«, riefen die Pranksters. Alles war ganz unkompliziert: Hintern im Waldboden, Rücken an Bäumen und Hütten, Köpfe in den Wolken. Manche Angels waren völlig weggetreten, doch die meisten ließen sich von den Hippies bewirten, die wie Hofnarren herumhüpften und -flitzten. Diese Leichtgewichte genossen die Gesellschaft von Schwergewichten, und die Biker lehnten sich zufrieden zurück und nahmen, was man ihnen anbot. In dieser Anarchie gab es keinen Druck, niemand regte sich auf, und es gab keine starren Grenzen. Die Angels plauderten und scherzten und nahmen so viel, wie sie gaben, ganz unbekümmert.

Als es dämmerte, schloss ich mich den Naturfreaks an. Hermit gab mir Flusskrebsfleisch, und ich reichte Ginsberg etwas Lakritze. »Heute Nacht wirst du fliegen«, sagte er, aber ich hielt mich von seinen flatternden Gewändern und dem verzückten Blick fern. Ich habe diese Gurus aus der Kaffeehausszene von San Francisco und Berkeley nie gemocht. Mountain Girl war eher nach meinem Geschmack. Sie war eine barfüßige Nymphe mit Sonnenschein im Lächeln. Ich hätte gerne ein wenig mit ihr geschmust, aber sie bot mir LSD an. Ich lehnte ab, weil ich von Gras, Aufputschmitteln und Alkohol ohnehin schon benebelt war.

Bald wurde die Szenerie noch verrückter. Ehemaliger Angel oder nicht, ich war ein ziemlich normaler Bauarbeiter unter Fremden, die fremde Drogen nahmen. Das machte mich nervös. Ihr Verhalten war die eine Sache, doch ihr Geschwätz von Liebe und Frieden, vom universellen Dies-und-Das kam mir so tiefgründig vor wie ein aufgewärmter Furz.

Im Hauptgebäude jaulte eine Bob-Dylan-Platte »Baby Blue«, aber es klang wie »Baby Huey«, und ich spürte einen Anflug berechtigter Entrüstung, als irgendein Typ eine abfällige Bemerkung über den Club machte. Also half ich John T. »Terry the Tramp« Tracey und ein paar anderen Mitgliedern, den Sünder auf einen Stuhl zu hieven und ihm eine Schlinge um den Hals zu legen. Wir warfen das Seil über einen Ast, stießen Drohungen aus und traten abwechselnd nach dem Stuhl. Nachdem er einmal ins Wanken geraten war, hoben wir den Kerl auf einen Tisch, wo er eine fairere Chance hatte, aber auch tiefer stürzen konnte. Tramp, der in seinem Haar- und Bartdschungel eine Blindenbrille trug, langweilte sich so, dass er eine Spinne auflas und sie aß. Das hielt ich nicht mehr aus und ging ins Freie.

Inzwischen brannten überall Lagerfeuer. Das Licht flackerte durch Äste, an denen Mobiles, Müll und Bilder hingen. Während eine Handvoll Mitglieder mit Frauen rummachte, saß ich bei den anderen, wärmte mir die Hände und schaute einigen Paaren beim Tanzen zu. Dann roch ich den Gestank verbrannter Haare: Hermit hatte das Hauptgericht direkt in die Flammen geworfen. Die Augen des Opossums wurden weiß und traten hervor, sein Fell wurde bis zum rattenartigen Schwanz versengt. So unappetitlich das auch sein mochte, die Angels und die Pranksters – soweit sie nicht Vegetarier waren – rissen das dampfende Fleisch heraus und verschlangen es. Dabei schauten sie einander an, leckten sich die Finger und grinsten.

Nachdem ich Essen und LSD abgelehnt hatte, legte ich mich auf einem Felsbrocken zur Ruhe. Als ich die Augen wieder öffnete schien die Sonne, und ich sah Keseys Frau und ein Kind nackt zum Bach tapsen. Überall waren Angels, doch keiner kümmerte sich um die Frau. Das wunderte mich. Ich fühlte mich so angestaubt wie mein alter, lederner Harley-Hut.

Zeitweilig stritten die Angels und ihre neuen »Freunde« über den Vietnamkrieg. Wir hielten Pazifismus für feige, weibisch und unamerikanisch. »Wir stehen loyal zu den Vereinigten Staaten von Amerika«, hatte Sonny einmal erklärt. »Wenn es mal Ärger geben sollte, melden wir uns bei der Armee und kämpfen. Mehr als neunzig Prozent unserer Mitglieder sind Veteranen. Wir wollen keine Drückeberger.« Als die Antikriegsbewegung sich ausbreitete, schrieb Sonny einen Brief an Präsident Johnson und bot die Dienste des Clubs im vietnamesischen »Gorillakrieg« an. Mit anderen Worten, Hipster-Drogen und -Frauen waren in Ordnung, aber die Hipster-Ideologie nicht.

Am 5. Oktober 1965, weniger als drei Monate nach der Party bei Kesey, versammelte Sonny die Clubmitglieder, als 1700 Kriegsdienstverweigerer von der University of California in Berkeley zum Musterungszentrum der Armee in Oakland marschierten. Polizisten hielten die Angels zurück. »Wir sollten ihr Auto umwerfen und uns diese Kommunistenfahne holen«, sagte Sonny. Dann brachten einige Jungs Limonade, um die Flaschen als Knüppel zu benutzen. Die Angels schrien »Kommunistenschweine!« und schlüpften überraschend mühelos durch die Polizeiabsperrung.[12] Sie entrissen den Führern des Vietnam Day Committee (VDC) ein Banner und überrannten dann – eine Dampfwalze aus 16 Männern mit Flaschen, Ketten und Stiefeln – die Protestler. Hunderte von Demonstranten wurden auseinandergetrieben, einige an der Telegraph Avenue zusammengeschlagen, ehe die Cops sechs Angels festnahmen und den Rest verjagten. Doch die Anklage gegen alle außer Tiny wurde fast unverzüglich eingestellt. Tiny, Geldeintreiber von Beruf, wurde beschuldigt, einem Polizisten mit einer Limonadenflasche ein Bein gebrochen zu haben (später gestand er mutwillige Sachbeschädigung und musste 56 Dollar berappen).

Der Grund für den Überfall war die militaristische und patriotische Gesinnung des Clubs. Sie befremdete die Beatnikfreunde, erwies sich für den Club jedoch als erstklassige Publicity. Viele Leute hielten diesen Einsatz für die erste positive Tat der Hells Angels, seitdem Mitglieder aus San Francisco begonnen hatten, Autofahrern bei Pannen zu helfen und ihnen Visitenkarten im Lone-Ranger-Stil überreichten: »Ihr Helfer ist Mitglied der Hells Angels.« Konservative Journalisten lobten den Club dafür, dass er den Friedensaposteln eine Lektion erteilt hatte, und Fred Ullner, der Leiter der Initiative »Republikaner für Konservatismus« in San Rafael, gründete eigenmächtig eine Gruppe namens »Freunde der Hells Angels«.[13] Sie sammelte 4400 Dollar für Tinys Kaution und versprach angeblich, die patriotischen Aktivitäten des Clubs weiter zu unterstützen.

Wie die meisten Freunde des Clubs und die Öffentlichkeit hielten Helen und ich die Protestler für rote Drückeberger und kommunistisch-jüdische Beatniks, genau wie den VDC-Chef Jerry Rubin. Das waren nicht unsere Leute. Wir lauschten gespannt, wenn Sonny, Tiny, Jimmy Hewitt und andere Clubmitglieder über das Handgemenge berichteten und mit Zeitungsausschnitten herumwedelten.

Eines Tages betraten zwei Männer in Geschäftsanzügen unseren Laden. Sie waren freundlich, näselten wie Südstaatler und stellten sich als Mitglieder des Bundes amerikanischer Steuerzahler vor, einer mysteriösen Organisation, die in unserer Straße ein Büro hatte.[14]

Wir unterhielten uns bei einem Drink im Zella and Augie's Townhouse, einer Kneipe neben unserem Geschäft. Sie überhäuften den Club mit Lob, weil er die Demonstranten auf so noble Art aufgemischt hatte, und schlugen weitere »patriotische Aktionen« vor, um die nationale Sicherheit zu gewährleisten. »Unsere Organisation glaubt unter anderem, dass jeder Amerikaner drei Schusswaffen besitzen sollte«, flüsterte einer der Männer. »Eine zu Hause und zwei in einem Versteck auf dem Land.« Nach einem Sermon über die Gefahren einer unbewaffneten Bürgerschaft angesichts subversiver Kräfte im Land kamen sie zur Sache. »Wir bieten den Hells Angels jede finanzielle und juristische Hilfe an, die sie brauchen – und das da.« Der zweite Typ streute eine Handvoll Patronen Kaliber .45 auf die Bar.

»Warten Sie mal«, sagte ich abwehrend. »Sie sollten mit jemand anderem reden. Ich werde Sie weitervermitteln.« Als ehemaliges Mitglied war ich nicht autorisiert, für den Club zu sprechen, darum borgte ich eine Zehn-Cent-Münze und wählte Sonnys Nummer. Dann rief ich einen der Männer ans Telefon. Sonny war immerhin so interessiert, dass er einem Treffen zustimmte.

Angeblich nahmen die Angels das Angebot nicht an, aber Sonny erklärte später, der Club werde Gegendemonstrationen veranstalten, wo immer die Pazifisten sich versammelten. Er hielt sogar eine Rede vor einer Highschool-Klasse im vorstädtischen Distrikt Marin und trug dabei eine Ansteckplakette mit den Worten »Unterstützt eure Ortspolizei«. Unter anderem sagte er: »Ich behaupte nicht, dass wir ein gutes Beispiel für die amerikanische Öffentlichkeit sind. Aber wir sind nicht so böse, wie die Zeitungen uns darstellen.«[15] Und er fügte hinzu: »Einige dieser Leute in Berkeley meinen es gut, aber die meisten wissen nicht, warum sie demonstrieren.«

Trotz Sonnys öffentlicher Stellungnahmen entlarvten Ereignisse vor dem großen Friedensmarsch, der für den 20. November 1965 anberaumt war, den stärksten Verbündeten des Clubs: das Geld. Zuerst warf Sonny den »Freunden der Hells Angels« vor, sie hätten dem Club Geld versprochen, aber nichts geliefert. Dann stimmte der Club Gesprächen mit den Organisatoren des Marsches zu.

Während einer Sitzung im San Jose State College klagte Ginsberg: »Wir fürchten, dass die Hells Angels uns angreifen werden, und wir fragen uns, warum. Machen sie es zum Spaß, wegen der Publicity, um von ihren Missetaten abzulenken, um die Polizei von Oakland zu besänftigen oder weil sie dafür Geld von der Rechten bekommen?« Die prompte Antwort des Clubs war nicht sonderlich beruhigend: »Ich habe mir in Okinawa und Korea in den Bauch schießen lassen«, sagte Louie aus Sacramento. »Wenn Uncle Sam mich wieder ruft, bin ich bereit zu gehen. Ich habe eine Menge Respekt vor Uncle Sam, meiner Mutter, meinen Geschwistern und meinen beiden kleinen Kindern. Doch wenn ich meine Kinder beim Demonstrieren erwische, schlage ich ihnen den Schädel ein.«[16]

Bei einem nachfolgenden Treffen in Sonnys Haus ging es etwas anders zu. Clubmitglieder, Ginsberg und Kesey verteilten LSD und skandierten, untermalt von Joan-Baez-Songs, ausgerechnet buddhistische Gebete. Dann bekräftigten sie ihren Wunsch nach kosmischem Frieden, diskutierten über Politik und kamen irgendwie zu der Übereinkunft, dass sie ein Blutbad auf Erden verhindern wollten.

Die Medien waren auf Randale vorbereitet, doch am Tag vor der Demonstration rief Sonny einige Reporter zu sich. »Wir haben zwar unsere Absicht verkündet, bei dieser unamerikanischen Veranstaltung eine Gegendemonstration abzuhalten«, erklärte er spöttisch, »aber wir glauben, dass wir dem VDC im Interesse der öffentlichen Sicherheit und des guten Rufes der Stadt Oakland durch unsere Anwesenheit keine Rechtfertigungsgründe liefern sollten.«[17]

Die Kehrtwendung wurde von verschiedenen Seiten freudig, enttäuscht oder erleichtert – und stets überrascht – aufgenommen. Aber sie hatte offensichtlich finanzielle Gründe. Wer dem Club nahestand, wusste, dass viele Mitglieder prinzipiell überzeugte Befürworter des Krieges waren, aber das Interesse an Drogen und Geld war in diesem Fall wichtiger als Prinzipien. Viele der besten Kontaktleute des Clubs in der Drogenszene und in der Geschäftswelt waren offen oder zumindest ideologisch gegen den Krieg. Außerdem, wer wollte Geschäfte mit Neofaschisten machen, denen es Spaß machte, Pazifisten zu verdreschen? Sonnys Rückzug war also die einzig vernünftige und profitable Taktik, so peinlich sie auch sein mochte.

KAPITEL 7

DIE VERLOCKUNG

Ich schluckte seit mehreren Jahren rezeptpflichtige Amphetamine, um mein Gewicht unter Kontrolle zu halten, rechtzeitig am Arbeitsplatz einzutreffen und um mit meinem Hang zur Selbstzerstörung zu prahlen – seit Kurzem auch, um angenehm berauscht zu sein. Erst nahm ich Benzedrin und Dexedrin, dann Methamphetamin. Mit »Speed« oder »Crystal« war mein Geist leistungsfähig wie eine Lokomotive unter Volldampf.

Helen machte sich Sorgen wegen meines Drogenkonsums. Marihuana erinnerte sie an Filme wie *Kifferwahn* aus den 50er-Jahren. »Wenn du dieses Zeug nehmen willst, dann geh damit woanders hin. Ich will nicht, dass die Kinder es sehen!«, schimpfte sie.

Genau das tat ich. Im gemütlichen Haus meines Freundes Kooie, einem Fensterputzer in Castro Valley, hob ich ab 16:00 auf LSD, die wenig bekannte Droge, die ich bei Kesey noch abgelehnt hatte. Unterstützt von seiner modernen Stereoanlage schwebte ich durch den üppigen Hintergarten, unternahm lange Reisen nach Psychedelien – und erforschte unterwegs einige Frauen. Meine Reiseführer waren Freunde wie Tramp, der das Terrain gut kannte.

Marihuana war kalter Kaffee im Vergleich zu den Wunderkapseln mit LSD. Jeder Trip führte mich über die alltägliche Welt hinaus. Das Universum explodierte, wenn ich Licht auf einem nassen Blatt sah. Sex bestand aus konzentrischen Orgasmen und wildem Gelächter, eine Mischung aus Erhabenheit und Verderbtheit, Lust und Schmerz. Gedanken stürzten vom Himmel wie die Niagarafälle. Die Geschwindigkeit und die Wucht der Sinneseindrücke waren überwältigend.

Der Ärger begann, wenn ich aus dem Haus ging und mit der realen Welt zurechtkommen musste. Während einer Fahrt zum Zahnarzt rammten J. B. und ich im LSD-Rausch ein Auto, und als der Zahnarzt Mühe hatte, einen kaputten Zahn zu erreichen, sagte ich zu ihm: »Ziehen Sie den Zahn daneben raus, um Platz zu schaffen.« Ich griff sogar nach der Zange, um ihm zu helfen, den gesunden Zahn zu entfernen.

Ein andermal nahm ich die doppelte Dosis LSD und wurde vor einem Antiquitätenladen von einem Totempfahl magisch angezogen. Stundenlang studierte ich dann die verzerrten Figuren, die rissige Farbe und die Holzmaserung.

»Wohin gehen Sie?«, fragte eine donnernde Stimme.

»Nach Hause«, antwortete ich und starrte auf die verschwommenen Umrisse eines in Grau gekleideten Hilfssheriffs. Anstatt mich nach Hause zu fahren, brachte er mich zur Stadtgrenze und schickte mich fort. Ich schlenderte zur Ness Electric Company im nahegelegenen San Leandro und blieb erneut stehen, hingerissen vom Licht, das auf Dutzende von Armaturen aus Glas, Kristall und Metall fiel. Dann klammerte ich mich an einen Maschendrahtzaun und schaute zu, wie diesiger Regen ein Schwimmbecken besprenkelte.

»Was tun Sie hier?«, donnerte die Stimme eines Meeresgottes.

»Ich schaue zu, wie der Regen ins Wasser prasselt«, sagte ich milde und ohne den Blick abzuwenden.

Zwei Männer in blauer Uniform überprüften meinen Ausweis und fuhren mich dann nach Hause. Als einer zum anderen sagte: »Am besten lassen wir ihn raus«, bemerkte ich, dass ich in einem Käfig aus Glas und Metall saß, der von außen verschlossen war. Klaustrophobie! Gerade als ich die Fenster eintreten wollte, öffnete sich die Tür. »Gehen Sie nach Hause!«, sagte ein Polizist. »Halten Sie sich von der Straße fern.«

Meine Augen schienen sich wie Kreisel zu drehen, als ich endlich durch die Haustür tappte. Helen wandte sich vom Fernseher ab. »Mein Gott! Was ist los mit dir, George?«

»Hab wohl ein bisschen LSD geschluckt.«

Nach einer Weile weiteten sich meine Pupillen bis auf die Größe eines Silberdollars, und nur noch Bruchstücke von Bildern drangen in mein Gehirn. Ich kreischte, brach zusammen und weinte in meine Fäuste. »Hol Hilfe, oder ich gehe!«

Es war drei Uhr morgens. Helen rief Tiny an. »Du musst George helfen. Er ist auf einem Horrortrip. Hat LSD genommen. ich weiß nicht, was ich tun soll.«

Zehn Minuten später kam Tiny, wischte sich den Schlaf aus den Augen und glättete seine Kleider. Er ließ sich aufs Sofa fallen und hörte sich Helens

Bericht an, während ich in einem Sessel saß und unzusammenhängendes Zeug plapperte. Nach einigen Minuten erkannte ich meinen Retter. »Hallo, Tiny. Mann, bin ich froh, dich zu sehen.«

»Tag, George.« Tiny, einer der massigsten, bösesten, verwildertsten Angels, kickte seine Schuhe weg. »Ich kenne das. Erzähl mir davon, George. Was ist los?« Auf einen Ellbogen gestützt, bohrte er nach und führte mich durch die angenehmen Phasen meines Trips. Meine riesige Furcht und das Gefühl der Einsamkeit lösten sich auf.

Als ich ihm von der Begegnung mit der Polizei berichtete, wieherte er, und ich schloss mich dem überlauten Angels-Gelächter an. »Ha, ha, ha!« Das Schlimmste war überstanden.

Dann stopfte Tiny mich mit Erdnussbutter und Marmeladenbroten voll, bis der Boden mit Brotverpackungen und leeren Gläsern übersät war. Wir wollten gerade aufbrechen, um nach einem Geschäft zu suchen, das nachts geöffnet war, als Skip auftauchte und uns Hilfe und Pfefferminzdrops anbot.

Freunde vom Club waren eine große Stütze. Dieser Zwischenfall überzeugte auch Helen davon. Angels behandelten einander wirklich wie Brüder. Sie halfen sich zu jeder Tages- und Nachtzeit, nicht nur bei Ausfahrten, Streitigkeiten und Partys, bei denen das Image auf dem Spiel stand. Das Motto »Angels forever, forever Angels« war keine leere Phrase.

***

Nach und nach lehnte auch Helen Drogen nicht mehr rundherum ab. Im Geiste hatte sie sich zwar immer mit den angesehenen Bürgern verbrüdert, aber meine Gesellschaft war ihr wichtiger. Ihr war klar, dass ich mit Frauen flirtete, die ihre Abneigung gegen Drogen nicht teilten. Darum säuselte sie mir eines Tages zu: »George, bringst du mir mal ein bisschen Gras? Ich möchte es ausprobieren.«

Erfreut über ihren Wandel, besorgte ich frische dreißig Gramm und brachte Helen zu Kooie, wo sie ihre Jungfernreise antreten wollte. Ein paar Angels waren ebenfalls anwesend. Als das Zimmer in Musik getaucht war, gab ich ihr Tipps: »Rauch den Joint nicht wie eine Zigarette. Saug die Luft mit dem Rauch ein. Inhaliere tief.«

Das mit Zucker behandelte Gras brannte in ihrem Hals. »Verdammt, George. Ich ersticke an dem Zeug.«

»Du musst den Rauch bei dir behalten. Atme ihn tief ein.«

Nach den ersten zwei Zügen spürte sie nichts, doch nach dem dritten schloss sie die Augen, und ich sah, dass ihr Geist sich öffnete und auf den Klangwolken dahintrieb. Bevor sie zu weit abdriftete, ließ sie ihren Blick schweifen, um sicherzugehen, dass die Beatles nicht mit dem Lautsprecherwagen durch die Tür gefahren waren.

Unsere Drogenerlebnisse brachten neuen Schwung in unsere Ehe. Wir wurden zu Hause und in den Bergen high. Wir spielten, halluzinierten und flippten beim Sex aus. Einen Nachteil hatten die Drogen allerdings in Helens Augen: Sie brachten mich dem Club wieder näher. Ich kaufte bei Sonny regelmäßig größere Mengen Marihuana, teilte sie in Fünf-Dollar-Portionen auf, vercheckte einen Teil davon und behielt den Rest für mich. Auch Motorräder begeisterten mich wieder. Ich kaufte eine schnelle, von allem Tand befreite Harley KR, mit der Tommy, ein stämmiger, kühner Angel, für mich ein Rennen gewann.

Die Maschine brachte Helen auf die Idee, einmal stoned zu fahren. »George, warum nimmt du mich nicht mal auf diesem Zeug mit?«

»Ich fahre nie wieder ohne Aufnäher«, erklärte ich feierlich. »Du brauchst dieses Abzeichen, damit es richtig Spaß macht.«

Das brachte sie auf die Palme. »Wenn du dieses Abzeichen je wieder trägst, verlasse ich dich«, schnaubte sie. »Ich will nicht, dass du wieder in den Club gehst. Ein verheirateter Mann mit Kindern gehört da nicht hin. Das ist etwas für freie und ungebundene Typen. Für die Angels kommt zuerst der Club und danach die Familie, das weißt du.«

Im Jahr 1965 hielt mich das fehlende Abzeichen allerdings nicht vom Motorradfahren, von Kneipentouren und von Kämpfen an der Seite der Angels ab. Die Zahl der Mitglieder in Kalifornien war gesunken, und Sonny bat mich immer häufiger um Rat und Unterstützung im Kampf gegen die Schwarzen. Die Spannung zwischen den Rassen war so groß, dass ich auf dem täglichen Weg zur Arbeit eine Flinte mitzuschleppen begann. Und diesen Sommer half ich dem Club, auf dem Dach des El Adobe Wache zu schieben. In diesem Clubheim wurde der ultimative Rassenkrieg geplant, aber es passierte nichts – außer dass ein alter Schwarzer wegrannte, als Tramp ein Gewehr auf ihn richtete.

Wir glaubten, die Schwarzen eingeschüchtert zu haben, doch in der Nacht des 6. November wurden Sonny und ich von einer Wagenladung Schwarzer attackiert, als wir den Auseon Club verließen. Vermutlich hielten sie die Gelegenheit für günstig, zwei einsame Biker zu vermöbeln. Doch nach ein paar Dutzend Hieben hielten wir ihnen stand – wir waren ein zweiköpfiger Demontagetrupp. Ich umklammerte einen nach dem anderen, während Sonny sie mit einer Kette und einem schweren Vorhängeschloss bearbeitete.

Wir hielten uns gut, bis immer mehr Schwarze aus den Häusern strömten, wie Küchenschaben bei einem Brand. Zahlenmäßig weit unterlegen, schrien wir nach Tiny, der sich in einem Südstaaten-Restaurant ganz in der Nähe über gegrillte Rippchen beugte. Nachdem er und ein paar andere Mitglieder noch ein paar Knochen abgenagt hatten, stürmten sie heraus, zur Sicherheit mit Tischbeinen und Barhockern bewaffnet. Wir räumten unter den Angreifern auf, bis das ganze Viertel auf uns losging. Es müssen Hunderte von Schwarzen gewesen sein. »Hauen wir ab!«, schrie Sonny. »Rückzug!« Wir entkamen in guter Verfassung und ließen ein kaputtes Auto mitten auf der Straße und einen Haufen benommener und blutender Schwarzer zurück. In einem von ihnen steckte Tinys Phillips-Schraubenzieher.

Die Sache mit dem Schraubenzieher amüsierte uns köstlich, aber wir rechneten mit Rache. Tramps Haus in der 82nd Avenue 1051 lag in einem Schwarzen-Viertel und war somit ein wahrscheinliches Ziel. Also errichteten wir Barrikaden aus Sandsäcken auf dem Dach und warteten zuversichtlich mit Schrotflinten, Karabinern und Gewehren. Als wir das Gefühl hatten, die Luft sei rein, gingen wir zurück in das Soul-Food-Restaurant. Genau darauf hatten sie wohl gewartet, denn wenige Minuten später wurde Tramps Haus mit Brandbomben beworfen. Das Haus brannte ab (sein Restwert betrug 7500 Dollar), und Tramps deutscher Schäferhund Colby wurde getötet.

Meine alte Freundschaft zu Sonny und meine neue Geschäftspartnerschaft mit Tramp bereiteten mir den Weg zurück zum Club. Tramp stammte aus Michigan und war zu uns gestoßen, nachdem sich das Charter von Sacramento aufgelöst hatte. Bei seiner Ankunft war er völlig pleite und besaß nur ein paar Kisten Motorradteile sowie ein Vorstrafenregister, das fast so lang war wie er: über 1,83 Meter.[18] Ich freundete mich mit ihm an und stellte ihm Transportmittel und Geld für ein Drogengeschäft zur Verfügung. Zu zweit fuhren wir durch die Bay Area und verkauften erstklassiges südamerikanisches und asiatisches Marihuana und ein wenig LSD. Dabei kamen uns Tramps Kontakte in der Hipster- und besonders in der Rockmusikszene zugute. Das war Tramps wichtigster Beitrag zum Club: Er war mehr Hippie als die meisten anderen. Sein wichtigster Lieferant war Augustus Owsley Stanley III, ein großspuriger kleiner LSD-Chemiker, den der Club bei Kesey und auf Rockkonzerten kennengelernt hatte.

Anfangs verdienten wir nur ein paar Kröten, und unser Kassenbuch enthielt Einträge wie »L. R. schuldet 67 Cent«. Doch als ich damit begann, auch Kollegen vom Bau und Freunde anzusprechen, verkauften wir das Marihuana innerhalb weniger Monate kilo- statt grammweise, und statt einiger Dutzend LSD-Kapseln setzten wir nun Tausende ab. Irgendetwas war im Gange. Wir wussten zwar nicht genau, was es war, aber wir waren von Anfang an dabei.

Mitglieder drängten mich, dem Club wieder beizutreten, um den Verteilerkreis zu festigen. Offenbar hielten sie mich für einen wertvollen und erfahrenen Verkäufer mit einem gewissen Naturtalent. Und für mich konnte das Abzeichen ein nützliches Instrument sein, um ungefährdet Geschäfte zu machen und viel Geld zu verdienen.

Anfang 1966 schlug Tramp bei einem Treffen in Tommys Haus meine Wiederaufnahme vor. Nach ein paar Formalitäten wurde ich ohne Aussprache gewählt und »Fat George« getauft. Als Bonus verzichtete der Club auf die Initiation. Ein bewährtes Mitglied war zur Herde zurückgekehrt. Ich war nun 25, fünf Jahre klüger und 22 Kilo schwerer. Meine Chancen, im Club aufzusteigen, standen gut, und das wusste ich.

Nach der Versammlung donnerten wir zu einem Clubtanz in der Erwin Taylor Memorial Hall in der East 14th Street. Dort tanzten und plauderten bereits Hunderte von Bikern und Mitläufern, in bester Laune und mit Bier und Pillen abgefüllt. Als wir uns durch die Menge drängten, spürte ich, dass ich wieder ganz oben angekommen war. »Es gibt nur Angels und Leute, die gerne Angels wären«, pflegten wir zu sagen.

Helen unterhielt sich beim Getränkestand mit J. B. und Irma, als wir eintrafen. »Zorro« ging mit einer Handvoll Zettel zu ihr hin und rief: »He, schau dir das an!«

Sie faltete ein paar Zettel auseinander, und auf jedem stand »Ja«.

»Was heißt das?«, fragte sie, als ich darauf zeigte. Zorro wirbelte mich herum und lachte.

Mein neuer Totenkopf war eine Ohrfeige für sie. Sie stampfte hinaus. Bis dahin hatte sie keine Ahnung gehabt, dass ich dem Club wieder beitreten wollte.

Peinlich berührt lief ich ihr nach und drückte sie an die Wand. »Was soll der Quatsch?«, knurrte ich.

Sie versuchte, sich aus meinem Griff herauszuwinden, doch meine Hände pressten ihre Schulterblätter zurück. Durch die Zähne befahl ich ihr: »Ich hab dir gesagt, der Club ist meine Sache. Genug jetzt!«

KAPITEL 8

ICH VERMARKTE DEN TOTENKOPF

»Wenn George im Club war, hatte er immer etwas zu tun. Wenn er zu Hause blieb, war er unzufrieden und langweilte sich. Er ging in die Berufsschule, kam heim, schaute fern und betrank sich mit seinem Likörwein. Das war alles nicht sehr aufregend für ihn.«
Helen Wethern

Irgendwie hatten die Angels Stil, eine Art groben Schliff, egal wie ungepflegt wir in unserer Kluft und mit all unseren Abzeichen aussahen. Gleichzeitig konnten wir unglaubliche Individualisten sein und dennoch zusammenhalten wie Blutsbrüder.

Helen sah diese Vorzüge nicht. Für sie war die Sache schon schlimm genug, wenn wir ein Haufen aggressiver Raufbolde geblieben wären. Doch der Club war für mich bald mehr als ein Hobby.

Eines Tages rief Sonny bei Helen an und bat sie, mir etwas auszurichten. Ein Angel in Südkalifornien wollte LSD im Wert von 600 Dollar kaufen. Sie überbrachte mir die Botschaft an meinem Arbeitsplatz. Ohne zu zögern nahm ich meinen Werkzeuggürtel ab und rief meinem Vorarbeiter zu: »Ich muss gehen. Es ist wichtig.«

Der Handel entpuppte sich als einmaliges Geschäft, war aber immerhin größer als die üblichen Fünfzig- und Hundert-Dollar-Deals. Und wenige Tage später kamen an der Tankstelle in der 23rd Avenue drei eigenartig aussehende Kerle auf mich zu. Nur weil sie meine Abzeichen gesehen hatten, fragten sie: »Kannst du uns LSD besorgen?« Der Totenkopf hatte mehrere Bedeutungen: Der Träger war kein Cop, denn der Club war nie unterwandert worden, und er konnte Drogen beschaffen, weil der Club dafür bekannt war, einige der besten Quellen in der Bay Area zu haben. Das einzige Risiko bestand darin, dass man für sein Geld nichts bekam.

Chuck, ein modischer Typ mit rostbraunem Haar, erzählte, wie zwei Angels namens Okie und Spesh sie erst vor ein paar Tagen um 5000 Dollar betrogen hätten. Das machte mich misstrauisch; also schaute ich sie mir genauer an.

Chuck schien der Anführer zu sein, aber er konnte mit seinem Bebop-Slang nicht verbergen, dass er von der Ostküste und aus besseren Kreisen stammte. Er war 27 und hatte ein gepflegtes, teigiges Gesicht mit verblichenen Sommersprossen. Obwohl er insgesamt einen zurückhaltenden Eindruck machte, schien er umso versessener auf Drogen zu werden, je länger er sprach. Die anderen standen dabei – Chuckles war ein sanfter, langhaariger Bursche, und Steve glotzte mich mit den eigensinnigen Augen eines gereiften Ausreißers an. Keiner von ihnen war ein Schlägertyp. Sie wollten nur etwas Besonderes erleben und den notwendigen Stoff bei Leuten kaufen, die ihn auch liefern konnten.

»Ich kümmere mich darum«, sagte ich vorsichtig. »Gebt mir eine Telefonnummer.«

Nachdem ich Tramp konsultiert hatte, wies ich die drei an, mit 5000 Dollar in Tramps unbewohntes Haus zu kommen. Erst dröhnten wir uns zu, dann erklärte ich ihnen den Handel: Ich würde das Geld an mich nehmen und dann mit mehreren Tausend LSD-Trips von Owsley zurückkommen. Sie sahen einander an und schüttelten die Köpfe. Sie wollten bei Übergabe bezahlen, aber ich bestand auf Vorkasse. Tramp und ich hatten nicht genug Geld, um den Stoff zu kaufen.

Stundenlang argumentierte, beschwatzte und bekniete ich sie. Mehrfach betonte ich, dass ich ein Business und ehrliche Geschäftsbeziehungen zu verlässlichen Dealern aufbauen wollte. »Ich würde mir ins eigene Fleisch schneiden, wenn ich euch reinlegen würde«, sagte ich.

Schließlich gab Chuck nach. »Okay. Wir wissen, dass du in einer schwierigen Lage bist, und wir gehen das Risiko ein. Du kannst das Zeug beschaffen, und wir brauchen es.«

»Vertraut mir«, sagte ich und steckte die Geldscheine ein. »Wartet hier, bis ich zurück bin.«

Mit hilflosem und hoffnungsvollem Gesichtsausdruck schauten sie mir nach, als ich zur Tür ging. Sie rechneten durchaus damit, vergeblich zu warten.

Natürlich gab es Probleme. Die 5000 Dollar waren Teil eines größeren Deals, der mehrere Transaktionen umfasste – und Tramp hatte größte Mühe, den fehlenden Betrag zu beschaffen.

»Glaubst du, deine Jungs geben dir noch mehr?«, fragte er.

»Mann«, stöhnte ich. »Ich habe gerade den halben Tag damit verbracht, sie davon zu überzeugen, dass ich sie nicht übers Ohr haue – und jetzt soll ich zurückgehen und *mehr* Geld verlangen?«

Meine Käufer waren tatsächlich nicht begeistert, aber sie gaben mir weitere 3000 Dollar als Vorschuss. Einige Stunden später wurde ihr Vertrauen belohnt: Sie bekamen etwa 8000 LSD-Trips, die auf dem Markt jeweils drei bis fünf Dollar wert waren. Und sie hatten nicht einmal etwas dagegen, dass ich ein paar Hundert Tabletten für mich behielt. Wir alle machten reichlich Profit. Anderswo hätten sie für ihre 8000 Dollar wahrscheinlich nur die Hälfte bekommen – falls sie überhaupt Owsley-Ware bekommen hätten. Mit Tränen in den Augen drückten sie mir die Hand, und ein Mädchen, das bei ihnen war, küsste und umarmte mich. Es war ein ehrlicher Deal.

Sie träumten von Spaziergängen auf einem Regenbogen und Töpfen voller Geld, als jeder von ihnen sich einen Trip einwarf und sie mit ihrem chemischen Schatz über die Bucht nach Haight-Ashbury fuhren.

Das Haight wuchs rasch zu einem besonderen Stadtteil San Franciscos heran. In den 60er-Jahren hatten Bohemiens, die von der Polizei und von Touristen aus der Grant Avenue in North Beach vertrieben worden waren, die viktorianischen Häuser am Ostende des Golden-Gate-Parks bezogen. Um 1966 verwandelte sich die Einkaufsmeile an der Haight Street, einst die Domäne der Mittelschicht, in einen begehbaren Zirkus. Die Menschen redeten davon, sich selbst zu finden, trugen aber einen Mischmasch aus Indianer-, Heilsarmee- und Cowboykostümen. Sie gingen barfuß oder trotteten in Großmutterkleidern, weißen Laken, Sandalen und Stiefeln herum und schmückten sich mit Stirnbändern, Stetsons, Perlen, breiten Gürteln, Fransen, Zöpfen und importierten oder improvisierten Gewändern aller Art. Alle lächelten einander an, nickten sich zu wie Kleinstädter und besuchten Headshops. Dort bekamen sie jede Woche neue und exotischere Jointhalter, Hasch- und Wasserpfeifen, Poster, Lederwaren, Räucherstäbchen sowie mit Flüssigkeiten gefüllte Dinger aus Glas oder Kunststoff, deren einziger Sinn und Zweck es war, Bekiffte zu verzücken. Zur Musik der Registrierkassen, Flöten, Mundharmonikas, Gitarren und Automotoren im Leerlauf sangen Straßendealer das Mantra »LSD, Gras, Hasch – LSD, Gras, Hasch ...« Geld, Weinkrüge, Tabletten, Billigschmuck und lustige, selbst gedrehte Zigaretten wechselten überall die Hand, und die süßen, illegalen Düfte vermischten sich mit einem Zauber, der Menschen dazu brachte, Fremde als »Brüder« und »Schwestern« anzureden.

Nicht alle glaubten an diese Magie. Dennoch pilgerten Tausende in das Viertel, um das lustige Treiben mit eigenen Augen zu sehen. Schüler legten die kurze Strecke quer durch die Stadt in Bussen zurück. College-Studenten tauchten an Wochenenden auf. Ausreißer, Aussteiger und Herumtreiber zogen auf die Straße und hofften, ihre Lieder von Blumen, Liebe und warmen Nächten in San Francisco würden wahr. Die größten Idealisten, die nach einem Ort suchten, an dem Arbeit und Vergnügen ineinander übergingen und Sex und Liebe für jeden verfügbar waren, wurden größtenteils enttäuscht. Wer sich aber damit begnügte, um Essen und Unterkunft zu betteln, konnte überleben.

Der institutionelle Rahmen der Szene bestand im Wesentlichen aus der Zeitung *Oracle*, der Haight-Ashbury Free Medical Clinic, den Haight Independent Proprietors und den wohltätigen Diggers, die Schlafplätze und Essen verteilten (aus weggeworfenen Eintopfdosen oder einfaches Brot, das in Kaffeebechern gebacken wurde). Wie Kirchgänger versammelte sich die Gemeinde in den Eukalyptuskathedralen oder Graskorridoren des Panhandle-Parks, um kostenlose Konzerte von Jefferson Airplane, Grateful Dead und anderen lokalen Bands zu hören, die auf Tiefladern spielten. Man spürte den Geist der Erleuchtung, und nicht nur die Musik war elektrisch aufgeladen.

Der Club spielte in der Straße der Blumenkinder, die sich weder um Gott noch um das Vaterland kümmerten, eine rätselhafte Rolle. Warum traten die hakenkreuztragenden Angels – die für ihre Gewaltbereitschaft und ihre Angriffe auf Friedensmärsche bekannt waren – zusammen mit Ginsberg, dem LSD-Hohepriester Tim Leary, den Diggers und anderen Verfechtern der Einheit aller Menschen als Mitveranstalter des »World's First Human Be-In« auf?

Nun, die Angels beteiligten sich an diesem Musikfest für 20 000 weiße Blumenrevolutionäre aus der Mittelschicht, weil sie sich selbst als Opfer bürgerlicher Vorurteile sahen. Aber was hielt der Club vom später ausgerufenen »Sommer der Liebe«, der fünfmal so viele Teilnehmer erwarten ließ?

Einige Mitglieder, vor allem die Ausgeflippteren aus San Francisco, hegten echte Sympathie für die Hippies. Aber die meisten Angels wollten die Szene nur ausbeuten, so wie Ken Kesey und die Drogenchemiker uns ausbeuteten. Die Wunschdenker glaubten, dass wir die Blumenkinder beschützten und eine Polizei der Gegengesellschaft spielten, die dank massiver Präsenz alle Straßengauner davon abschrecken würde, diese sanften Geschöpfe auszuplündern. Zudem galten wir als alte Feinde des amerikanischen Mainstreams, als Außenseiter, die sich mit anderen Außenseitern verbündeten. Diese Leute hatten keine Ahnung, worum es uns ging.

In Wirklichkeit waren wir von Anfang an Abzocker. Wir gingen in der Haight auf Schatzsuche und machten reiche Beute: Kleider, Möbel, Drogen und Frauen. Meist benutzten wir subtile Muskelkraft oder rohe List – die Wahl hing von der Persönlichkeit der Betroffenen und von den Umständen ab. Zorro und Okie gehörten hierin zu den Besten.

Der schlanke, 1,85 Meter große Zorro war schon als Kind ein Schwindler am Billardtisch gewesen. Seine Eltern ließen sich scheiden, als er zwei Jahre alt war, weshalb er bei Mutter und Großmutter aufwuchs, die ihn in katholische Schulen schickten. Mit 13 stand er weitgehend auf eigenen Füßen und landete ziemlich bald auf der Straße. Er war Brasilianer, hing aber in Billardhallen oft mit Schwarzen herum. Die Liste seiner Verhaftungen reichte zurück auf einen Autodiebstahl im Jahr 1957, aber er wurde auch wegen kleinerer Delikte geschnappt. Seine Ehe zerbrach 1962 nach zwei Jahren und zwei Kindern. Das trieb ihn in den Club. Da er nie ein richtig harter Bursche gewesen war, erwarb er sich einen Ruf als Trickbetrüger. Er prahlte damit, in einem Jahr 23 000 Dollar verdient zu haben, indem er sein Motorrad zum Kauf angeboten, Zahlungen oder Anzahlungen eingestrichen und die Maschine dann behalten habe. Der Club war sein Heiligtum.

Okie, 1,72 Meter groß und 63 Kilo schwer, hatte ebenfalls eine unglückliche Kindheit hinter sich. Als Teenager musste er in Tulsa, Oklahoma, den Jockey spielen, und wenn er ein Rennen verlor, schlug ihn sein Vater. »Mein

Vater fand immer einen Grund, mich zu verprügeln«, schrieb er einmal einem Bewährungshelfer. »Ich tat kaum etwas anderes, als an Pferderennen teilzunehmen und zu raufen. Meine Familie wollte mich meist nicht bei sich haben. Ich schlief oft auf der Treppe, wenn mein Vater Besuch hatte.« Von 1957 bis 1958 wurde er nach einem Autodiebstahl in eine Erziehungsanstalt geschickt. Dann folgte ein weiteres Jahr Haft, weil er eine Werkzeugkiste gestohlen hatte. Nach dem Ende seiner Karriere als Jockey zog er in die Bay Area und arbeitete in einer Reparaturwerkstatt für Motorräder, in einem Ledergeschäft in Berkeley und in einem Haushaltswarenladen. In der Haight nutzte er sein flottes Mundwerk, um sich mit den Bohemiens anzufreunden und ihnen ihre Habe abzuschwatzen.

Zorro, Okie und viele andere waren erfolgreiche Gauner, weil so viele Leute sich dem Club fügten. Hippies boten ihnen Gastfreundschaft und sogar Bargeld an, nur um lose Bande zum Club zu knüpfen. Sie wussten, dass sie nur mit uns gesehen werden mussten, um einen gewissen Schutz und Status zu genießen. Es wurde Mode, einen Angel zu seiner Drogen- oder Cocktailparty einzuladen. Wenn wir mal handgreiflich wurden, sah man aus verständlichen Gründen darüber hinweg. Und wer einen Angel verpfiff, musste die Rache des Clubs und der Haight-Gemeinde fürchten, die auf Polizeiaktionen äußerst empfindlich reagierte.[19]

In diesem komplexen Kräftespiel wurden viele Chancen auf enorme Profite verpasst. Ein Joint war ein einmaliges Geschäft, aber gute Geschäftspraktiken konnten für ständige Einnahmen sorgen. Wenn ich das Vertrauen der Leute in der Haight, in Berkeley und auf anderen Drogenmärkten gewann, konnte ich die Organisation und die mystische Aura des Clubs verkaufen und den Namen »Hells Angels« als landesweit bekanntes Markenzeichen verwenden, das Sicherheit und Zuverlässigkeit garantierte – genau das, was die drei Dealer an der Tankstelle gesucht hatten.

Zunächst aber musste ich andere Mitglieder davon überzeugen, dass Ehrlichkeit im Geschäft sich langfristig auszahlte. Zorro war der Erste, dem ich Anschauungsunterricht gab. »Hier sind die 20 Dollar, die du mir neulich geliehen hast«, sagte ich und reichte ihm den Schein. »Und hier sind die Zinsen«, fügte ich hinzu und gab ihm weitere 500 Dollar.

»Wofür ist das denn?«, fragte er erstaunt.

»Ich will dir zeigen, wie man ein gutes Geschäft macht, ohne den Leuten in die Tasche zu greifen oder ihnen das Hemd auszuziehen. Behandle die Leute korrekt, und sie machen Geschäfte mit dir.«

Zorro hörte zu und wurde mein Mitarbeiter im Verteilergeschäft. Sein ernstes, verschlagenes Aussehen und seine dunklen, stechenden Augen waren nützliche Vorzüge. Wie eine zusammengekringelte Schlange brachte er die Kunden aus dem Gleichgewicht, sodass sie ein wenig nervös waren, wenn ich Preise und Bedingungen aushandelte. Außerdem wies ich ihn an, sich während der Verhandlungen von Drogen fernzuhalten, sodass er mich retten konnte, wenn ich umkippte.

Zwischen uns beiden – der eine stämmig und aggressiv, der andere mager und schlau – entwickelte sich eine enge und pragmatische Freundschaft. Ich lebte sogar einen Monat lang in seinem Haus in Alameda mit Okies Exfreundin Mickey in wilder Ehe zusammen. Dort legte ich auch den Grundstein für das Geschäft, das Ende der 60er-Jahre zum größten Drogenverteilnetz in der Haight und wahrscheinlich in ganz Nordkalifornien werden sollte.

Die Nachfrage nach LSD und Marihuana stieg zusammen mit der Beliebtheit der Hippiemode und der psychedelischen Musik und Poster. Wir lockten so viele neue Kunden an, große und kleine, dass ich mehr Helfer brauchte. Also setzte ich einige handverlesene Angels als Boten, Kassierer und Kuriere ein. Nach meinem Honorarsystem erhielten Zorro und ich gleiche Anteile. Bobby »Durt« England bekam halb so viel, und »Fat Albert« Perryman erhielt etwas weniger als Durt. Gelegentlich halfen uns auch Charles J. »Mr. Magoo« Tinsley, ein 1,88 Meter großer und knapp hundert Kilo schwerer Gesundheitsfanatiker, und Arnold Paul »Animal« Hibbits, ein vorzeitig kahl werdender Schlafmitteljunkie, den der Club einmal zu monatlichem Baden verdonnern musste, weil seine Körperpflege zu wünschen übrig ließ.

Zwischendurch wagte ich mich nach Hause, um frische Kleider anzuziehen oder Helen Geld für die Kinder, den Haushalt und das Kundenkreditkonto bei unserem Kaufhaus zu geben. Aber die tausend Dollar pro Woche konnten meine häufige Abwesenheit nicht kompensieren.

»Wohin gehst du?«, schrie sie jedes Mal, wenn ich zur Tür ging.

»Weg.«

»Wann kommst du zurück?«

»Wirst du schon sehen.«

Als ich schließlich den Geburtstag unseres Sohnes vergaß, setzte sie die Kinder ins Auto und suchte ganz East Oakland ab, bis sie mein Auto vor dem Luau Club in der 14th Street entdeckte. Sie parkte und wartete mehrere Stunden, während Sie auf das blinkende Neonschild starrte. Um Mitternacht ließ sie eine Nachricht an meiner Windschutzscheibe zurück: »Heute war der Geburtstag deines Sohnes, und du hattest nicht einmal Zeit, nach Hause zu kommen. Du bist lieber bei deinen Freunden. Wenn du nicht zu Hause sein willst, dann bleib einfach fort.«

Mittlerweile hatte Mickey es darauf abgesehen, meine Freundin Nr. 1 zu werden. Sie war eine schwarzhaarige Schönheit, die auf mich stand, aber viel Zeit beanspruchte. Ich wollte mich zu nichts verpflichten, genoss jedoch unsere sexuelle und halb emotionale Beziehung. Mickey war die beste Freundin von Sonnys Frau Elsie und im Club ein Aktivposten, weil man sie respektierte. Außerdem war sie schlau und zäh, sodass sie mir bei meinem Drogenvertrieb helfen konnte – sie spielte die Hostess oder saß auf Drogenlieferungen.

Als Zorros Freundin, eine flinke Blondine namens Linda, offenbar genug von den ständigen Hausgästen hatte, spitzte sich die Lage zu. Eines Tages rief sie Helen an. »Du kennst mich kaum, und ich kenne dich kaum«, sagte sie. »Aber diese Sache mit Mickey ist nicht das, was George wirklich will. Er will dich zurückhaben und möchte bei dir und den Kindern zu Hause sein.«

Helen unterbrach sie. »Das kaufe ich dir nicht ab. Wenn er das wollte, wäre er hier. Er lässt sich von niemandem sagen, was er tun soll.«

Ein paar Tage später fuhr ich eilig nach Hause, nachdem ich gehört hatte, Helen habe zum ersten Mal LSD genommen, ohne dass jemand bei ihr gewesen sei. Als ich eintraf, stand sie vor einem Stereo-Kopfhörer, der auf dem Boden lag, und dachte, sie höre Stimmen aus dem Weltraum.

»Du nimmst jetzt ein paar Seconal-Tabletten, damit du runterkommst«, sagte ich.

Am Morgen fand ich einen Brief, den sie an meinem Auto hatte befestigen wollen: Sie war wütend wegen meiner Affäre, machte sich Sorgen und fühlte sich gedemütigt. Und sie stellte mir ein Ultimatum: Entweder du kommst nach Hause und bist Ehemann und Vater, oder du verlässt uns, um unser Leben zu retten.

Beschämt faltete ich den Zettel zusammen. »Ich wusste nicht, dass du dich so fühlst«, sagte ich zu ihr und behauptete zu meiner Rechtfertigung, dass ich so oft fort sei, um für unsere Familie zu sorgen. Das entsprach nicht ganz der Wahrheit. »Die Cops beobachten mich. Es ist zu gefährlich, das Zeug nach Hause zu bringen. Das könnte dich mit hineinziehen.«

»Ist mir egal«, sagte sie. »Komm einfach heim. Ich tue alles.«

Bald überzog sie die Wohnzimmerdecke mit einem riesigen Spinnennetz aus buntem Garn. Es war abgefahren, aber nicht abgefahren genug. Also ersetzten wir es durch ein Südseedekor à la Trader Vic's mit einer niedrigen unechten Bambusdecke sowie Bambuswänden, die mit dem Angels-Banner, mit Waffen, Messern, Stammesmasken und psychedelischen Postern verziert waren. Und wir kauften Hunderte von Platten für eine Stereoanlage mit versteckten Lautsprechern.

Diese Unterhaltungsoase sollte Besucher in Staunen versetzen. Hier konnte ich mit meinen automatischen Waffen prahlen, während Helen die Kunden auf riesigen Fußbodenkissen mit Drogen und guten Drinks versorgte. Bevor wir ein Geschäft abschlossen, zogen wir meist eine Schau ab.

Zuerst boten wir Joints aus erstklassigem Marihuana an, dann etwas Exotischeres wie Kokain, Opium oder außergewöhnliches Haschisch. Es war immer die allerbeste Qualität, und unsere Gäste rollten oft mit den Augen und fragten: »Wo kann ich so etwas kaufen?« Dann lächelte ich milde und überheblich und antwortete: »Das war besondere Ware, die mir mein Lieferant besorgt hat, nur um euch eine Freude zu bereiten. Das ist nicht zu verkaufen.« Damit war klar, dass Geschäfte mit mir zusätzliche Vorteile brachten.

Und so blickte Helen auf jene Zeit zurück:

Ich hatte die Aufgabe, Stoff zu holen, vorzubereiten und ihn Gästen anzubieten, ihnen zu zeigen, wie viel man nahm und wie man es machte – oder ich übernahm das für sie. George brachte mir alle Feinheiten bei.

Anfangs hielt ich mich für gastfreundlich, aber im Grunde war ich nur ein Werkzeug, ein Lockvogel. Letztlich brauchte George nur eine gut aussehende Frau für Typen, die ein Ambiente schätzten, das auch ein wenig sexy war. Es gefiel den

Leuten, wenn ich zu ihnen sagte: »Bleib sitzen, ich kümmere mich darum.« Wenn der Typ nicht wusste, wie er eine bestimmte Droge konsumieren sollte, zeigte ich es ihm, damit er sich nicht unbeholfen vorkam.

Irgendwie war es toll. Die Leute waren beeindruckt davon, was man mit Drogen machen konnte, wie viel Spaß man damit haben konnte. Ich fühlte mich geehrt, Georges Frau zu sein, wenn er mit wichtigen Drogendealern und Clubführern zu tun hatte. Er hätte leicht wieder Vizepräsident werden können, wenn er gewollt hätte, doch als die Polizei anfing, die Anführer zu verhaften, wollte George nicht dazu gehören. Trotzdem hatten er und Sonny den Club im Griff. Sonny hörte auf ihn, wenn es Diskussionen gab.

George konnte sogar denken, wenn er high war. Das schafften viele andere nicht. Wenn du vollgedröhnt bist und mit vollgedröhnten Leuten herumsitzt, ist es von großem Vorteil, immer noch denken und Geschäfte machen zu können. Und George trickste nicht wie etwa jene, die LSD oder andere Tabletten, die wir ihnen gaben, hinter die Sofakissen stopften, wenn niemand zusah. Selbst wenn George high war, konnte er den Leuten sagen, was eine Droge kostete, wie teuer man sie verkaufen sollte und wie man sie am besten verkaufte. In diesem Geschäft musste man bei zwei oder drei Gesprächen gleichzeitig zuhören und dennoch jeden verstehen und jedem antworten können. Man musste alles steuern. Es war harte Arbeit.

Immer wieder gewannen wir neue Kunden, aber die treusten waren die drei Hippies. Nach dem ersten Deal über 8000 Dollar kamen Chuck, Chuckles und Stevie eine Woche später mit 20 000 Dollar wieder, danach stieg das Volumen auf 50 000 bis 70 000 Dollar. Sie bekamen ihre Ware in Tierhäuten verpackt, die wir auf dem Fußboden des Wohnzimmers ausbreiteten, während wir Stapel mit Tausend-Dollar-Scheinen zählten. Wenn Helen Banknoten auffächerte, dachte sie manchmal darüber nach, wie viel Land wir damit kaufen könnten. Aber das Geld wurde immer als Kapital für neue Geschäfte genutzt.

Wir hatten so viel Geld im Haus, dass wir Stunden brauchten, um es zu zählen. »Schluss mit diesen Fünf- und Zehn-Dollar-Scheinen«, erklärte ich eines Tages. Dann rief ich alle meine Kunden an und informierte sie darüber, dass ich nur noch Fünfzig- und Hundert-Dollar-Noten haben wollte.

Die Ursache des Problems waren die in der Haight üblichen kleinen Geschäfte. Chuck, Chuckles und Stevie hatten einen Vertrieb, der ihnen innerhalb einiger Stunden einen Sack mit 25 000 Dollar in kleinen Scheinen einbringen konnte. Sie hatten Dutzende von Leuten, die von Tür zu Tür gingen und Freunde und vertrauenswürdige Nachbarn besuchten, wodurch jeweils Hunderte von kleinen Bestellungen zustande kamen. Es dauerte nicht lange, bis das Geschäft florierte, denn der Straßendealer, der zwei LSD-Trips haben wollte, und der Typ, der in seiner Wohnung in der Stanyan Street nur gelegentlich ein Ticket nahm, wussten beide, dass sie echte Owsley-Ware bekamen.

Der Name Owsley war 1967, als der »Sommer der Liebe« ausgerufen wurde, praktisch ein Synonym für LSD. Kenner aus der Szene stellten dieses LSD sogar über die pharmazeutische Ware von Sandoz. Der Untergrundchemiker profitierte offenkundig am meisten von der Invasion der Blumenkinder.

Wichtiger noch, Owsleys LSD floss fast nur durch unsere Hände in die Haight, sodass ich eine beneidenswerte Position als größter Drogenverteiler im Club besaß. Owsleys LSD kam von Tramp zu mir, und ich leitete es an Groß- und Einzelhändler weiter. Wir hatten fast ein Monopol auf den LSD-Handel.

Der Club war dafür bekannt, dass er sich schnell und gründlich rächte. Das schreckte Verräter ab. Allerdings hatten meine Truppe und ich genug damit zu tun, unsere Dealer vor Eindringlingen in ihre Reviere zu schützen. Die Zeit, als friedliche Traumtänzer mit Tausenden von Dollar in den Jeans herumlaufen konnten, war vorbei. Unsere Dealer wurden von gewöhnlichen Ganoven und von Konkurrenten belästigt und verprügelt. »Wenn ihr Probleme habt, dann sagt es mir, und wir kümmern uns darum«, versicherte ich ihnen. Schutz gehörte zu unserem Service.

Die meisten Unruhestifter gaben nach einer mündlichen Verwarnung klein bei, vor allem wenn ihnen ein kalter Pistolenlauf im Ohr oder im Mund steckte. Es war erstaunlich, wie selten diese Typen widersprachen, wenn man sie an eine Wand drückte, bis sie schier das Bewusstsein verloren. Uneinsichtige überzeugten wir mit einem oder zwei Schüssen, die ihre Koteletten streiften, oder mit ein paar Hieben auf den Schädel. Es war nicht notwendig, jemanden umzubringen, aber es hätte in diesem Milieu durchaus passieren können.

Eines Tages baten mich meine Dealer wieder einmal um Hilfe. Ich schob einen Ladestreifen in meine Eagle, die einem Maschinengewehr glich, und versammelte meine Privatarmee: Durt, Zorro und Winston McConney. Wir stiegen in Winstons Cadillac und fuhren zu einem viktorianischen Haus in einer Seitenstraße der Haight. Nachdem wir in Sichtweite einer verkehrsreichen Kreuzung unsere Flinten, Pistolen und automatischen Waffen gezückt hatten, schickte ich Zorro und Winston an die Hintertür. Durt und ich stiegen die vordere Treppe hinauf.

Wir stießen die Haustür gewaltsam auf und gingen sofort in Deckung. Zwei Pistolen ragten durch das Treppengeländer im ersten Stock. »Wir kommen rauf, ihr Dreckskerle!«, schrie ich und schwang meine Eagle. Als wir die Treppe hinaufstürmten, zogen sich die Gegner in ein Zimmer zurück. Mit unseren Stiefeln zertrümmerten wir die Tür. Ohne einen Schuss abzugeben, entwaffneten Durt und ich ein paar Männer und eine Frau und stellten sie mit gespreizten Armen und Beinen an die Wand, während die beiden anderen das Haus durchsuchten, Türen eintraten und nach weiteren Bewohnern fahndeten.

»Ihr stört«, schnauzte ich und drückte dem Anführer meine Kanone ans Ohr. »Entweder arbeitet ihr für uns, oder ihr seid aus dem Rennen. Wenn ihr kaufen oder verkaufen wollt, läuft das über uns. Ihr kommt unseren Leuten nicht noch einmal in die Quere. Betrachtet euch ab sofort als Mitarbeiter.«

In dieser Atmosphäre – unsere Waffen und Muskeln, zersplitterte Türen, eine wimmernde Frau, meine Männer, die brüllten: »Legt die Bastarde um!« – klang mein Ultimatum wohl recht überzeugend. Unsere Gefangenen waren mit allem einverstanden und nannten uns sogar ihre Lieferanten. In den darauffolgenden Monaten meldeten sie sich stets bei uns, bevor sie Geschäfte abschlossen. Dann verschwanden sie.

Nach mehreren hastigen Strafaktionen dieser Art brachte ich Chuck, Chuckles und Stevie ein paar Pistolen. »Ich kann mich nicht mit all euren Problemen befassen«, sagte ich zu ihnen. »Schluss mit Vögeln und Bienen und Blumen, während alle euch in die Tasche greifen. Nehmt euer LSD und übt mit diesen Dingern auf dem Schießstand.«

Erstaunlicherweise fanden sie Gefallen an automatischen Waffen und an Schulterhalftern. Es machte sie stolz, dass sie jetzt Emporkömmlinge unter den Dealern in die Schranken weisen konnten, wenn sie ihnen Ärger bereiteten. Sie reagierten auf die sich verändernde Haight und borgten sich vom Club das notwendige Werkzeug, um sich und ihr Eigentum während des »Sommers der Liebe« zu schützen, denn diese Zeit war geprägt von Exzessen und Betrügereien mit Drogen, Vergewaltigungen, Raubüberfällen, Schlägereien und Morden.[20]

Während die Haight wilder wurde, lebte ich ruhiger. Ich delegierte das Lösen von Problemen an meine Dealer oder an Clubmitglieder, blieb tagelang zu Hause, bewirtete neue Kunden, nahm regelmäßig Speed und vergrößerte meine Waffensammlung. Besucher brachten mir oft Geschenke, bizarre Waffen und Drogen wie DMT, ein hausgemachtes Halluzinogen, das weniger berechenbar war als LSD. Ich fand es unnötig und anstrengend, in die Haight zu latschen oder an Clubtreffen teilzunehmen. Immerhin tauchte ich gelegentlich bei einem Meeting oder einer Ausfahrt auf.

Warum? Weil ich zu Hause mehr Spaß hatte. Es war einfach bequem. Dort hatte ich meinen Farbfernseher, ein riesiges Bett, meine exotischen Knarren und Drogen. Das Motorrad war gut zum Angeben, aber nach einiger Zeit, als ich eine Menge Geld verdiente, wollte ich meine Ruhe haben und wie ein Geschäftsmann mit dem Telefonapparat im Sessel sitzen. Wenn Drogen oder Geld abzuholen waren, rief ich Jungs im Club an. »Komm mal rüber.« Es ging zu wie im Hauptbahnhof.

Ich investierte in Drogen wie in Aktien. Das Telefon ersetzte das Motorrad als Kommunikationsmittel, die Knarre wurde mein Machtsymbol. Es tat mir gut, vier oder fünf Mitglieder herumzukommandieren und alle finanziellen Entscheidungen selbst zu treffen. Ich vertraute meinen Leuten 50 000 Dollar an, und keiner betrog mich.

Mehrere personelle und »politische« Faktoren halfen mir, meine Stellung zu erreichen und sie zu behalten. Erstens verstand ich mich gut mit Sonny sowie mit Tramp, dem besten Verbindungsmann des Clubs zu den Drogenherstellern. Zweitens war mein Timing gut. Als sich mir die Chance bot, mit Heroin zu handeln, lehnte ich ab und sagte zu Sonny: »Psychedelische Drogen sind die Zukunft.« Das war prophetisch.

Ich war für meine Zuverlässigkeit bekannt und konnte zudem mein Gehirn, meinen Mund sowie Fäuste und Waffen benutzen. Traditionell hatte der Club zu wenig intelligente und zu viele rauflustige Mitglieder. Also wandten sich alle an mich, wenn sie einen Verkäufer brauchten, der gleichzeitig zuschlagen konnte.

Die Rollen zu tauschen war eine Herausforderung und machte Spaß. Ich konnte ein biertrinkender, footballverrückter Bauarbeiter sein, aber auch ein genialer Verkäufer, ein Organisator oder ein stummer Ganove. Ich benutzte meine Logik und einfache Argumente, wenn ich jemanden dazu bringen wollte, mit mir Geschäfte zu machen. Aber mein Tonfall konnte während eines Gesprächs mal heiser und fröhlich, mal bedrohlich sein. Ich legte Wert darauf, in der Offensive zu bleiben. Wenn nötig, überwältigte ich die Leute mit einem Wortschwall, unterstützt von meiner Ausstrahlung und meinem Aufnäher. Mit Geschenken oder Waffen, Drogen und Möbeln sorgte ich dafür, dass die anderen mir verpflichtet blieben. Und wenn Freundlichkeit nichts nutzte, blieben mir immer noch offene Drohungen oder ein kleiner Wink mit Kaliber .45.

Das Geschäft lief ähnlich wie in einer Mafiafamilie. Wer kooperierte, wurde belohnt, wer aufsässig war, bestraft. Meine Philosophie lautete: Beiße nie die Hand, die dich füttert! Wer es dennoch tat, musste dafür büßen.

KAPITEL 9

DIE ANGELS WERDEN ERWACHSEN

»Die Angels sind zu auffällig für ernsthaften Drogenhandel. Sie haben nicht einmal genug Kapital, um als Vermittler aufzutreten; darum kaufen sie den größten Teil ihres Stoffs in kleinen Mengen zu hohen Preisen.«
Hunter S. Thompson[21]

Zur selben Zeit, als ich Aufgaben delegierte, um keine Chancen zu verpassen, begannen die Oakland-Angels neue Charter zu gründen. Anschließend halfen sie diesen, ihr eigenes Drogengeschäft aufzubauen. Dabei ließen wir weitere Charter nicht nur deshalb zu, weil wir wachsen oder im Urlaub eine Unterkunft finden wollten. Die Ableger sollten vielmehr unser Image und unsere Geschäfte fördern: Sie beteiligten sich am Drogentransport, stellten Drogen her, beschafften Chemikalien oder verteilten Drogen in nicht erschlossenen Gebieten.

Der Club legte fest, welche Voraussetzungen ein neues Charter zu erfüllen hatte. Die Anwärter mussten ein etablierter Motorradclub mit mindestens neun Mitgliedern sein und einen soliden Ruf als Gesetzlose haben. Außerdem mussten sie bewährte Drogenlieferanten und -abnehmer sowie Erfahrung im Umgang mit automatischen Waffen, mit Sprengstoff sowie mit Einbrüchen und Raub nachweisen können. Während einer sechsmonatigen Probezeit prüfte das Charter, das die Erweiterung plante – meist Oakland –, ob der neue Ableger die Bedingungen erfüllte. Wie groß die Entfernung auch war – zumindest die Führungskräfte mussten uns regelmäßig besuchen, und wir schickten ebenfalls eine Delegation zu ihnen. Wenn wir mit ihnen zufrieden waren, bekamen sie ihre Aufnäher. Allerdings war es einem neuen Charter streng verboten, ohne Erlaubnis im Territorium eines anderen Drogen zu verkaufen.

Mitte der 60er-Jahre, als man uns als überlebensgroße Volkshelden betrachtete, wussten selbst bei der Polizei nur wenige über unsere neuen geschäftlichen Aktivitäten Bescheid. Aber die Biker-Gerüchteküche verbreitete

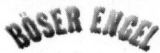

die Nachricht, dass man in San Francisco und Umgebung das große Geld verdienen konnte, und wir wurden mit Aufnahmeanträgen von Einzelpersonen und Clubs überschwemmt.

Im Jahr 1966 ließ sich der Club als Aktiengesellschaft registrieren und bekam die Erlaubnis, 500 Aktien zu verkaufen.[22] Zu dieser Zeit gab es in Kalifornien zehn, in anderen Bundesstaaten acht und im Ausland drei Charter. Die kalifornischen Charter waren Oakland (rund 45 aktive Mitglieder), San Francisco (30), San Jose (15–20), Daly City (18), das Nomaden-Charter (20), aus dem später das Charter Vallejo wurde, Richmond (15), das Sonoma-Charter in Novato, Marin County in San Rafael sowie im Süden Berdoo (44) und eine etwas kleinere Gruppe in San Diego. Weitere Charter gab es in Omaha, Minneapolis, Cleveland, Buffalo, Rochester und New York City sowie in Salem und Lowell in Massachusetts. Jenseits des Atlantiks gründete der Club Charter in der Schweiz, in England und in Westdeutschland. Die Zahl der Mitglieder stieg Ende der 60er-Jahre auf insgesamt über 500, davon 250 bis 300 in Kalifornien.

Unser Charter wurde mit Transferwünschen von Angels überhäuft, die in der Wall Street der Outlaw-Biker arbeiten wollten. Um einige Charter vor Überbevölkerung und andere vor Abwanderung zu schützen, erließen wir allgemeingültige Regeln für den Charterwechsel. Ein Angel musste mindestens vier Tage pro Woche in der Umgebung des neuen Charters wohnen, alle Clubrechnungen bezahlt haben, ein Transferformular vorweisen können, das sein bisheriger Charter-Präsident unterschrieben hatte, alle Geschäfte mit dem alten Charter abbrechen, die Aufnäher ändern und in seiner neuen Wohnung ein Telefon installieren lassen. Nach einer Diskussion über den gewünschten Wechsel stimmte der Club ab, wobei zwei Neinstimmen für eine Ablehnung genügten. In Oakland war die Prozedur etwas anders: Vor der endgültigen Entscheidung durchleuchtete Sonny die zahlreichen Kandidaten.

Je mehr Außenseiter wir anlockten und aufnahmen, desto weniger war unser Charter eine Bruderschaft aus Oaklandern. Es blieb uns nichts anderes übrig, als die strengen Regeln zu lockern und spontaner zu planen. Neue kriminelle Aktivitäten führten zu einer mafiaähnlichen Organisationsstruktur.

Von unseren berüchtigten Initiationsriten behielten wir nur wenig bei, aber wir sorgten auf andere Weise dafür, dass wir nicht unterwandert wurden. Da die Initiationen überall unterschiedlich verliefen, kann ich nicht für andere Charter sprechen. In Oakland jedenfalls hielten wir es für unsinnig, einem künftigen Bruder Eimer voller Urin und Kot über den Kopf zu schütten oder seine Kutte damit zu beschmieren. Dennoch gab es ein paar Überreste der alten Rituale. Manchmal zeigte ein Anwärter Format, indem er vor den Clubmitgliedern eine Frau oral befriedigte und sich so seine roten Flügel verdiente. Einige Bewerber brachten eine willige Braut für die anderen mit, um sich ein paar Wählerstimmen zu sichern. Meist vergewisserten wir uns jedoch auf unsere Art davon, dass ein Anwärter kein verdeckter Ermittler war: Wir brachten ihn dazu, mindestens eine Straftat zu begehen, während er mehrere Monate oder Jahre mit uns herumfuhr. Wir prüften die Bewerber gründlich. Um festzustellen, ob sie Mumm hatten, ließen wir sie oft gegen andere Anwärter und Mitglieder antreten – und erwarteten, dass sie gewannen. Außerdem achteten wir darauf, dass sie drogen- und trinkfest waren, und manchmal mussten sie für uns Drogen verkaufen oder ausliefern. Manche Mitglieder wollten nichts mit Anwärtern zu tun haben, während andere, zum Beispiel Okie und Zorro, sie wie Sklaven behandelten. Anwärter mussten in den Supermarkt rennen, um Bier, Whisky oder Essen zu kaufen, und einige Mitglieder ließen sie ihre Motorräder waschen oder verlangten sogar Oralsex von ihnen. Doofe Bewerber verrichteten Lakaiendienste, schlauere gingen den Aktiven aus dem Weg, wenn eine Arbeit anstand. Die Dummen kapierten nicht, dass sie wie Außenstehende behandelt wurden und dass man ihnen Essen, Geld, Kleider, Schmuck und alles andere abnahm. Wenn ein Mitglied zu einem dieser Trottel sagte: »He, diese Uhr gefällt mir«, dauerte es nicht lange, bis der Anwärter andere nach der Uhrzeit fragen musste.

Wenn es Probleme gab, stellten wir Regeln auf oder änderten sie – oft nachdem Sonny sich mit älteren Mitgliedern wie mir beraten hatte. Wenn die Mitglieder sich für einen neuen Grundsatz entschieden hatten, fügte ihn der Schriftführer den Statuten oder den Regeln hinzu.

Die Statuten lauteten:

1. Einmal in der Woche findet eine Versammlung statt. Ort und Zeit werden vorher bekanntgegeben.

2. Wer ohne triftigen Grund einer Versammlung fernbleibt, muss eine Strafe von zwei Dollar zahlen.

3. Frauen dürfen nicht an Versammlungen teilnehmen, es sei denn aus besonderem Anlass.

4. Alle Neumitglieder zahlen 15 Dollar Aufnahmegebühr. Der Club stellt ihnen einen Aufnäher zur Verfügung, der jedoch Clubeigentum bleibt.

5. Clubmitglieder dürfen nicht gegeneinander kämpfen. Wer gegen dieses Verbot verstößt, zahlt eine Strafe von fünf Dollar.

6. Neue Mitglieder müssen gewählt werden. Zwei Neinstimmen bedeuten eine Ablehnung. Neinstimmen müssen begründet werden.

7. Alle neuen Mitglieder müssen ein eigenes Motorrad haben.

8. Mitglieder helfen einander mit Ersatzteilen aus, die allerdings zurückerstattet oder bezahlt werden müssen.

9. Diebstähle unter Mitgliedern sind verboten. Jeder Dieb wird aus dem Club ausgeschlossen.

10. Mitglieder dürfen keinem anderen Club angehören.

11. Neue Mitglieder müssen mit ihren Motorrädern zu drei Versammlungen kommen. Während der dritten Versammlung wird über sie abgestimmt. Die Wahl erfolgt mit Stimmzetteln.

12. Wer gewählt werden will, muss sich an die Clubregeln halten.

13. Anwärter, die gewählt werden wollen, müssen während einer Versammlung von einem Mitglied vorgeschlagen werden.

14. Wer ausgeschlossen wurde, kann nicht erneut Mitglied werden.

15. Mitglieder, die eine Frau oder Freundin haben, dürfen ihr ein Abzeichen geben.

16. Wer seinen Aufnäher verliert, muss eine Strafe von 15 Dollar zahlen, bevor er einen neuen Aufnäher bekommt. Das gilt auch dann, wenn jemand anders den Aufnäher findet.

In Kalifornien galten außerdem diese besonderen Regeln:[23]

1. Keine Betrügereien bei Drogengeschäften.

2. Bei Ausfahrten in Kalifornien darf nur zwischen 6 und 16 Uhr mit Waffen geschossen werden. Strafe bei Verstößen: Abreißen des Aufnähers.

3. Es dürfen keine Drogen in Drinks des Clubs gemischt werden.

4. Bei Ausfahrten darf keine Munition ins Lagerfeuer geworfen werden.

5. Die Frau eines anderen Mitglieds ist tabu.

6. Es ist verboten, den Aufnäher eines anderen Mitglieds abzureißen.

7. Ein Mitglied, das seine Kutte mit dem Clubabzeichen trägt, darf nicht geschlagen werden.

8. Drogenkonsum während der Versammlungen ist verboten.

9. Mindestens zwei hochrangige Vertreter jedes Charters müssen alle zwei Monate an einem gesamtkalifornischen Treffen teilnehmen (Präsidententreffen).

In unserem Charter wurden zahlreiche weitere Regeln aufgestellt, und bei Übertretungen drohten saftige Bußen und Strafen. Wer eine Ausfahrt schwänzte oder kein Motorrad mitbrachte, zahlte fünfzig Dollar. Wer nicht mit dem Motorrad zu einem Treffen erschien, zahlte fünf Dollar – aber dieses Vergehen war anstößiger, als die Strafe es vermuten lässt. Wenn das Motorrad eines Mitglieds repariert werden musste, setzte ihm der Club eine Frist, in der Regel ein paar Wochen. Nur wer ein ärztliches Attest vorlegte, entging einer Strafe, wenn er ein Meeting oder eine Ausfahrt versäumte oder nicht mit dem Motorrad erschien.

Ein Mitglied musste bis zu fünfzig Dollar berappen, wenn es während eines Treffens seine Meinung zu direkt äußerte. Wer bei einer Versammlung eine Waffe schwang, zahlte fünfzig Dollar; wer im Clubhaus oder im Haus eines anderen Mitglieds schoss, musste hundert Dollar zahlen. Die Geldbuße von fünf Dollar schreckte dagegen kaum jemanden ab, sich mit anderen Mitgliedern zu prügeln. Ein Veteran knallte beispielsweise zu Beginn jedes Treffens fünf Dollar auf den Tisch und verdrosch dann einen Novizen, bis dieser umkippte.

Solche Praktiken passten natürlich nicht zu unserem öffentlichen Image als stets loyale Brüder. In Wahrheit sorgte gerade die wichtigste Grundregel am häufigsten für Ärger: »Ein Angel hat immer recht.« Sie zwang Mitglieder immer wieder, einander in der Öffentlichkeit zu unterstützen – selbst wenn ein Mitglied eindeutig im Unrecht war. Oft brachten die Unterstützer solche Vorfälle bei Meetings zur Sprache, und die Mitglieder, die sich danebenbenommen hatten, wurden verwarnt und mit Geldstrafen belegt.

Um den Frieden im Club zu bewahren, durften wir auch nicht mit den Frauen anderer Mitglieder herummachen. Vergewaltigungen waren ebenfalls verboten, weil sie unserem Ruf schadeten und Strafverfahren angesichts so vieler williger Frauen in unserem Umfeld nicht nur ein teures, sondern auch ein unnötiges Ärgernis waren. Die dafür vorgesehene Strafe war der Ausschluss, doch in der Praxis blieb es bei Geldstrafen ab 25 Dollar. Ein prominenter Angel in Oakland wurde allerdings für ein Jahr suspendiert, weil er angeblich die Frau eines anderen Mitglieds vergewaltigt hatte, kurz bevor diese Selbstmord beging.

Eigentumsdelikte wurden härter bestraft als Vergewaltigungen. Wer ein anderes Mitglied bestahl oder bei einem Drogengeschäft hinterging, wurde ausgeschlossen.

Um uns vor unzuverlässigen Brüdern zu schützen, die möglicherweise stahlen oder petzten, verboten wir auch das Spritzen von Drogen. »Einem Junkie kann man nicht trauen«, lautete die Devise. Wer mit Nadeleinstichen oder Spritzbesteck erwischt wurde, erhielt die Chance, sofort einen kalten Entzug zu machen – auch wenn das manchmal bedeutete, für ein paar Wochen in einen Schrank eingesperrt zu werden. Kehrte er zum Heroin zurück, wurde er gnadenlos für immer ausgeschlossen. Wir verloren ein paar beliebte Mitglieder an die Nadel, darunter »Junkie George« und Waldo. (Ich versuchte, Waldo vom Heroin abzuhalten, indem ich ihm 5000 Dollar in bar, kostenlose Unterkunft und Verpflegung, ein Motorrad und einen Job anbot, wenn er aufhörte. Er lehnte ohne zu zögern ab und verschwand.)

Respekt vor dem Eigentum des Clubs, insbesondere vor allem, was den Totenkopf oder den Clubnamen trug, war ebenfalls unabdingbar. Wer die Clubfahne beschmutzte, musste fünfzig bis hundert Dollar bezahlen. Der Verlust des Aufnähers – egal, ob jemand eine Kutte verlor oder ob die Polizei sie beschlagnahmte – kostete hundert Dollar. Mitglieder gaben sich die größte Mühe, ihre Kutte wiederzubekommen, denn wer kein Abzeichen trug, war Feinden im Club hilflos ausgeliefert. Sowohl Mitglieder als auch deren Frauen – Letztere trugen Pseudoabzeichen mit den Worten »Eigentum der Hells Angels« – mussten ihre Abzeichen sauber halten, selbst wenn sie die Kutte dafür in die Wäscherei bringen mussten.

Der Zusammenhalt basierte nicht mehr allein auf brüderlichem Stolz. Er war eine Versicherungspolice, die unsere Lebensgrundlage schützte und uns vor dem Knast bewahrte.

Anfang der 60er-Jahre hatten die meisten von uns Jobs, doch am Ende dieses Jahrzehnts war die Mitgliedschaft bei den Hells Angels für viele ein Hauptberuf und für die meisten zumindest ein Zusatzeinkommen. Nur sehr wenige Mitglieder betrachteten den Club als Hobby, und diese wurden bald zum Teufel gejagt.

Die Clubstruktur passte sich dem Drogenhandel mühelos an. Alle wichtigen Aufgaben übernahmen Mitglieder: Sie waren Lieferanten, Dealer, Vollstrecker und Kuriere. Ermittler waren zwar der Meinung, wir wären wie eine Armee organisiert, aber in Wirklichkeit ging es ziviler zu.

Drogengeschäfte wurden den Mitgliedern nicht befohlen, und nicht jedes Mitglied war ein Dealer, aber wer interessiert war, suchte sich einen der verfügbaren Jobs aus. Die Mitglieder mit den besten Beziehungen entwickelten sich zu Anführern, während der Rest um ein Stück vom Kuchen buhlte.

Die meisten Mitglieder rekrutierten ihre besten Freunde oder die größten verfügbaren Talente, aber wer Durchsetzungsvermögen besaß, konnte sich durchaus in ein Dealerkollektiv hineinboxen. Andererseits konnte ein Dealer jeden ausschließen, der rangniedriger war als er. Ich lehnte beispielsweise Winston als Mitglied meiner Gruppe ab, weil seine Arbeitsweise nicht zu uns passte. Er hatte mehr Erfahrung im Umgang mit Heroinsüchtigen als mit LSD-Hippies. Aber es boten sich derart viele Gelegenheiten, dass fast jeder eine ergreifen konnte, wenn er nur wollte.

Im Großen und Ganzen wussten wir, wer mit wem handelte und wie hoch die Umsätze ungefähr waren. Doch wie in jeder Geheimgesellschaft waren wir der Meinung, dass jedes Mitglied nur das wissen sollte, was es wirklich wissen musste. So waren alle geschützt. Bei Clubversammlungen wurde nie über Drogengeschäfte gesprochen, aber manche unterhielten sich hinterher diskret darüber.

Es war bekannt, dass Tramp und ich mit psychedelischen Drogen handelten und Winston umfangreiche Geschäfte mit Meskalin machte. Sonny war für Heroin und Kokain zuständig und drang damit in die Schickeria vor. Außerdem delegierte er Marihuana-Deals an mehrere Mitglieder und kassierte vermutlich 10 Dollar Provision von den 125 Dollar, die ein Pfund kostete.

Einige andere Mitglieder knüpften kurzfristige Kontakte mit Keller-fabriken, die Amphetamin und andere Drogen herstellten. Tiny hatte gute Verbindungen zu Methamphetamin-Produzenten. Vern war der beste Lieferant mexikanischer Drogen und unser größter Marihuana-Kurier. Er schaffte das Kraut in seinem speziell ausgerüsteten schnellen Ford Ranchero kiloweise von Fresno nach Norden.

Sonny behielt einen großen Teil des Handels im Auge. Er konnte jeden Deal im Interesse des Clubs verbieten, obwohl meines Wissens nie Clubkapital eingesetzt wurde. Seine persönlichen Kontakte und die Kontakte des Clubs halfen uns, die Kommunikation oder den Handel zwischen Oakland und anderen Chartern, darunter auch europäischen, zu fördern und zu koordinieren. Angels aus Massachusetts kamen beispielsweise nach Westen, um LSD und anderen Stoff zu kaufen, und ich schickte ihnen Drogen in ausgehöhlten Büchern. Ein Londoner Angel namens Harley genoss meine Gastfreundschaft, während ich ihm zeigte, wie man Drogengeschäfte auf amerikanische Art abwickelte. Später flogen dann ein paar Angels aus Frisco nach London, um dort bei der Anwerbung von Mitarbeitern zu helfen (dabei benutzten sie ein Büro, das ihnen die Beatles zur Verfügung stellten).[24]

Drogen verstärkten die Kommunikation zwischen Nord- und Südkalifornien spürbar. Der Großraum San Francisco war das Vertriebszentrum, aber Südkalifornien war der erste Landeplatz für Drogen wie Kokain, Heroin und Marihuana, die mit Schiffen, Autos sowie Privat- und Linienflugzeugen aus dem Südwesten, aus Mexiko und aus Lateinamerika herbeigeschafft wurden. (Als die Behörden Ende der 60er-Jahre begannen, die Herstellung rezeptpflichtiger Amphetamine in den USA einzuschränken, wurden Speed und Rohchemikalien immer häufiger aus Mexiko importiert. Im Raum Los Angeles eröffneten Oakland-Angels zwei Drogenlabore, die nach Insiderberichten von Angels aus San Diego mit den Chemikalien beliefert wurden.)

Die Bikergruppen und die Polizei wussten, dass unser Club Frauen benutzte, um Drogen in Gepäckstücken mit doppeltem Boden per Flugzeug nach Norden zu schmuggeln. Aber der Pendlerflugverkehr von Los Angeles nach San Francisco verringerte bestenfalls das Risiko, erwischt zu werden. Wir benutzten die gleiche Methode, um Heroin zwischen Frisco, Buffalo und Omaha zu transportieren und das LSD des Charters Richmond nach Osten zu bringen.[25] Die Bundespolizei schätzte, dass die Angels Ende der 60er-Jahre im ganzen Land Drogen im Wert von rund zehn Millionen Dollar pro Jahr verkauften.

In Kalifornien knüpften einige Charter keine festen eigenen Kontakte, sondern handelten mit größeren und reicheren Chartern wie uns. Und wenn die Quellen eines Clubs versiegten, forderte er Drogen von einem anderen Charter an, so wie ein einzelnes Mitglied nötigenfalls seine Brüder um Motorradteile bitten würde. Dass unser Charter oder das von San Jose – der dortige Club hatte gute Verbindungen zu Mexiko – betteln musste, kam selten vor. Unsere Quelle war immer mindestens ein Rinnsal und manchmal eine Flut.

Selbst wenn das Geschäft ein wenig flau zu sein schien, stolperte man über Anzeichen, die dafür sprachen, dass Geld verdient wurde. Eines Morgens um sechs Uhr war ich auf Crystal Speed unterwegs, als ich bei Sonny ein

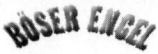

beleuchtetes Fenster sah. Um das Haus strich ein Dobermann-Paar hinter einem kettenähnlichen Zaun. Drinnen fand ich Sonny und Mexican Ed, ein namhaftes Mitglied der Galloping Gooses, eines Motorradclubs in San Diego, der als Hauptlieferant der Berdoo-Angels galt. Die beiden zerteilten und verpackten eine Salatschüssel voller Heroin. Wie sich herausstellte, war Ed Sonnys wichtigster Kontaktmann, seit er von Gras und ein paar Tabletten auf härtere Drogen umgestiegen war. Während wir plauderten und Kokain zogen (Sonnys Lieblingsdroge), half ich ihnen, Ballons abzufüllen. Sonnys Dealer aus dem Club trafen in regelmäßigen Abständen ein, um ihre Ladung – meist dreißig bis sechzig Gramm – abzuholen, und verschwanden gleich wieder. Sonny war schlau. Er wollte das Zeug so schnell wie möglich aus dem Haus schaffen.

KAPITEL 10

WAS DROGEN EINBRINGEN

»Die Angels schienen immer eine Menge Geld, aber keine Jobs zu haben.
Wie kann ein Typ 3000 oder 4000 Dollar in der Tasche haben, wenn er
arbeitslos ist?«
Ein Polizist aus Oakland, der den Club kannte

Als ich mit einem neuen, feuerroten Pick-up mit Magnesiumrädern, Laderaumabdeckung und Stereoanlage bei meiner Arbeit auftauchte, hoben viele Kollegen die Augenbrauen, und einige johlten mir vom Gerüst aus zu. Es war ein schickes Gefährt für einen Mann, der ein Jahr lang unbezahlt im Urlaub gewesen war – und bald begannen meine Kollegen zu vermuten, dass ich mich selbstständig gemacht hatte.

Einige Tage später verteilte ich Aufputsch- und Beruhigungsmittel und untergrub damit den allgemeinen Arbeitseifer, gewann aber einige neue Kunden. Und je mehr Tabletten ich verschenkte, desto mehr Freunde und Kollegen waren an größeren Mengen interessiert. Also half ich ihnen dabei, ihr eigenes kleines Business aufzubauen.

Ich versuchte zwar, diskret zu sein, doch die Sache lief aus dem Ruder. Immer mehr Arbeiter von anderen Baustellen kamen, um Drogen zu kaufen, und Clubmitglieder rollten auf Choppern oder in langen Luxuslimousinen mit zwei Dobermännern heran. Die Angels überbrachten Neuigkeiten, nahmen Bestellungen entgegen oder steckten mir die Einnahmen zu. Ich war mir sicher, dass meine Kollegen daraus den richtigen Schluss zogen: Nicht der Schuldeneintreiber, sondern das Finanzamt hatte mich auf die Baustelle zurückgetrieben. Mit einer Lohnsteuerbescheinigung konnte ich ein legales Einkommen nachweisen – egal, wie klein es sein mochte – und erklären, wie ich mir einen Kleinlaster und andere teure Spielsachen leisten konnte.

Aber der krasse Unterschied zwischen der staubigen, langweiligen Arbeit an der Drehbank und meinem aufregenden Leben mit meiner

Waffensammlung, meinem glitzernden Motorrad und leichten Mädchen setzte meiner Willenskraft zu. Eines Tages brachte mir Durt 25 000 Dollar und machte sich dann auf den Weg zu einem neuen Deal. Ich zog mich in ein Klohäuschen zurück und versuchte, das dicke Geldbündel in meine Nageltasche zu stopfen. Als die Scheine auseinanderfielen, wurde mir klar, wie absurd es war, als Drogengroßhändler im Blaumann aufzutreten. Ich stieß die Tür auf, sprang in mein Auto und fuhr weg. Mein Werkzeug ließ ich zurück.

Etwa ein Jahr nach meinem ersten größeren Geschäft näherte ich mich einem Jahreseinkommen von 100 000 bis 200 000 Dollar. In manchen Wochen verdiente ich nur 50 bis 100 Dollar täglich, aber es gab auch Tage, an denen ich bis zu 500 Dollar kassierte. In meiner erfolgreichsten Woche strich ich rund 30 000 Dollar ein.

Ich war stolz darauf, eine Menge Geld zu verdienen, konnte aber nicht besonders gut damit umgehen. Es sickerte durch die Taschen meiner bunten »Methedrin-Trip«-Hose. Mal kaufte ich eine Waffe für 300 Dollar, mal ein Motorrad für 3000 Dollar, schmiss noch eine Party für 500 Dollar oder verpulverte während einer Einkaufsorgie 500 Dollar. Etwa 30 000 Dollar waren alles, was ich zurücklegen konnte.

Nur wenige Angels verdienten so viel, aber wenn sie für ihr illegales Einkommen Steuern bezahlt hätten, wären viele in eine höhere Steuerklasse aufgestiegen. Der neue Wohlstand spiegelte sich nicht in Anzügen von Brooks Brothers, Penthousewohnungen, Swimmingpools oder anderen Prestigeobjekten wider, aber das Geld ermöglichte es den Mitgliedern, einige ihrer wildesten Fantasien auszuleben, ein bequemes Leben zu führen und ein wenig in Grundstücke und kleine Geschäfte zu investieren.

Wir behielten unsere Bikerkluft bei, aber teure Lederhosen verdrängten in gewissem Umfang die Jeans. Mitglieder mieteten größere oder modernere Häuser und Wohnungen, und einige kauften sogar Häuser. Kaum jemand schlief noch auf dem Fußboden, und selbst Richard Hans »Monk« Munyer, ein Typ mit moosgrünen Zähnen, der damit prahlte, Katzen zu essen und in einem Baumhaus zu wohnen, zog in ein richtiges Haus um. Viele von uns lebten im Osten von Oakland, in einem Bezirk, der immer »schwärzer« wurde und auf der Wohlstandsskala etwa in der Mitte angesiedelt war.

Zum ersten Mal diente Reichtum dazu, andere Mitglieder zu beeindrucken, und unser Lieblingsspiel war »Kauf es als Erster«. Wenn ein Angel einen bestimmten Gegenstand bewunderte, versuchte ein anderer, ihm zuvorzukommen. Dann überließ der Sieger seinem Kumpel die Beute oder behielt sie selbst, je nachdem, ob ihm der Sinn nach Dankbarkeit oder Neid stand. Je teurer das Ding war, desto glorreicher war der Sieg. Meist handelte es sich um Orientteppiche, Lampen, Wasserpfeifen und handgefertigte Kleidung. Manchmal ging es um ziemlich große Beträge. Einmal hatte ich zum Beispiel ein Auge auf ein zwölf Meter langes Kajütboot von Higgins geworfen, aber Zorro kam mir zuvor. »Keine Sorge«, versicherte er mir, als er bezahlte. »Wir haben es. Es gehört auch dir.« Also kaufte ich meinerseits eine Harley Sportster im Wert von 1800 Dollar direkt aus dem Verkaufsraum, fuhr damit neunzig Kilometer nach Daly City, war unzufrieden mit ihrem Fahrverhalten und schenkte sie Animal, der zu dieser Zeit noch eine Klapperkiste fuhr.

Nicht alle hörten auf, Motorräder zu stehlen, aber die meisten brauchten kein Geld mehr zusammenzukratzen, um uralte Chopper wieder in Gang zu bringen. Wir konnten uns jetzt neue Motorräder leisten, und manche Mitglieder hielten sich eine Maschine für den alltäglichen Gebrauch und eine zweite für besondere Gelegenheiten. Auch Sonderwünsche wie eine teure Verchromung wurden erfüllt.

Einige Angels kauften Luxusautos mit Stereoanlage. Ein Zweirad machte zwar Spaß, aber ein Zweiachser war weniger verdächtig, wenn man mit Drogen handelte, und an Ausgeh-Abenden bequemer. Ich schätzte Chryslers, Sonny bevorzugte Lincolns und Corvettes, Tramp mochte Jaguars, Tiny stand auf Corvettes, und Winston fand Gefallen an Cadillacs. Vern besaß einen schicken Ford Ranchero mit sechs Zylindern, den wir »Highway-Ranchero« nannten, weil er mit Höchstgeschwindigkeit Marihuana beförderte. Obwohl nicht alle Maschinen liefen, die Okie gehörten, war er doch Eigentümer von neun Motorrädern und vier Autos, unter denen sich auch ein instandgesetzter 1984er Lincoln befand. Viele Autos und Kleinlaster wechselten den Besitzer innerhalb des Clubs, und wir waren ständig auf der Suche nach neuen, stärkeren und rassigeren Fahrzeugen als Statussymbole und aus Liebe zum Verbrennungsmotor.

Manche Mitglieder schafften sich exotische und seltene Tiere an, zur Unterhaltung oder als Bodyguards. Cisco hatte einen Haschisch rauchenden

Affen, der bei Ausfahrten stets der Star war. Viele Jungs besaßen große Wachhunde. Deutsche Schäferhunde waren beliebt, aber Sonny entfachte ein Dobermann-Fieber, als er sich zwei dieser Hunde zulegte und um sein Haus patrouillieren ließ. Tramp und Tiny hielten Klapperschlangen, die weiße Mäuse fraßen und sich auch recht gut dafür eigneten, unnachgiebige Typen zur Räson zu bringen – man schob einfach ihre Hände in den Käfig.

Die eindrucksvollsten Haustiere waren die Raubkatzen, die Zorro und Winston zum Ärger ihrer Nachbarn vor dem Haus anketteten. Einige Nachbarn verklagten Winston sogar wegen seiner 135 Kilo schweren afrikanischen Löwin »Kitty Kitty«. Ich konnte es ihnen nicht verübeln, erst recht nicht, nachdem das Tier mir eine Colaflasche aus der Hand geschlagen hatte und dabei fast meinen Arm abgerissen hätte. Winston gab dem Raubtier Beruhigungsmittel, damit es friedlich blieb. Dennoch brachte es mehrere Mitglieder des Motorradclubs Unknowns zu dem Geständnis, dass sie Sonnys Maschine gestohlen hatten – sie verrieten sogar, wo sie stand. Die Diebe hatten Peitschenhiebe ausgehalten, während sie am Dachsparren hingen, aber der Anblick von Kitty Kitty war zu viel für sie.[26]

***

Die Knarre konkurrierte mit dem Motorrad als Machtsymbol des Clubs. Fast jedes Mitglied stellte in seinem Haus wenigstens ein paar Waffen zur Schau, und manche Charter verlangten sogar, dass jedes Mitglied eine eigene Waffe besaß oder Zugang zu einer Waffe hatte. Manche Mitglieder legten umfangreiche Waffensammlungen an. Skip hatte sich schon als Kind auf alte Waffen spezialisiert, während andere, wie ich, sich mehr für moderne und starke Feuerwaffen interessierten. Sonny bewahrte meist etwa ein Dutzend Waffen im Haus auf, darunter einige 9-mm-Pistolen. Ich durchstöberte Waffengeschäfte und erwarb von Geschäftspartnern einzelne Stücke. Auf diese Weise erwarb ich die größte Sammlung automatischer Waffen im ganzen Club. Meist hatte ich drei Dutzend Handwaffen und mehr als zehntausend Schuss Munition im Haus. Eine, manchmal zwei automatische Pistolen Kaliber .45 trug ich stets bei mir. Hinten in mein Wohnmobil baute ich eine Panzerabwehrkanone (ein Geburtstagsgeschenk von Tramp) ein und richtete sie auf die Straße aus, sodass ich Geschäfte abschließen konnte, ohne mir über die Highway Patrol Sorgen machen zu müssen.

Meine Waffen waren Hobby und Zeitvertreib. Anfangs sammelte ich alles, was ich kriegen konnte, sogar heiße Ware. Dann verscherbelte ich die gestohlenen Stücke, weil ich mir legale leisten konnte. Von den illegalen behielt ich nur die Maschinengewehre. Außerdem veränderte ich meine Waffen, damit sie nicht mehr identifizierbar waren. Für meine .45er hatte ich beispielsweise zusätzliche Läufe, Verschlüsse, Auswerfer und andere Teile, die Kugeln und Gehäuse markierten. Wenn ich die Waffe benutzt hatte, konnte ich diese Teile anschließend alle wegwerfen und die Ersatzteile einbauen. Der Abzug blieb derselbe, aber die Polizei konnte nie etwas beweisen, wenn sie die Waffe überprüfte.

Als Kenner ließ ich mir Läufe nach meinen Wünschen anfertigen, selbst für eine Sten-Maschinenpistole, die Zorro zerlegt hatte, nachdem er darüber in Panik geraten war, so ein Ding zu besitzen. Dieses Schmuckstück war mein Stolz und meine Freude. Es hatte einen 9-mm-Ladestreifen an der Seite, passte fast in eine Lunchbox und ließ sich in weniger als dreißig Sekunden zusammenbauen. Außerdem sah die Waffe ziemlich gemein aus. Wenn ich sie herauszog und sagte: »Stell dich an die Wand!«, gehorchte jeder sofort.

Einige meiner legalen Waffen sahen exotisch aus, vor allem die Eagle, eine halbautomatische Pistole Kaliber .45, die einer Thompson aufs Haar glich und dreißig Schuss abgab. Was das Aussehen anbelangte, konnte die Eagle es fast mit meinen russischen AK 47 und mit den chinesischen Maschinengewehren aufnehmen. Wenn ich Ärger mit verpeilten Leuten hatte, die sich von irgendetwas partout nicht überzeugen ließen, griff ich nach einer dieser Waffen. Das klappte immer.

Die automatischen Waffen waren schön, aber meine doppelläufige Schrotflinte mit sichtbaren Hähnen wirkte noch bedrohlicher. Diese »Südstaatler«-Waffe war effektiv, weil sie laut war und große Schäden anrichten konnte. Mit abgesägten Läufen konnte ich sie an einem Lederriemen im Mantel tragen und leicht herausziehen.

Ich habe nie mit einer Flinte auf jemanden geschossen, mit meiner .45er aber eine Menge Patronen abgefeuert, um Leute einzuschüchtern. Ich begnügte mich mit einer kurzen Reichweite, um niemanden zu treffen, aber das wussten die anderen nicht. Eines Abends kam ein Angel aus Fresno vorbei und wurde lästig. Wir verstanden uns überhaupt nicht. Als ihm die Zigaretten

116

BÖSER ENGEL

ausgingen, reichte ich ihm eine Packung und sagte: »Nimm die, oder ...« Er sagte, das sei nicht seine Marke, also drückte ich ihm eine Flinte ans Ohr. Plötzlich konnte er die Kippen gar nicht schnell genug an sich nehmen. Ich sah ihn nie wieder.

Der Wohlstand half uns, einen alten Traum zu realisieren. Die »Schlangengrube« und die weiteren Clubhäuser hatten alle mindestens einen Nachteil: Sie waren nicht öffentlich. Und auch in Kneipen wie dem Sidetrack, das wir manchmal für Clubmeetings in Beschlag nahmen, indem wir Nichtmitglieder hinauswarfen und dann die Türen verriegelten, gab es immer Einschränkungen. Dieses Problem lösten wir, indem wir Anfang 1967 ein Restaurant mit Bar in der 23rd Avenue 1215 anmieteten.

Das Angels Inn, wie wir es nannten, war in erster Linie unser Clubhaus. Tramp und Tiny zahlten monatlich 300 Dollar Miete, aber ich trat als Pächter auf, weil mein Strafregister ziemlich sauber war und mein Vater bereits in dieser Branche arbeitete. Wir dachten, dass ich deswegen leichter an eine Ausschanklizenz kommen würde, aber die Zulassungsbehörde verweigerte sie mit der Begründung, sie würde »bereits vorhandene polizeiliche Probleme verstärken«. Wir prozessierten und gewannen den Rechtsstreit in erster Instanz, nachdem ein Gutachter erklärt hatte, es gebe »keine ausreichenden Beweise dafür, dass die Hells Angels übel beleumdet oder in ihrem Verhalten anstößig« seien. Wir lachten darüber und bereiteten uns darauf vor, das Lokal mit einer sechzig Tage gültigen vorläufigen Lizenz zu eröffnen. Einige örtliche Kaufleute waren sogar bereit zu bestätigen, dass sie keinen Ärger mehr mit Straftätern gehabt hätten, seit wir eingezogen seien. Vermutlich verschwanden die Rabauken, als wir kamen.

Ich fungierte als Chefbarkeeper, Manager, Rausschmeißer und Modernisierungsbeauftragter. Meine Mitarbeiter suchte ich mir unter den Angels aus der Umgebung aus, die ins neue Stammlokal strömten. »Okay, Jungs«, bellte ich etwa ein Dutzend Männer an. »Wir brauchen ein Loch in dieser Wand.« Sie traten so lange gegen die Wand, bis diese zusammenbrach. Nachdem sie die Wandpfosten mit bloßen Händen herausgerissen hatten, brachten wir einen Rahmen an und hatten nun einen Durchgang zum Café im Nebenraum, in dem es einen Billardtisch, Münzautomaten und Sitzgelegenheiten gab.

Dann tobten Skip und ich uns in der Toilette mit Sprühfarbe im Wert von hundert Dollar aus. Wir attackierten uns gegenseitig und besprühten die Wände mit grässlich phosphoreszierenden Farben. Manchmal taumelten wir hinaus, um mehr Drogen oder mehr Farbe zu holen. So verbrachten wir den ganzen Tag. Aber das Gesundheitsamt ordnete einen neuen Anstrich mit weißer Farbe an.

Das Lokal war mit Filzstiftkritzeleien dekoriert, hauptsächlich mit Bikerpoesie oder Kraftausdrücken wie dem riesigen »Fuck You« über der Bar. »Freewheeling Frank«, ein Angel aus San Francisco, der im Gefängnis malen gelernt hatte, versprach mir, ein 1,80 Meter großes Kaninchen wie in *Alice im Wunderland* zu zeichnen, doch vorher verewigten sich andere an der Wand – mit einem hintergründigen Slogan, einem Namen oder einer Zeichnung. Totenköpfe und Motorräder verrieten langes Üben in Gefängniszellen. »Angels forever, forever Angels« und »Wenn Waffen für ungesetzlich erklärt werden, haben nur Angels Waffen. Yeah!« waren ebenfalls vertreten. Es gab keine Zensur, aber alle mussten sich an die Clubregeln halten, auch Nichtmitglieder. Meine Partner und ich erläuterten die Hausordnung: »Keine Prügeleien im Haus. Auch keine Drogen. Wenn ihr welche habt und wir durchsucht werden, dann schluckt ihr das Zeug. Nichts darf auf dem Boden liegen, wenn die Cops kommen, sonst wird der Club dafür verantwortlich gemacht.«

Wenn ich Bier zapfte, dachte ich manchmal daran, dass mein Vater in der City gerade dasselbe tat, wenn auch in einer völlig anderen Umgebung. Das Angels Inn war einzigartig. In jeder anderen Kneipe hätte die Anwesenheit so vieler Typen, die ihren üblen Ruf und ihre Aggressivität auf dem Rücken trugen, zu Prügeleien, nicht zu herrlicher Bruderschaft geführt. Bei uns rief niemand beim ersten Schubs die Polizei, niemand hatte den Finger an einem verborgenen Alarmknopf, und niemand verließ das Lokal, weil Angels da waren. Wie jedermann liefen wir immer dann zu Höchstform auf, wenn wir uns sicher fühlten. Dann waren wir gut gelaunt und wild, stampften mit den Füßen und wieherten vor Lachen. Die Atmosphäre war fröhlich und angeregt, und sogar meine Frau fühlte sich dort wohl: Sie tanzte, schob Vierteldollars in die Musikbox, half mir, Getränke über die Bar zu schieben, und ließ sich von Durt und anderen Mitgliedern Billardunterricht geben.

Auch die Presse berichtete über den Club, vor allem über mich, obwohl unser Unternehmen letztlich keinen Bestand hatte. Aber die Öffentlichkeit sollte uns bald überlebensgroß und in Farbe erleben. Im März 1967 wurden Dutzende von uns für den Film *Hells Angels on Wheels* (deutsch *Die wilden Schläger von San Francisco*) angeheuert, der als erster Film den offiziellen Segen des Clubs erhielt. Frühere Filme hatten ebenfalls von unserer Popularität als skrupellose Antihelden profitiert. Aber bei manchen war es versäumt worden, uns dafür zu bezahlen, dass sie unser Image benutzen durften, und einige beleidigten uns einfach. Einmal reichte der Club sogar im Namen von 22 Mitgliedern eine Klage wegen Verletzung der Privatsphäre ein und behauptete, seine Mitglieder seien in dem Hollywoodstreifen *Die wilden Engel*, mit Peter Fonda und Nancy Sinatra, als »heimtückische, gesetzlose und völlig verkommene« Menschen dargestellt worden.

Helen und ich waren in den ersten authentischen Minuten von *Hells Angels on Wheels* als »Darsteller« zu sehen. In diesem Film von U.S. Movies, den Joe Solomon produzierte, spielte Jack Nicholson die Hauptrolle. Nachdem Solomon mit der Arbeit begonnen hatte, gab ihm die Highway Patrol Sonnys Telefonnummer, und er versicherte Sonny, der Film werde den Club authentisch darstellen. Außerdem war der Produzent bereit, jedem Mitglied fünfzig Dollar am Tag zu zahlen sowie Sonny eine Beratungsgebühr, mit der dieser illegales Einkommen kaschieren konnte.

Am Morgen des ersten Drehtags versammelten sich alle im Angels Inn. Dann fuhren wir mit Kameras und Proviant in die Berge bei Oakland. Anfangs machte es Spaß, für die Kamera zu paradieren und zu spielen. Dann ließen die Filmleute uns mehrere Male um dieselbe Kurve fahren, weil mit der Kamera und der Choreografie etwas nicht gestimmt hatte. Es war mühselig, auf engem Raum zu wenden und dabei die korrekte Formation beizubehalten. »Zum Teufel damit«, knurrte ich. »Los, trinken wir etwas.«

Es war im Wesentlichen dem Proviantwagen der U.S. Films zu verdanken, dass wir nicht gleich am ersten Tag ausstiegen. Von unserer Gage waren wir nicht sonderlich begeistert, aber die Filmerei war immerhin etwas Neues und schmeichelte unserem Ego. Die meisten von uns fanden es aufregend, sich Schauspieler nennen zu dürfen. (In den folgenden Jahren wurde »Schauspieler« bei einigen toten oder verhafteten Angels als letzter Beruf vermerkt.)

An diesem Abend feierten einige der echten Schauspieler mit den echten Angels. Es überraschte uns, dass so viele Filmleute Drogen nahmen, und wir waren beeindruckt von einer zierlichen Schauspielerin, die mit einer Harley besser umgehen konnte als ihre männlichen Kollegen.

Am nächsten Tag überhörten wir den Wecker. Schlimmer noch, ich hatte mir J. B.s Motorrad geliehen, das wie üblich nicht ansprang. Da ich Helen die Schuld daran gab, dass wir verpennt hatten, zeigte ich nach oben zum Hang und befahl: »Schieb an. Wir starten sie mit dem Kompressor.« Langsam und grummelnd schob sie mich bergauf. Auf der Kuppe sagte ich zu ihr: »Okay, steig auf. Wenn du runterfällst, bleibst du hier, denn ich habe keine Zeit anzuhalten.«

Der Motor sprang an. Wir starteten mit Vollgas und schnitten die Kurven extrem eng. Schließlich bat mich Helen: »Fahr langsamer, George. Fahr langsamer.«

Nachdem ich die irre Prozession aus Choppern und Kamerafahrzeugen eingeholt hatte, wurden wir gefilmt, während wir über die Bay Bridge nach San Francisco fuhren und dann durch den Broadway-Tunnel in North Beach um den Coit Tower herum zurückdüsten, vorbei an den Touristen in der Fisherman's Wharf. Wir hatten uns in unsere schmierigsten Klamotten geworfen, und unsere Frauen trugen ihr eindrucksvollstes Gewand. Als die Spaziergänger ihre Köpfe drehten, duellierten wir uns ein wenig mit unseren Gashebeln. Helen – in schwarzer Jacke und schwarzen Stiefeln plus einer Levi's, die an beiden Beinen bis zum Oberschenkel aufgeschlitzt und mit Rohleder verschnürt war – umarmte meine Kutte und genoss die herablassenden oder verschämten Blicke der sittsamen Frauen, die ein Schaumzuckerleben mit Schaumzuckergatten führten.

Als der Film Mitte August ins Kino kam, trat Sonny ein paarmal mit Solomon und den Schauspielern John Garwood und Adam Roarke auf, um ein bisschen Werbung zu machen. »Er ist so echt, wie es auf der Leinwand möglich ist«, erklärte er. »Natürlich haben wir unsere Geheimnisse. Wenn ich jemandem erzählen würde, was wir wirklich tun, würde niemand mehr staunen.«[27] Unter vier Augen kanzelte er den Film aber als eine der vielen irreführenden Darstellungen ab.

Wir nahmen an der Premiere im Ball Theater in San Leandro teil. In der Eingangshalle erkannte ich mich auf einem Werbeplakat. Hinter mir war Helens Fuß nur teilweise zu sehen. Während der Aufführung lümmelten wir in den Logensitzen, stolperten durch die Gänge und ließen Joints herumgehen. Wenn ein vertrautes Gesicht über die Leinwand huschte, verbeugte sich der Star, während die anderen pfiffen und johlten. Im Großen und Ganzen gefiel uns der Film, weil er uns als Robin Hood und seine Spießgesellen porträtierte, die Matrosen verprügelten, welche Jack Nicholson verprügelt hatten.

Anschließend feierten einige Mitglieder in einer Kneipe am MacArthur Boulevard, wo das wirkliche Leben sie einholte. Die Polizei nahm Skip fest, aber Edward »Deacon« Proudfoot und ein anderer Angel versperrten den Ausgang. Also holte die Polizei Verstärkung und brach die Tür auf. Bierflaschen, Billardstöcke und Ketten prasselten auf sie nieder, doch dann stellten sie die Ordnung wieder her. 10 Cops kamen mit Schnittwunden und Blutergüssen ins Krankenhaus, 13 Angels wanderten in den Knast. Skip gestand Trunkenheit an einem öffentlichen Ort, Deacon räumte Widerstand gegen die Staatsgewalt ein, und beide saßen eine kurze Strafe ab.

Unser denkwürdigster Kinobesuch galt wohl dem Film *2001: Odyssee im Weltraum* von Stanley Kubrick, den die Hippies sich oft im LSD-Rausch anschauten. Wir mieteten zwei Busse für die achtzig Kilometer lange Fahrt zu einem Kino in San Jose. Glücklich, Angels zu sein, rollten wir dahin, berauscht von unterschiedlichen Drogen, darunter eine, die Winston und ich Dust of Angels (»Engelsstaub«) nannten oder auch kurz DOA, ein Akronym für »Dead on Arrival« (»Bei Einlieferung verstorben«). Wir wussten damals nicht, dass es sich um ein Beruhigungsmittel für Tiere handelte, aber es war so stark, dass es nur wenige vertrugen. Joints, die dieses Zeug enthielten, hießen ironischerweise »Friedenskraut«, weil sie oft Gewalttätigkeit auslösten. Wir markierten sie mit einem Schädel und gekreuzten Knochen.

Als der Film begann, hatten wir uns mehrfach zugedröhnt und übernahmen das Kino als ausgelassene und unberechenbare Gruppe von Angels. An der Stelle, wo der Affenmann gegen einen Eindringling kämpft, klatschten einige von uns und schrien beifällig, während Hi Ho Steve mit den Armen fuchtelte, über die Sitze kletterte und den Affen nachäffte. Später, als der Astronaut die Reise zum Jupiter und in sein innerstes Bewusstsein antrat, freuten wir uns darüber, wie Hal, der Bordcomputer, nach der Macht griff.

Auf der Rückfahrt ließen wir unsere Busfahrer mit 120 Stundenkilometern über den Highway rasen. »Das gehört dir, wenn du gewinnst«, brüllte ich und wedelte ihm ein paar Hundert-Dollar-Scheine um den Schädel. »Schneller, Mann. Schneller.«

»Ich krieg einen Strafzettel«, protestierte der Mann.

»Wir kennen den Richter. Drück auf die Tube.«

Es war ein ernsthaftes Rennen. Wir schrien unseren Fahrer an, als er zurückfiel, und einige Leute wedelten mit Pistolen. Kopf an Kopf näherten die schwankenden Busse sich Oakland, da lehnten sich Tramp und ein paar andere Pistoleros aus dem Fenster, um die Reifen des anderen Busses zu zerschießen. Aber einige von uns waren noch so vernünftig, dass sie die Spinner zurückzerrten, ehe sie den halben Club ausgelöscht hätten. Allerdings verängstigte das Spiel mit den Knarren unseren Fahrer so sehr, dass er die Ausfahrt verpasste. »Fahr über die rote Ampel!«, schrie ich. Er tat es, aber wir verloren trotzdem.

KAPITEL 11

GRUPPENSEX, BRATPFANNEN UND HEIKLE SITUATIONEN

»Frauen wurden wie Hunde behandelt. Nein, die Angels gingen sogar mit ihren Hunden besser um, obwohl diese viele Tritte abbekamen. Wer seine Pflicht gut erfüllte, war eine gute Partnerin. Es kam also darauf an, wie gut die Frau abgerichtet war und wie schnell sie auf ein Fingerschnippen oder auf ein einziges Wort reagierte. Um ihren Mann bei Laune zu halten, musste sie Gedankenleserin sein und seine Wünsche vorausahnen. Sie musste wissen, ob er ein Glas Wasser und was er zum Abendessen haben wollte. Wenn George mir etwas auch nur einmal sagen musste, war das schon zu viel. Er rastete aus, wenn ich es ihm nicht recht machte.«
Helen Wethern

D ie Frauen bildeten eine inoffizielle Hierarchie. Ganz unten standen die Neuankömmlinge, ganz oben waren jene, die am längsten durchhielten – nicht unbedingt mit einem einzigen Mitglied. Die rangniedrigsten Frauen wurden von den Männern am besten behandelt, wenn sie den Schauplatz neu betraten. Von den etablierten Frauen wurden sie dagegen gehasst.

Immer wieder stießen »Mamas« zu uns – knackige Ausreißerinnen im Teenageralter, erfahrene Bikerladys, Drogensüchtige oder Frauen, die einfach mit den schlimmsten Bikern herumhangen wollten. Sie nahmen an Partys und Ausfahrten teil, manchmal ohne Einladung, aber stets willkommen, oder wir gabelten sie in Bars oder Tanzlokalen auf. War die Party erst einmal im Gange und die Stimmung locker, machte meist ein Mitglied eine oder zwei Probefahrten im Auto mit einer Braut. Dann lud er seine Brüder ins Cockpit ein. Die Nachricht verbreitete sich schnell, und Männer versammelten sich vor einem Schlafzimmer, einem Auto, einem Lieferwagen oder auf einem weichen Untergrund auf dem Boden, musterten die Frau, befummelten die interessanten Körperteile und legten dann eine ungefähre Reihenfolge fest. Mitunter war die Linie zwischen Vergewaltigung und Orgie dünn, wenn die Männer ihre Reißverschlüsse öffneten und die »neue Mama« in die Mangel nahmen, sie boshaft initiierten und nur zum Spaß ihre Ausdauer testeten. Aus manchen Orgien wurden tatsächlich Vergewaltigungen, wenn Minuten sich zu Stunden dehnten und einem oder zwei Angels ein halbes Dutzend oder mehr folgte. Wenn die Mama nicht im Sperma ertrank, durfte sie aufstehen, sobald die Männer genug von ihr hatten. Es gab aber auch einige Mitglieder, darunter ich, die nicht so scharf waren aufs Rudelbumsen.

Nach einer solchen Orgie hielt sich die neue »Mama« stets in der Nähe der Männer, denn die anderen Frauen hätten sie sonst in Stücke gerissen. Wenn es doch zu einer Rauferei kam, eilten die Männer herbei, um ihre Neuerwerbung zu beschützen. Dann zogen Stammspielerinnen wie Helen sich auf eine Seite des Lokals zurück und verbreiteten schlechte Stimmung.

»Ich hoffe, diese Schlampe verblutet«, zischten sie höhnisch. Und wenn die neue »Mama« anfing, sich an einem Mitglied zu reiben, fauchte eine aus der Stammbesetzung: »He, du Flittchen! Lass die Finger von meinem Alten!«

Die »Mamas« mussten sich einem Auswahlverfahren stellen und landeten meist bei einem rangniedrigen Angel, nachdem die führenden Mitglieder – oder jene, deren Frauen besonders besitzergreifend oder wütend waren – sie ausgemustert hatten. Mitglieder der unteren Ebene, zum Beispiel Monk, der Katzenfresser, und »Pops« Lindeman, ein ehemaliger Marinesoldat in seinen Vierzigern, der auf Pornos stand, kriegten oft die weniger reizvollen Frauen ab. Gut aussehende Miezen wurden manchmal von hochrangigen Mitgliedern wie Tramp mit Beschlag belegt. Tramp prahlte einmal damit, er habe mit mehreren Frauen eine mehrtägige Orgie abgehalten. Tiny, ein wenig überzeugender Don Juan, ging mit drei Frauen zugleich ins Bett, wenn er sie kriegen konnte. Und »Big Al« Perryman klagte, eine geile »Mama« habe seinem Hund fast die Hoden abgerissen.

Die Fluktuation war enorm. Einige wenige hielten durch und hingen sechs Monate, ein Jahr oder länger im Club herum. Ab und zu wohnten sie bei einem Mitglied, ansonsten bedienten sie so ziemlich jeden, der sie haben wollte. Sie wurden ein- und ausgeschaltet, beiseite geschubst und wie Roboter aus Fleisch und Blut herumgestoßen. Wer das ohne Murren erduldete, war »eine gute Mama«.

Die meisten kamen aus den gleichen Gründen in den Club wie die Männer: Spaß, Ansehen und Nervenkitzel ohne Ende. Weil sie entbehrlich waren, wurden nicht wenige mit riskanten Jobs beauftragt wie dem Schmuggeln von Kokain oder Heroin auf Flugreisen. Sie wussten, dass die Gefahr und der Missbrauch der Preis für das aufregende, romantische Leben waren. Einige hatten sich die Worte »Eigentum der Hells Angels« auf den Hintern tätowieren lassen, oder sie trugen diesen Slogan als Abzeichen. Und sie mussten mit Clubstrafen rechnen, was Prügel, Gruppenvergewaltigung oder Schlimmeres bedeuten konnte.

Wenn sie sich danebenbenahmen – sich in ein Gespräch einmischten oder mit dem falschen Mann flirteten –, lernten sie, was Sklaverei war. Einige Angels schleppten beispielsweise Jan, eine Frau, die schon durch viele Hände gegangen war und die Angewohnheit hatte, Gespräche zu unterbrechen, in Monks Keller, zogen sie aus, fesselten sie an einen Pfeiler und beschossen sie mit Softair-Pistolen, bis sie kapierte, dass man Frauen zwar sehen, aber nicht hören wollte. Das alles geschah mit dem Einverständnis ihres Alten, Sweet Terry.

»Napa Bob« Holmes, ein alter Frisco-Angel, hatte eine Freundin, die mir auf die Nerven ging, weil sie mich immer wieder unterbrach. Einige Male sagte ich zu ihm: »Sag deiner Alten, sie soll das Maul halten. Sonst wirst du mich erleben.« Er war ein großer Kerl, aber eines Tages knöpfte ich ihn mir vor und verspritzte sein Blut überall im Raum. Er hätte seine Alte zur Vernunft bringen sollen.

Verheiratete Frauen, die sich korrekt verhielten, wie Helen, wurden respektiert, weil sie als Eigentum eines Mitglieds und Teil seiner Persönlichkeit galten. Andere durften sie weder anfassen noch mit ihnen ins Bett gehen, solange ihr Herr und Meister Ansprüche auf sie erhob.

Allerdings durfte keine Frau einen Angel offen kritisieren. Ein Mitglied stauchte unweigerlich seine eigene Frau zusammen, statt sich mit einem Bruder anzulegen. Die Clubloyalität hatte Vorrang. Helen hatte das begriffen, darum ließ sie sich meist schikanieren und beklagte sich erst später unter vier Augen. Das tat sie auch, als Tommy ihren Hintern mit einer automatischen Softair-Waffe beschoss und behauptete, es sei ein Versehen gewesen. Aber wenn sie glaubte, dass man mich manipulierte, war das Maß für sie voll.

Während eines Wettbewerbs auf dem Russian River, einer Bootsfahrt durch die Stromschnellen am Squaw Rock, schluckten wir beide STP[28], eine raue psychedelische Droge. Dann kam Tiny und fragte: »He, George, wie wär's mit 'nem Spielchen?«

Wir würfelten eine Weile und fingen dann an zu pokern. Ich war so zugedröhnt, dass Tiny andauernd gewann. Helen saß hinten auf einer Koje und sah wütend zu, wie Tiny mich ausnahm. »Tiny, du verdammter Bastard!«, dachte sie. »Du weißt genau, dass er voll bis unters Dach ist. Trotzdem spielst du mit ihm!«

Als Tiny sie mit scharfem Blick ansah, merkte sie, dass sie ihre Gedanken laut ausgesprochen hatte. »Klar spiele ich mit ihm«, sagte er und schaufelte einen Pott zusammen. Wenn Blicke Schießpulver gewesen wären, hätte die Explosion beide weggepustet.

Helen war außer sich, weil es mir nichts auszumachen schien, 1500 Dollar zu verlieren. »Wie kann ein Mann, der dir Geld abgeknöpft hat, dein Kumpel sein?«, fragte sie mich später.

»Das verstehst du nicht«, erklärte ich ihr. »Lieber lass ich mir Geld von einem Bruder abnehmen als von einem anderen. Außerdem war das keine große Sache.«

Wer eine Menge Geld ohne Wimpernzucken verlor und ausgab, hatte Format, ebenso ein Angel, der scharfe Frauen aufgabelte und um sich scharte. In unserem System der natürlichen Auslese hätte die ideale Frau vielleicht die Brust von Mae West, den Hintern von Brigitte Bardot und das Gesicht eines Engels gehabt. Nur wenige bringen all dies mit, aber unsere Mitglieder rissen bisweilen erstaunlich gut aussehende Frauen auf. Frauen, die Männer mit narbigen, vom Wind gegerbten, schnurrbärtigen Gesichtern ausdrucksvoll fanden. Frauen, die tätowierte Arme, dick wie Baumstämme, für maskulin und magere, von unregelmäßigen Mahlzeiten, langen Nächten und Drogen ausgezehrte Leiber für sexy hielten. Frauen, die über absonderliche Kleider und öliges Haar hinwegsahen und die Macht des Totenkopfs und dessen Träger bewunderten.

Sonnys Liebesleben war ein gutes Beispiel dafür. Er war ein dürrer, 1,75 Meter großer Kerl mit ausladendem Schnurrbart und Geheimratsecken, der aussah, als habe jahrelanges Fahren im Wind sein Haar nach hinten gekämmt. Einerlei, wie sehr er sich vollstopfte, er kam nie über 68 Kilo hinaus, weil er hyperaktiv war und tagelang nicht schlief. Seine Augenlider waren aufgedunsen, sein

Mund arrogant verkniffen. Im rechten Ohrläppchen trug er einen Ring. Seine Füße waren Quadratlatschen im Vergleich zu seiner Körpergröße, aber seine Ausstrahlung machte sein Aussehen mehr als wett. Er war selbstsicher und hatte eine gebieterische Stimme und irgendwie auch ein charmantes Lächeln. Sein Machogehabe erinnerte an Jesse James, aber es passte so perfekt zu ihm, dass niemand es für vorgetäuscht hielt. Er schien alles zu bekommen, was er haben wollte: den Respekt seiner Brüder – und Frauen. Nachdem seine Frau Elsie 1967 an den Folgen einer eigenhändigen Abtreibung gestorben war, begegnete er Sharon Gruhlke, die im selben Jahr den Schönheitswettbewerb »Maid of Livermore« gewonnen hatte. Das grünäugige, blonde Cowgirl war erst 19 Jahre oder so, aber sehr unternehmungslustig. Also wurde sie Sonnys Freundin und zog als First Lady im Reich der Angels in seinen Bungalow. Jahre später wurde sie Mrs. Barger.

Nicht jede Frau wurde wie eine Königin behandelt, aber wir statteten unsere Ehefrauen so aus, dass ihre erotischen Vorzüge zur Geltung kamen. Helen hatte die attraktive Körbchengröße DD, als sie Mitte zwanzig war, und ich schickte sie immer wieder los, um neue Kleider zu kaufen. Manchmal stapfte ich sogar selbst mit ihr durch teure Geschäfte und zeigte ihr, was sie anprobieren sollte. Der Preis spielte keine Rolle. Vierzig Dollar für einen Badeanzug waren billig, wenn das gute Stück die Jungs während eines Ausflugs an einen See verzückte, und es störte mich nicht, wenn Motorenöl oder Spritzer aus einer Bratpfanne eine Dreißig-Dollar-Bluse nach einmaligem Tragen ruinierten. Ich wollte, dass sie aufreizend angezogen war, egal ob sie kochte, putzte oder bei mir mitfuhr. Man konnte ja nie wissen, wann ein Dealer oder Kunde hereinschneite.

Das ist Helens Meinung dazu:

Er mochte es, wenn ich eng anliegende und knappe Kleider trug. Badeanzüge, kurze Tops und Hotpants musste ich bei Frederick in Hollywood kaufen. Meist gaben wir an einem Nachmittag drei- bis vierhundert Dollar aus. Ich schaute auf die Preisschilder, er aber nie.

Im Grunde war ich nur ein Schmuckstück, das er benutzte. George zog mich so an, dass es zu meiner Rolle passte, und wenn ihm nicht gefiel, was er sah, sagte er: »Setz deine Perücke auf. Bring dein Gesicht in Ordnung. Richte deine Frisur. Zieh ein anderes Kleid an.« Ich schätze, das funktionierte, denn viele Leute fragten

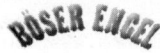

ihn: »Wie hast du so eine gekriegt?« Er tat alles für ein wenig Ablenkung, wenn er Geschäfte machte.

Aus praktischen Gründen und für ihr Image als Gangsterbraut kaufte ich Helen eine halbautomatische .380er Pistole Marke Llama, eine kleinere Nachbildung meiner Armeewaffe. Ihre Feuerkraft verstärkte ich mit einem 15-Schuss-Ladestreifen, der aus dem Griff quoll. Dann gingen wir zum Schießstand.

Nach einer kurzen Anleitung lernte sie, den Hahn zu drücken anstatt ihn zu ziehen, aber das Ziel war zu weit entfernt, um festzustellen, wie gut sie getroffen hatte. Nur zum Spaß schoss sie auf einige kleine Steine – und mehrere von ihnen flogen prompt davon. Als der Ladestreifen leer war, schaute ich sie skeptisch an und sagte: »Okay, Annie Oakley. Steck sie weg. Zurück in den Kofferraum. Mehr Training brauchst du nicht.«

»Was meinst du damit?«, erwiderte sie. Ihre Stimme wurde lauter. »Ich hab fast den Bogen raus. Es ist toll. Es gefällt mir. Komm schon, Fiesling.«

Wir fuhren nach Hause. Auftrag ausgeführt. Jetzt konnte sie mir Rückendeckung geben oder sich selbst schützen. Ihre neue Fertigkeit war eine Versicherung für ein Haus, in dem meist Drogen im Wert von über 10 000 Dollar und Waffen für eine ganze Kompanie lagerten. Ich wies sie an, immer eine schussbereite .357er Derringer hinter dem Rücken zu verstecken. (Das beeindruckte andere Mitglieder sehr und veranlasste einige, ihre Frauen ebenfalls zu bewaffnen.) Wenn Helen einkaufen ging, Drogen beförderte oder die Kinder von der Schule abholte, steckte sie die Llama in ihre Handtasche. Einmal hielt sie ihre Knarre einem Schwarzen ans Gesicht, der sie vor dem Lebensmittelgeschäft belästigte. Wie sie später gestand, hatte sie sich zu Tode erschrocken, weil sie dem Kerl beinahe den Kopf weggepustet hätte.

Wenn wir uns zu Hause entspannten und fernsahen oder Musik hörten, saß sie auf einem großen Kissen an der Haustür, während ich wie ein Buddha auf der anderen Seite des Zimmers unter meinem Clubbanner in meinem Lieblingssessel thronte. Gemeinsam hätten wir jeden unerwünschten Gast in ein mörderisches Kreuzfeuer verwickelt. Das war kein Verfolgungswahn, denn wir mussten tatsächlich jederzeit damit rechnen, dass die Cops hereinstürmten.

Eines Tages fiel mir auf, dass sie schlampig wurde und ihre Waffe auf der Ottomane liegen ließ, während sie die Hausarbeit machte. Zufällig besuchte mich »Big Al«, der eben aus dem Gefängnis entlassen worden war.[29] »Schau her«, sagte ich zu ihm, als Helen nicht im Zimmer war. Ich entlud die Llama, legte sie zurück und rief Helen ins Wohnzimmer. »Wieso lässt du die Knarre hier liegen?«, schimpfte ich, und sie hob die Pistole auf.

»Erschieß Al«, befahl ich ihr.

»Was?«, kreischte sie, als Al, ein dunkelhäutiger, stämmiger Kerl, sich krümmte und die Conchos an seinem schwarzen Hut befingerte.

»Erschieß den Hundesohn, verdammt. Stell keine Fragen. Tu's einfach.«

Sie zielte auf Als Bauch und drückte ab. Es klickte nur.

»Was wäre gewesen, wenn ich dich wirklich gebraucht hätte?«, ermahnte ich sie. »Ich wäre erledigt!« Das war eine Lektion, die sie nie vergaß.

Obwohl Helen immer noch fast wie ein naiver, jugendlich frischer Teenager aussah, war sie zu einer drogenkundigen, gewieften, knallharten Frau herangereift, die schießen würde, um sich, ihre Kinder und ihre Ehe zu verteidigen. Da sie seit Jahren im Club herumhing, wusste sie, wie man andere einschüchterte. Sie stand nicht mehr hilflos da, wenn Groupies sich auf meinen Schoß setzten oder meinen Bart befummelten. Nein, sie baute sich Brust an Brust vor ihnen auf und sagte: »Lass deine verdammten Pfoten von meinem Alten. Hau ab, Schlampe.« Und sie hauten ab.

Eines Abends hatte ich fast das Gefühl, ein Monster erschaffen zu haben. Sie hatte gehört, dass ich bei Okie mit meiner alten Liebe Mickey Party feierte. Helen hatte bereits Aufputschmittel geschluckt, und nachdem sie eine Weile innerlich gekocht hatte, beschloss sie, in die Party zu platzen und uns beide umzulegen. Zum Glück kamen Durt und Zorro vorbei, als sie gerade eine Waffe Kaliber 12 lud, und wanden ihr das Ding aus der Hand. Dann verhinderten sie, dass sie sich mit Schlaftabletten umbrachte.

Als sie sich scheinbar beruhigt hatte, ließen sie sie zur Haustür hinaus, weil sie dachten, sie könnte schlimmstenfalls die Party stören. Doch als sie zum Auto ging, fragte Durt: »He, Mann, hast du in ihre Handtasche geschaut?«

»Nein, ich dachte, das hast du getan.«

Sie rannten ihr nach und fanden eine Derringer in ihrer Tasche. Nur zwei Schüsse hätte sie für mich und Mickey gebraucht. Die Jungs schleppten sie zurück ins Haus, ohne sonderlich grob zu werden, und Zorro holte mich.

Als ich durch die Tür gerannt kam, saß sie in meinem Sessel und hielt meine Eagle im Schoß. Durt kauerte vor der Tür. Ich versuchte gar nicht erst, sie mit Worten zu beschwichtigen, während ihr Finger an dem empfindlichen Hahn lag. Stattdessen zog ich meine .45er und schoss ein Loch in die Clubflagge, die wenige Zentimeter über Helens Kopf hing. Als sie erstarrte, machte ich einen Satz nach vorne, verpasste ihr einen linken Haken und schlug ihr das verfluchte Ding aus den Händen. »Du gottverdammtes Dreckstück ... Ich sollte dir einen Tritt in den ... Wenn du das jemals wieder ...«

Durt zog sich diskret zurück, während ich sie mit Flüchen überschüttete und ins Schlafzimmer stieß. Als sie sich auf dem Bett zusammenkrümmte, brüllte ich: »So, hör dir das an!« Ich schlug ihr meine .45er ans Gesicht und feuerte an ihrem Ohr vorbei eine Kugel ins Bett ab. Der Schlag knockte sie fast aus, und wegen des schmerzhaften Klingelns in ihrem Kopf wusste sie nicht genau, ob ihr Gehirn noch heil oder über die Bettlaken gespritzt war. Sie duckte sich, während ich sie durchs Zimmer prügelte und schrie: »Tu so etwas nie wieder!«

Meine Frau hatte mich vor dem Club blamiert und eine richtig gute Party verdorben. Obwohl der Club mir eine Strafe von hundert Dollar aufbrummte, weil ich auf unsere Flagge geschossen hatte, hielt ich es für gerechtfertigt, Helen zu bestrafen.

Ich dachte, ich hätte ihr beigebracht wegzuschauen, wenn ich mit anderen Frauen rummachte, aber sie war ebenso stur wie ich. Eines Nachts jagte sie mir erneut Angst ein, als Zorro und ich im Haus eines anderen Mitglieds auf zwei Frauen ohne Begleitung trafen. Vor dem Essen gaben wir jeder fünfzig Dollar für neue Kleider und einen neuen Haarschnitt, damit sie appetitlicher wirkten. Nachdem wir den Abend in der Stadt verbracht hatten, landeten wir auf Zorros Boot. Betrunken und nackt tanzten wir unter den Schwarzlichtlampen in der Kabine herum. Als Zorro hinauslangte, um einen Schlüpfer mit Leopardenmuster in das Fahrtlicht zu halten, hatte ich eine Vorahnung. »Wir müssen hier raus!«, schrie ich gegen die Stereoanlage an. »Ich weiß nicht warum. Aber ich hab das Gefühl, es wär 'ne verdammt gute Idee, dieses Dock zu verlassen.« Also lief Zorro zur Steuerung und fuhr im Zickzackkurs hinaus aufs offene Wasser. Als ich zurückblickte, sah ich einen vertrauten weißen Chrysler langsam die Kais entlangfahren. »Mann, das war knapp«, sagte ich.

KAPITEL 12

EIN SCHLAFPLATZ FÜR ENGEL

»Für mich kamen die Kinder immer zuerst. Sie mussten gut versorgt sein,
ebenso das Haus. Aber als er anfing, mit Drogen zu handeln, Leute
mit nach Hause zu bringen und so, schubste ich die Kinder einfach ins
Schlafzimmer. Sie waren erst fünf oder sechs Jahre alt.«
Helen Wethern

Unser Haus gehörte dem Club, nicht meiner Familie. Eine Party schien der nächsten zu folgen, noch bevor die verbliebenen Gäste der vergangenen Nacht sich vom Fußboden aufrappeln konnten. Alte Angels, junge Angels, ehemalige Angels, Anwärter, ein paar Käufer und Dealer, Frauen und Freunde schienen den ganzen Nachmittag und Abend hereinzuströmen.

Da Gastfreundschaft mit Kameradschaft, guten Geschäften und meinem Image als freigebigem Typ Hand in Hand ging, gab ich mich nicht mit Kleinigkeiten ab. Die Jungs durften Jack Daniel's saufen, bis ihnen die Augäpfel schmolzen. Ich bot Opium- und Haschklumpen in der Größe von Schokoriegeln an und breitete ein Kilo Marihuana im Wert von 200 Dollar auf dem Kaffeetisch aus. »Jeder nimmt sich, was er will«, verkündete ich.

Wenn alle benebelt waren, entspannten sich einige bei Jefferson Airplane und Grateful Dead, die durch den Bambusschirm dröhnten. Andere wurden ausgelassen. Sie tanzten und lachten, vergnügten sich miteinander und berauschten sich an den Waffen und Messern an den Wänden. Und immer versuchte wenigstens einer, mein 135 Kilo schweres Traktorrad zu heben, was ihm meist misslang.

Sobald die Party richtig losging, wurden Bobby und Donna in ihr Schlafzimmer verfrachtet. Sie verbrachten ganze Abende vor ihrem Fernseher, aßen, leisteten einander Gesellschaft und naschten.

An Partyabenden vernachlässigten wir sie, und wir sprachen selten richtig mit ihnen, aber wir sorgten auf andere Weise für sie. Wir verschafften ihnen eine solide religiöse und schulische Bildung in katholischen Schulen, gute Kleider, reichlich Essen und mehr Spielsachen, als ihre Freunde hatten. Die Angels behandelten sie wie Berühmtheiten, weil Bobby und Donna so ziemlich die einzigen Clubkinder waren, die bereits eine gut entwickelte Persönlichkeit besaßen. Die Kleinen bekamen Geschenke, Fünf-, Zehn- und Zwanzig-Dollar-Scheine von Zorro, kleine Trommeln von Winston. Animal ließ mit ihnen Drachen steigen oder spielte Soldat mit ihnen. Einige Jungs drehten mit ihnen in der Nachbarschaft ein paar Runden auf ihren Motorrädern, was Bobby am aufregendsten fand.

Bobby war von den Angels begeistert, Donna fürchtete und bewunderte die meisten von ihnen. Doch beide waren neugierig und fasziniert von dem, was sie vom Flur aus heimlich beobachteten.

Sie sahen ihre Mutter, die ständig high war, in Marihuana-Lethargie und ihren Vater mal in hektischer Manie, mal in fast komatöser Erstarrung auf allen vieren. Und sie sahen die Freunde ihrer Eltern, Desperados, von denen sie in Zeitungen gelesen und in der Schule gehört hatten. Während dieser Marathonorgien gab es Dutzende von skurrilen Szenen. Sonny hatte ein fasziniertes Publikum, darunter Sharon, wenn er damit prahlte, dass er sich wieder einmal einem Strafverfahren habe entziehen können. Dabei schaufelte er sich löffelweise Kokain in die Nase. Magoo, der Clubsanitäter mit Zylinderhut, machte seine Runden, strich sich den Zottelbart und guckte prüfend in Teegläser, während er Vitamine, Penicillin und andere Tabletten aus seiner ramponierten Arzttasche holte und verteilte.

Mittlerweile versuchte Monk, ehrenamtlicher Ernährungsberater des Clubs, einige von uns davon zu überzeugen, dass Katzenfleisch wie Huhn schmeckte, doch als er uns zum Essen einlud, drückten sich alle und behaupteten grinsend, »Katzensalami« munde ihnen nicht. Monk war ein bärbeißiger, muffig riechender Kerl, aber er und Little Bonnie, seine ebenso übel riechende wahre Liebe, himmelten einander an wie Clark Gable und Myrna Loy. Einmal wälzten sie sich sogar auf dem Fußboden und bumsten vor aller Augen.

Auf der anderen Seite des Zimmers schauten ein paar Frauen gebannt zu, wie »Boomer« Baker sein Talent vorführte: Ohne einen einzigen Zahn im Mund verzehrte er knackige Äpfel. In einer Ecke zog Tramp am Schlüpfer einer jungen Göre herum, die auf einem LSD-Trip war. Durt stand mit Sherri, seiner Frau, auf der Vordertreppe und diskutierte mit dem vier Jahre alten Sohn eines Nachbarn über die Mysterien des Kosmos. Der schnurrbärtige »Foo Manchu« Griffin kam vorbei, um mit mir über LSD-Geschäfte zu reden, während »Super Sharon«, seine Frau, mit einigen Jungs über Chopper quatschte, mit denen sie geschickt umging. Sie war eine der wenigen Frauen, denen man zuhörte, denn sie hatte so viel Mumm, dass sie Tramp sogar einmal in den Hintern trat.

Big Al und Okie saßen abseits und rieben sich aneinander wie »ein paar Nigger in der 14th Street«, so sagten sie. Hi Ho Steve, ein anderer Angel aus Oklahoma, schüttelte seinen Kopfschmuck im Mohikanerstil, schwang ein Kriegsbeil und stieß einen Schlachtruf aus. »Green Power soll leben! Zum Teufel mit Black Power!« Dann erzählte er jemandem von seinen neuen Lautsprechern an seinem vier Meter hohen Totempfahl aus Benzinfässern vor seinem Haus.

Aber es wurde auch über ernstere Themen gesprochen. Winston und seine zuckerwatteblonde Frau Pat schwärmten von ihren exotischen Raubkatzen. Zorro, der nach seiner Zählung mit sieben Frauen neun Kinder hatte, flirtete mit einer anderen, behielt aber die Haustür im Auge für den Fall, dass seine derzeitige Freundin Linda auftauchen sollte. Raymond Dale »Stork« Keefauver, ein großer, knochiger Mann mit rabenschwarzem Haar und satanischen Gesichtszügen, brüstete sich damit, er werde nie wieder ins Gefängnis zurückkehren. Und »Pops«, der eher wie ein alternder Beatnik aus North Beach aussah als wie ein Marineveteran, zeigte wieder einmal schmutzige Bilder herum.

Ganz in der Nähe standen Tiny und Johnny Angel und luden die Leute an ihren neuen Craps[30]-Tisch ein. Gary Popkin, ein 1,80 Meter großer und über hundert Kilo schwerer Kerl mit kalten Augen und Ricky Nelson-Gesicht, schmiegte sich an »Sir Gay« Walton, einen zerbrechlich aussehenden Burschen mit Fahrtwindfrisur, der später eine Art Hausmeister bei Sonny wurde. Ebenfalls anwesend waren Tommy, ein erfahrener Mechaniker, der nie kapierte, wie gerissen ein Drogendealer sein musste, und »Clean Cut«, der eher wie ein Jahrgangsbester an der Highschool als wie ein Angel aussah. Und draußen kroch Skip mit einer Softair-Pistole auf dem Hof herum und spielte mit Animal Soldat. Die zwei ballerten aufeinander und auf Spielzeugpanzer.

Das Kriegsspiel verlagerte sich ins Haus, als ich automatische Softair-Waffen für Zielübungen herbeischleppte. Das führte zu einem kleinen Krieg, bei dem die Plastikgeschosse von Leibern und Wänden abprallten, bis ich mit einer echten .45er in die Bambuswand schoss und so für einen Waffenstillstand sorgte.

»Verdammt, ich hab Hunger«, rief jemand, und Helen wurde aktiv. Sie briet Hühnchen, grillte dutzendweise Filets mignons und bereitete mehrere Schüsseln Kartoffelpüree zu. Wenn uns das Essen ausging, ließen wir uns Fastfood holen. Es war nicht ungewöhnlich, dass wir für eine dieser Partys, die fast jeden Abend stattfanden, 300 Dollar oder mehr ausgaben.

Doch egal wie viel Spaß die Leute hatten, es gab Momente der Gewalt. Selbst wenn ein Angel Stil hatte, vergaß er kaum jemals die ungeschriebene Regel: Unterschätze nie die Macht der Furcht. Wir alle kannten die Partyspiele, bei denen sadistische Typen jemanden an den Rand des Zusammenbruchs oder Wahnsinns trieben. Während einer Drogenorgie lieferten sich manchmal auch zwei Mitglieder ein geistiges Duell, und ein Beobachter schloss sich demjenigen an, der die Oberhand gewann. Dann piesackten sie den Unterlegenen, bis dieser die Beherrschung verlor.

Das beobachtete ich immer wieder. Tramp und ich wandten diese Methode auch einmal an, um Russell Beyea zu testen, ein Schwergewicht, das von den Satan's Slaves in Los Angeles kam und später in zwei separaten Verfahren wegen Mordes und Totschlags verurteilt wurde. Wir füllten ihn mit einem ganzen Arsenal an psychedelischen Drogen ab, da er deren Wirkung in seinem üblichen Machogehabe heruntergespielt hatte. Doch schließlich war er so zugedröhnt, dass er nicht mehr sehen konnte und fürchterliche Angstzustände bekam. Da ich ein schlechtes Gewissen hatte, gab ich ihm ein paar Beruhigungstabletten und legte ihn mit seiner Freundin ins Bett. »Du kannst nicht denken, Russell, also raste einfach aus«, sagte ich. »Vertreib dir die Zeit mit Bumsen.«

Wenn ich erfuhr, dass eine Ladung Drogen angekommen war, wurden Joints geraucht und Beruhigungsmittel geschluckt. Dann sammelte ich meine Leute ein und schickte die anderen weg. Die Kinder schliefen, als wir das Zeug ins Haus schafften und unser Fließband in Gang setzten. Aufputsch- und Beruhigungstabletten wurden abgezählt, das LSD gewogen. Normalerweise übernahmen Durt und ich diese Aufgabe, und Helen traf die Vorbereitungen für das Abpacken, das die ganze Nacht dauerte. Sie kaufte Schachteln mit tausend leeren Kapseln Größe 1 oder 00 für Seconal oder Methedrin, ein Amphetamin, und erklärte den misstrauischen Drogisten: »Meine Tochter ist beim Ballett, und wir Mütter benutzen diese Kapseln, um Farbe aufzuteilen, damit die Kostüme aller Tänzerinnen genau gleich aussehen, wenn wir sie färben.«

Mit Owsleys Formel berechnete ich, wie viele einzelne Trips ich aus dem grammweise gekauften LSD herstellen konnte, wie ich die Säure puffern musste und wie viel jeder Kunde bekam. In der Regel teilten wir ein Gramm in 3000 bis 4000 Dosen auf und verkauften diese für 3000 bis 3500 Dollar an Großhändler. Die meisten Kunden bestellten fünf bis zehn Gramm, einige aber auch das Äquivalent von 25 Gramm, das im Großhandel rund 75 000 Dollar und im Einzelhandel 225 000 bis 375 000 Dollar wert war, wenn man die Straßenpreise von 3 bis 5 Dollar pro Portion Owsley-LSD im Jahr 1967 zugrunde legt. Unsere Grundpreise variierten je nach Kunde und Abnahmemenge.

Die Auslieferung der Drogen beanspruchte einen bis zwei hektische 24-Stunden-Tage, denn es wäre idiotisch gewesen, auf Drogenvorrat zu sitzen, der mich Jahre ins Gefängnis bringen konnte. Ich putschte mich mit Amphetamin auf und dachte an Dutzende von Einzelheiten und mögliche Probleme, bevor ich das Haus mit einem kleinen Vermögen an Chemikalien verließ oder meine Männer losschickte. Während andere Mitglieder sich mit Sprechfunkgeräten und durch Abhören des Polizeifunks schützten, verließ ich mich auf meine Vertriebsmethode.

Wenn ich einem Kunden nicht völlig vertraute, ließ ich ihn von meinen Leuten im Auge behalten, damit er uns nicht verpfiff. Manchmal versteckte ich die Drogen in einem Motel oder an einem anderen sicheren Ort und schickte den Kunden dann dorthin. Meist fuhr ich in San Francisco und Umgebung herum und schluckte selbst LSD. Ich warf mir immer wieder was ein, wenn ich Dealer mit guten Kontakten und zweitrangige Schieber traf, während ich meine Kunden belieferte. Dem Geschäft zuliebe mischte ich mich unters Volk, und da ich dicht war, konnte ich die verschiedenen Preise nur schwer im Kopf behalten. Eine Regel befolgte ich jedoch immer: Bring deine Kunden nie in Kontakt mit deinen Lieferanten. Das hätte meine Stellung als Vermittler gefährdet.

KAPITEL 13

DER LSD-KÖNIG

Owsleys Anspruch auf den Titel »LSD-König« war unbestritten, und sein Aufstieg erfolgte fast ebenso schnell, wie das LSD sich ausbreitete. Er war ein ziemlich unabhängiger Geist – wie sein Großvater, der verstorbene Senator A. Owsley Stanley aus Kentucky, der 1922 erklärt hatte: »In Amerika darf man keine Kuh melken, ohne dass ein Inspekteur danebensteht.« Im Juni 1956 verließ der junge Owsley im Alter von 18 Jahren sein Zuhause und diente anderthalb Jahre in der Air Force. Dank seines Wissens über Elektronik bekam er eine Reihe von technischen Jobs beim Rundfunk, ehe er 1963 in die Bay Area zog.

Nach einem Studiensemester verließ er die Universität Berkeley mit schlechten Noten[31], aber das Schicksal war ihm hold, denn seiner Freundin Melissa, einer 24-jährigen Chemiestudentin, war es offenbar gelungen, LSD und andere verkäufliche Chemikalien herzustellen.

Am 21. Februar 1965 durchsuchte die Polizei ihr Badezimmerlabor in Berkeley. Die Behörden hatten erfahren, dass Owsley – 1,70 Meter groß, 63 Kilo schwer und adrett wie ein Burschenschaftler – Speed an Teenager verkaufte. Doch alles, was die Beamten fanden, waren Chemiebücher, chemische Apparaturen und neun Flaschen mit einer Droge, die gerade noch legal war. Nach seiner Freilassung erwirkte der dreiste Bursche einen Gerichtsbeschluss, der die Herausgabe seiner Ausrüstung anordnete. Dann zog das Paar nach Los Angeles.

Fast sofort danach, so berichteten Ermittler später, erwarb er zum ersten Mal Lysergsäure, den Hauptbestandteil des LSD. Mit 20 000 Dollar in Hundert-Dollar-Scheinen aus unbekannter Quelle kaufte er 500 Gramm von der Cyclo Chemical Corporation und anschließend weitere 300 Gramm von der National Chemical and Nuclear Corporation. Hierfür unterschrieb er Erklärungen, in denen stand, er brauche die Chemikalien für Forschungsarbeiten bei der (fiktiven) Baer Research Company.

In gewisser Weise *war* es Forschung. Laut Polizeiinformationen produzierte und verkaufte Owsley LSD in seinem Haus mit Blick auf das California State College. Außerdem nahm er unter einer Anschrift am Sunset Boulevard Bestellungen per Post entgegen. Drogenfahnder schätzten, dass er aus den 800 Gramm Lysergsäure 1,5 Millionen Einzeldosen LSD gemacht haben könnte. So wurde Owsley als der Mann bekannt, der mit LSD eine Million Dollar verdient hatte, noch bevor die Substanz im April 1966 verboten wurde.

In diesem Jahr tauchte Owsley in der Bay Area auf, und der Harvard-Psychologe Timothy Leary predigte Bewusstseinserweiterung für die Massen. Tausende, vielleicht auch Millionen kifften, berauschten sich oder ballerten sich schlichtweg zu. LSD, einst eine Chemikalie für wissenschaftliche Experimente, CIA-Tests und avantgardistische Intellektuelle, wurde zur Straßendroge.

Für die meisten Leute war Owsley ein rätselhafter Zauberer, der die ganze Welt berauschen wollte, mit Grateful Dead herumhing und Kool-Aid beim berühmten »Trips Festival« in San Francisco heimlich mit LSD versorgte. Zeitungen beschrieben ihn als verrückten Wissenschaftler oder als Playboy, der auf schöne Frauen und schnelle Autos stand. Viele hatten von ihm gehört, aber wenige kannten seinen vollständigen Namen: Augustus Owsley Stanley III.

Als führender LSD-Chemiker des Landes und wichtigster Lieferant des Clubs genoss »the Owl« (»die Eule«), wie wir ihn nannten, bei manchen Mitgliedern Kultstatus. Sie sahen über seine Arroganz hinweg und waren nachsichtig mit ihm, obwohl Sonny lieber auf diesem Prahlhans herumgetrampelt wäre, als mit ihm zu plaudern.

Seine große Bekanntheit und Tramps Ehrfurcht flößten mir zunächst großen Respekt vor Owsley ein. Er war *the Man*, den man hofieren musste, um sich günstige Preise zu sichern. Zudem schätzten die Kenner auf der Straße sein LSD – »White Lightning« oder »Pink Owsley« – so sehr, dass ich fast jeden Preis dafür verlangen konnte. Als ich erfuhr, dass Owsley Eulen mochte, seine Namenspatrone, verkündete ich sofort: »Ich will innerhalb von 24 Stunden eine Eule haben. Der Preis spielt keine Rolle.«

Duke, einer meiner Vorstadtdealer, brachte mich zu einem Vogelsammler, der mir für hundert Dollar eine Eule verkaufte. Als Tramp den Vogel bei mir zu Hause sah, erbot er sich, ihn auszuliefern, vermutlich weil er sich als edler Spender ausgeben wollte.

»Kommt nicht in Frage«, sagte ich. »Wenn der Mann die Eule kriegt, dann von mir.«

Nachdem ich Owsley den Vogel einige Wochen später überreicht hatte, spendierte er mir LSD und andere Drogen, während wir gemeinsam zu einigen Chemiefabriken in der Umgebung von Berkeley fuhren, um Distickstoffoxid (Lachgas) zu kaufen, damals ein beliebtes Inhaliermittel. Wir testeten es in Owsleys Haus in Fairfield.

Mehrere Monate später zog der Chemiker in den teuren Bezirk rings um das Hotel Claremont in Berkeley und lud Tramp und mich an einem sonnigen Nachmittag zu sich ein. In seinem Haus auf einer Anhöhe mit Blick auf die Bucht wirkte Owsley nicht mehr ganz so überheblich. Großzügig breitete er seine Schätze vor uns aus, darunter auch DMT, den Kaviar unter den psychedelischen Drogen. Fasziniert lauschten wir Owsley, der erfolglos versuchte, seinen DMT-Trip in Worte zu fassen, und schauten dabei Melissa zu, die nackt und ölglitzernd zwischen ihrem Handtuch und dem Schwimmbecken hin und her schlenderte. Es war eine eindrucksvolle Show.

Im Herbst 1967 zog sich Owsley weiter in die Vorstadt zurück. Er mietete ein Haus in Orinda, einem Bezirk, der von jungen Managern, Buscheichen und Swimmingpools besiedelt war. In diesem natürlichen Schlupfwinkel baute er eine ausgeklügelte Drogenfabrik auf und stellte mehr Pink Owsley her denn je. Die Räumlichkeiten waren sorgfältig abgedichtet, damit keinerlei Staub nach außen drang.

Ende 1967 war der LSD-Markt ausgetrocknet, und Tausende von Menschen warteten auf Nachschub. Owsley hielt uns über die Produktion auf dem Laufenden. Im Gegenzug kündigten wir unseren Dealern und Kunden große Lieferungen an. Tag und Nacht gingen Bestellungen und Vorauszahlungen bei mir ein. Für uns wäre es zweifellos das größte Geschäft aller Zeiten geworden.

Während wir uns auf die große Verkaufsaktion vorbereiteten, klopfte am 21. Dezember 1967 jemand an Owsleys Tür. »Bundespolizei«, rief eine laute Stimme. »Wir haben einen Durchsuchungsbefehl. Öffnen Sie die Tür.« Dann bahnten sich Polizisten, die Owsley seit mehr als einem Jahr beobachtet hatten, mit Vorschlaghämmern einen Weg ins Haus.

»Wie haben Sie mein Labor gefunden?«, fragte Owsley, als man ihm Handschellen anlegte. Sein Pferdeschwanz hing über seinem geblümten Hemd, als er niedergeschlagen auf seinem Sofa hockte und ein Dutzend Beamte sein Haus durchsuchte und Dinge beschlagnahmte. »Sie sind ungebetene Gäste«, klagte er. »Bitte nehmen Sie nur mit, was illegal ist.«

Die Polizisten fanden nicht nur ein ausgeklügeltes, sehr mobiles Labor, sondern auch fünf 90 Zentimeter hohe Fässer, mehrere Kisten mit verschiedenen Chemikalien sowie eine Menge LSD und STP. Sie verhafteten Owsley, Melissa und drei weitere Personen.

Am nächsten Morgen las ich im *San Francisco Chronicle* auf der ersten Seite: »Augustus Stanley III, den die Hippies als König des LSD verehren, wurde gestern bei einer Razzia in einem dreistöckigen Haus in der Vorstadt Orinda von Beamten der Antidrogenbehörde festgenommen.«

Ich las weiter und knallte die Faust auf den Tisch. Die Polizei erklärte, eine so große Menge LSD sei nie zuvor beschlagnahmt worden: 217 Gramm LSD – Stoff für zwei Millionen Tabletten im Gesamtwert von 10,85 Millionen Dollar – und 161 Gramm STP im Wert von 130 000 Dollar!

Wir schluckten unsere Enttäuschung hinunter und taten, was wir konnten, um Owsley zu helfen. Auf Vorschlag von Tramp mietete ich einen Lieferwagen und fuhr mit vier anderen Mitgliedern zu dem Haus in Orinda. Die Haustür stand offen, und im Inneren lag derart viel rosa LSD-Staub, dass man einen Asthmatiker damit auf einen endlosen Trip hätte befördern können. Während wir mit einem Auge nach Polizisten Ausschau hielten, säuberten wir das Haus von allen möglicherweise belastenden Spuren, einschließlich des Staubes und des Fleischpapiers, das die Wände und Fenster bedeckte. Brennbares Material vernichteten wir im Kamin. Alles andere, darunter Owsleys Möbel, brachten wir zur Aufbewahrung in mein Haus.

Als Owsley auf Kaution freikam, schaute er bei uns vorbei, um seine Möbel zu holen und wieder Kontakt mit Tramp und mir aufzunehmen. Helen war vorgewarnt und hatte eine Handvoll Joints gerollt und unsere besten Drogen auf dem Tisch ausgebreitet. Sie fand Owsley zwar charmant, aber auch unsympathisch. In ihren Augen war er ein kleiner, ungehobelter, nagetierähnlicher Kerl mit Wildlederjacke, der ihren Kühlschrank plünderte, ohne zu fragen. Während er sich ein Fleischwurstsandwich machte, knurrte er: »Haste Senf?« Helen und ich schäumten, während Tramp unbekümmert danebenstand, als sei alles in Ordnung.

Als wir stoned im Wohnzimmer saßen, ließ Owsley uns noch deutlicher spüren, dass er glaubte, Tramp stehe unter seiner Fuchtel und ich sei sein Fußabstreifer. Sein Monolog über Bewusstseinserweiterung und Tramps unterwürfiges Gehabe machten mich krank. Ich starrte ihn an, bis er den Blick senkte, und stellte mir vor, was ich mit ihm machen würde, wenn er nicht mein Lieferant wäre. Ich kam mir wie ein verdammter Narr vor, weil ich zuließ, dass dieser kleine Wicht, der nur von Chemie eine Ahnung hatte, in mein Haus kam und uns beleidigte. Schließlich verpasste ich ihm dieselbe Behandlung, die mir manchmal half, sein LSD zu verkaufen. Ich erhob mich einige Male halb aus meinem Sessel, funkelte ihn wütend an, runzelte die Stirn und ballte die Fäuste. Endlich kapierte Owsley und sagte abrupt: »Ich muss gehen.«

Während Tramp und ich uns mit den schweren Möbeln abrackerten, stand Owsley einfach dabei, als schaue er bezahlten Möbelpackern zu.

»Verdammt noch mal«, schnauzte ich. »Wie wär's, wenn du uns helfen würdest?«

»Oh. Klar. Klar doch.«

Trotz der Spannungen zwischen uns kreuzten sich unsere Wege noch öfter, denn Owsley ließ sich durch seinen bevorstehenden Strafprozess nicht davon abhalten, weiter Geschäfte zu machen. Er hatte LSD in großen Mengen versteckt, und da es ihm zu riskant war, das Zeug zu puffern und aus dem Pulver Tabletten zu pressen, verkaufte er uns die ganze Ladung zusammen mit einer Gebrauchsanleitung.

Wir verscherbelten den größten Teil des Stoffs an Chuck, Chuckles, Stevie und ihre Dealer. Sie verkauften die Tabletten an die Blumenkinder und verdienten ein kleines Vermögen damit. Dann verließen sie Haight-Ashbury und zogen in einen Kuriositätenladen an der College Avenue in der Nähe der Bahnlinie Oakland–Berkeley. Das war auch für mich ein günstiger Ort, und die Haight oder die Telegraph Avenue waren leicht von dort zu erreichen.

Als ich zum ersten Mal an den Auslagen mit Lederwaren, Kerzen und kitschigen Importartikeln vorbei ins Hinterzimmer schlenderte, wurde mir klar, dass das Geschäft nur der Tarnung diente. Es war so belebt wie das Parkett der Aktienbörse, die nicht weit entfernt war. Boten rannten hinein und hinaus und blieben nur so lange, bis sie bekifft waren. Auf der Theke wurden Drogen und Geld abgezählt. Ein Kerl wurde allein dafür bezahlt, dass er kleine Scheine zu Banken brachte und gegen Hundert-Dollar-Scheine eintauschte. Er drängte sich durch die Menge, packte einen Sack voller Banknoten und galoppierte hinaus wie ein Reiter des Pony Express[32]. Die Einzigen, die nicht herumhetzten, waren ein vierzigjähriger Hippie und ein Hund mit weißer Schnauze, die beide Jack hießen.

Ich besuchte den Laden immer wieder, lieferte dort aber nie Drogen ab. Es war angemessener und sicherer, meine Dealer zu mir kommen zu lassen. Jedes Geschäft gab mir die Gelegenheit, das Endprodukt und sogar das persönliche Leben meiner Geschäftspartner zu beeinflussen. Ich achtete auf die Qualität der Drogen und erinnerte jeden an die Clubregel, sich keine Drogen zu spritzen. Damit wollte ich mein Leben schützen. Heroinsüchtigen Dealern hätte ich nicht mehr vertrauen können. Und wenn ich das LSD so stark gestreckt hätte, dass die Kunden unzufrieden gewesen wären, oder wenn ich so starkes Zeug verkauft hätte, dass sie aus dem Fenster gehüpft wären, hätte mein Geschäft auch darunter gelitten.

Ich zeigte ihnen, wie man LSD pufferte, aber keiner von uns war Chemiker. Wie sehr wir uns auch anstrengten, Owsleys Anweisungen zu befolgen – das Verfahren war ungenau und das Ergebnis oft nicht befriedigend. Das Einzige, was ich im Griff hatte, war die Vermarktung. Mit der Androhung, sie nicht mehr zu beliefern, schrieb ich meinen Dealern vor, wie viel und wie schnell sie eine Droge verkaufen durften, ohne den Markt zu übersättigen.

Mittlerweile überlegte Owsley, wie er seine Gewinne am besten anlegen sollte. Eine der vernünftigsten Ideen wäre eine Investition in die Rockmusik gewesen, denn er hatte bereits als Toningenieur gearbeitet. Außerdem war er ein enger Freund von Grateful Dead, einer wilden und talentierten Band, die einige Male wegen Drogenbesitzes verhaftet wurde, wie Zeitungen berichteten. Owsley stellte Tramp und mich der Band vor, als sie in einer gemieteten Halle in Novato probte – und wir waren bald stoned.

Als Owsley uns Mitte 1968 wieder einmal mit Rockmusikern bekanntmachte, winkten uns gute Geschäfte. Wir schlängelten uns

durch die Tänzer im Carousel Ballroom, einem von fünf oder sechs
Rockmusikpalästen, die den »San Francisco Sound« und sogenannten »Acid
Rock« spielten. Auch bei anderen Konzerten waren wir hinter der Bühne
gewesen – zum Beispiel an dem Abend, als Tramp mit Kokain dafür sorgte,
dass Otis Redding weitersingen konnte –, aber der Backstagebereich des
Carousel Ballroom war die musikalische Entsprechung eines politischen
Hinterzimmers. Neben Tramp, Owsley und mir waren mehrere Vertreter der
Musikbranche anwesend. Begleitet von kreischenden Gitarren, diskutierten
sie über den Vorschlag, das Lokal zu kaufen. Alle waren der Ansicht,
dass man damit gutes Geld verdienen und dem Fillmore Auditorium des
Impresarios Bill Graham Konkurrenz machen konnte. Sie brauchten dafür
nur einen höheren Anteil an den großen Talenten, die in die Musikszene
von San Francisco strömten. Die Leute hörten sich an wie Eigentümer eines
beliebten Baseballteams.

»Möchtest du dich beteiligen?«, fragte mich Tramp.

»Nein. Ich bin raus.« Später erklärte ich ihm, eine noch engere Beziehung zu
Owsley sei das Letzte, was ich wolle. Außerdem passten mir die Konditionen
nicht.

Als das geklärt war, wechselte ich die Rolle und spielte den Aufpasser –
stiernackig, grimmig aussehend, schießwütig und mit einer Hand in der Nähe
meiner .45er. Es machte Spaß, andere einzuschüchtern. Ich schlich mich
hinter die Unternehmer und räusperte mich oder atmete Zigarettenrauch aus.
Wenn sie sich unbehaglich fühlten, war es weniger wahrscheinlich, dass sie ein
zwielichtiges Geschäft planten.

Schließlich bekundeten Tramp, Owsley und ein paar andere ihr Interesse,
einen Versuch zu wagen. Ich weiß nicht, ob später ein endgültiger Beschluss
gefasst wurde, aber das Carousel, das früher El Patio geheißen hatte, wurde
schon bald von einer Gruppe übernommen, der Ron Rakow (Manager
der Grateful Dead), Brian Rohan (Anwalt vieler Rockbands) und mehrere
»ungenannte Investoren« angehörten. Grateful Dead und Jefferson Airplane
spielten für geringes Entgelt, um das Projekt in Gang zu bringen, das als
Sprungbrett für junge Bands angepriesen wurde. Eine Zeitlang erhielten
die Angels dort freien Eintritt bei Konzerten, wodurch sie unabsichtlich
dazu beitrugen, dass die Ordnung bewahrt wurde. Schlechte Organisation,

Belästigungen durch die Polizei und Egotrips brachten das Traumprojekt jedoch drei Monate später zum Platzen.[33]

Owsley hatte offenbar reichlich Geld zum Ausgeben oder Investieren. Er verriet Tramp, dass er Bankkonten in der Schweiz besaß, und Tramp sagte zu mir, er habe die Einladung angenommen, dort ebenfalls etwas Geld anzulegen. Ich lehnte das rundweg ab. »Tramp, du machst wohl Witze«, knurrte ich ihn unter vier Augen an. »Ich bin voll damit beschäftigt, meiner Familie Geld zu geben. Außerdem ist die Schweiz zu weit weg. Wenn du es nicht im Laden an der Ecke ausgeben kannst, dann taugt es nichts.«

Die Leute spekulierten über Owsleys Vermögen, und eines Tages bekam ich eine recht gute Vorstellung davon. Tramp kam mit seinem Motorrad bei mir vorbei und sagte: »He, George! Wie wär's mit einer kleinen Fahrt in deinem Chrysler? Wir holen ein bisschen Geld für *the Man*.«

»Was meinst du damit?« Ich hatte immer angenommen, Owsley bekomme seinen vierzigprozentigen Anteil nach Abschluss eines Geschäfts.

»Er hatte mich gebeten, es für ihn beiseitezulegen«, erklärte Tramp.

Dies war der erste deutliche Hinweis darauf, dass Tramp sich seinen Hippiefreunden enger verbunden fühlte als dem Club. Und Owsleys Vertrauen in Tramp war ebenfalls enorm – wenn man die Größe des Notgroschens betrachtete.

In jeder Bank gingen wir nach demselben Schema vor. Tramp ging hinein, wurde in den Tresorraum geführt, griff in ein Schließfach und kam mit Geldbündeln heraus, die er in einen Koffer auf dem Rücksitz stopfte.

»Wie viel bringen wir ihm?«, fragte ich.

Tramp lächelte nur und zuckte mit den Schultern. Doch als er mit 80 000 Dollar aus einer Bank in der 14th Street herauskam, wusste ich, dass es Zeit war, meine .357er Magnum bereitzuhalten. Mit einer Hand an der Pistole und mit der anderen am Lenkrad fuhr ich zu mehreren weiteren Banken. Unterwegs beäugten wir jedes vorbeifahrende Auto und jeden Passanten und schauten regelmäßig in den Rückspiegel. Die Sache hätte jederzeit tödlich enden können. Es waren schon viele Männer wegen eines weitaus kleineren Geldbetrags ermordet worden.

Nach dem letzten Besuch waren wir in Schweiß gebadet und bereit, jeden umzulegen, der sich uns in den Weg stellte. Eine Stunde lang starrten wir aus dem Fenster eines Sportartikelgeschäfts und beobachteten das Auto. Dann fuhren wie die kurze Strecke von der Telegraph Avenue zum Parkplatz von Sears. Dort marschierte Owsley rasch auf uns zu, packte den Koffer, dankte uns und fuhr weg. Als der Mann an der Spitze konnte er es sich leisten, andere seine Bankgeschäfte erledigen zu lassen. Aber er versäumte es nicht, sein Geld zu zählen. Später am Abend rief er Tramp an und beklagte sich darüber, dass der Koffer einen Tausender zu wenig enthalten habe. Es seien nur 326 000 Dollar!

KAPITEL 14

BIKERTREFFEN MIT SPASSGARANTIE

»Glaub ja nicht, wir seien Softies geworden. Es ist nur so, dass die wirklich krassen Exhibitionisten sich jetzt im Hintergrund halten. Heutzutage gehen wir nicht mehr raus, um eine Szene zu machen. Ich gehe ja auch nicht mit meinem Aufnäher in eine Kneipe und schieße auf drei Leute. Dafür würde ich die Kutte ausziehen.«

Vizepräsident »Big Don« Hollingsworth im Jahr 1970 auf dem Bass Lake Run zu einem Reporter.[34]

Bikertreffen brachten in der Regel das Beste und Schlimmste in uns zum Vorschein. Diese Runs schmiedeten die Clubmitglieder zusammen, boten aber auch Spielraum für die Zurschaustellung ihrer Individualität. Anwärter mussten sich bewähren, Frauen und Außenseiter wurden in die Schranken verwiesen. Wir tranken, schluckten und rauchten eine unglaubliche Menge verschiedenster Drogen. Wir ließen es richtig krachen und prahlten mit allem, was uns zu Angels machte.

Unsere Treffen waren weder der Uhr noch dem Tachometer, weder dem Gesetz noch Grenzen des menschlichen Körpers unterworfen. Den Anfang bildete eine zermürbend lange Motorradfahrt, bei der man entweder einfror oder austrocknete, je nach Wetter. Wir fuhren in Formation, gefolgt von einem Konvoi aus Autos, Kleinlastern und Wohnwagen, der unseren Proviant und die Waffen transportierte. Am Steuer dieser Fahrzeuge saßen Frauen oder behinderte Mitglieder. Wenn wir Lust dazu hatten, fuhren wir alle hintereinander oder bildeten einen »Fächer«, der kilometerlange Staus verursachte. Manchmal rasten wir, weit jenseits der zulässigen Höchstgeschwindigkeit, zwischen zwei durchgezogenen Linien so nah an Autos vorbei, dass wir in deren Fenster spucken konnten.

Obwohl das Ziel oft geheim war, begleitete uns häufig ein großes Polizeiaufgebot. Hilfssheriffs folgten uns bis zur Bezirksgrenze, wo ihre

Kollegen die Eskorte übernahmen. Auf der Straße gab es normalerweise wenig Ärger, aber die Kleinstädte entlang der Straße waren ein Kapitel für sich. Wann immer ein Angel die Truppe kurz verließ, um zu tanken oder Alkohol zu besorgen, wurde er von der örtlichen Polizei belästigt. Eine Stadt zu erobern, in der es nur eine einzige Tankstelle gab, war das Letzte, was uns interessierte, aber einige Versprengte blieben immer auf einem Barhocker kleben und schafften es nicht bis zu unserem Lager.

Wenn die Haupttruppe an beliebten Plätzen eintraf, etwa Bass Lake in der Nähe des Yosemite-Nationalparks, Lake Mendocino im Norden oder Squaw Rock am Russian River, wiesen die Behörden uns einen speziellen Lagerplatz zu. Manchmal traf Sonny Vereinbarungen im Voraus, manchmal kündigte die Polizeieskorte unsere Ankunft per Funk an. In jedem Fall war unser Lager mit Seilen abgesperrt, oder es wurde bewacht, damit weder Unschuldige noch Unruhestifter eindringen konnten. Meist ließ die Polizei uns einzeln ins Lager, sodass sie unsere Ausweise und die Zulassungsscheine unserer Motorräder prüfen konnte. Manche wurden auch fotografiert. Womöglich erhielten ein oder zwei Mitglieder eine Vorladung wegen ihrer Motorräder, aber wir ließen das alles über uns ergehen und fluchten höchstens darüber. Schließlich lag ein Wochenende vor uns.

Wenn wir das Lager aufschlugen, wurde deutlich, dass die meisten Biker mit leichtem Gepäck reisten – ein schwerer Mantel oder ein Schlafsack genügte ihnen –, während einige andere mit ihrem Wohlstand prahlten und ihre Freundin mit einem Kleinlaster oder Lieferwagen vorfahren ließen. Tramp brachte ein ganzes Landschloss mit: einen VW-Bus mit Schutzdach und Gartenmöbeln. Andere, darunter auch ich, hatten Wohnmobile oder Lieferwagen mit Stereoanlage. Manche Jungs befestigten Planen und Fallschirme zwischen Bäumen, als der Proviant abgeladen wurde. Wenn nicht genug Holz herumlag, knallten wir mit automatischen Waffen ein paar Äste ab.

Sobald unser rituelles Lagerfeuer brannte, begann die Party. Spontaneität war gefragt. Alles konnte passieren, und das war ein wenig furchterregend. Manche Jungs spielten Karten bei Bier oder Haschisch, einige rauften oder pinkelten zum Spaß auf die Motorräder anderer. Manchmal fuhr einer an einen Baum.

Einige wagten sich ins Wasser, bisweilen vollständig bekleidet. Sie veranstalteten Wettbewerbe im Frauenweitwurf oder stakten behelfsmäßige Flöße herum.

Anwärter mussten gegeneinander antreten. Hunde wurden mit Rufen wie »Kill! Kill! Kill!« in blutige Kämpfe gehetzt. Ciscos Affe taumelte mitunter herum wie der Rest von uns, dicht bis unters Dach, und es gab dröhnend laute Rockmusik, donnernde Motoren und gelegentlich Schießereien.

Wenn es dunkel wurde, schürten wir die Lagerfeuer und tranken weiter. Vorher wurden die Waffen gemäß den Clubregeln verstaut. Das Essen brieten wir über offenem Feuer oder auf Grills. Meist handelte es sich um die übliche Picknickverpflegung: Steaks, Hotdogs, Hamburger und Hähnchen, einmal sogar ein gestohlenes Kalb (es bekam eine kurze Schonfrist und schloss viele Freundschaften, während es an einen Baum gebunden war, doch als wir wieder in Oakland waren, ging es den Weg allen Rindfleisches).

Wenn wir erschöpft waren, behalfen sich einige Jungs mit Amphetaminen und kehrten dann zum Gelage zurück. Andere pennten im Auto, unter Büschen oder dort, wo sie umfielen. Erstaunlich viele feierten das ganze Wochenende durch.

Auf unseren öffentlichen Partys trieben sich Journalisten und Filmleute herum und hofften, eine Neuinszenierung von *Der Wilde* zu erleben. Sie suchten nach einer Antwort auf die Frage: Wie sind die Hells Angels wirklich? Die meisten Reporter und Fotografen erledigten ihre Arbeit aus sicherer Entfernung, nämlich dort, wo sich die Polizei bereithielt. Wer sich zu uns gesellte, wurde oft unfreiwilliger oder unwissentlicher Teilnehmer. Manchen banden wir einfach Bären auf.

Einmal schloss sich uns der Gastgeber einer landesweit bekannten Tanzshow für Teenager an. Wir hatten uns bei Half Moon Bay südlich von San Francisco am Strand versammelt. Nachdem wir den Spirituosenladen der Stadt und die Kuchentheke einer Wohltätigkeitsveranstaltung leergekauft hatten, schlugen wir ein Lager auf, das wir aus gutem Grund »Stolperbucht« nannten, denn bevor das Fernsehteam seine Technik aufgebaut hatte, liefen oder torkelten etwa hundert Angels auf dem Gelände herum und tranken, schmissen Drogen ein, plauderten, tanzten zur Musik aus den Autoradios oder spielten mit Bierdosen Fangen.

Es war Helens erster richtiger Run. Darum half sie mir, eine »Drogerie« zu eröffnen. Mit prall gefüllten Taschen an einen Baum gelehnt, verteilte ich LSD und andere Rauschmittel an die Partygäste. Wenn meine Kunden kein Geld hatten, gab ich ihnen Kredit. Das war meine Vorstellung von einer großen Party: mich mit meinen Freunden zudröhnen und eine Menge Geld verdienen.

Als die Sonne hinter den Bäumen versank, wurde aus dem Picknick ein wüstes Treiben. Füße stampften, Bräute wurden umgelegt, und die Musik dröhnte. Mickey und Marsi, Tramps Frau, folgten dem Fernsehteam, stellten ihre Reize zur Schau und rauchten dabei Marihuana. »He, Mann, ich spiel für dich die Hauptrolle«, sagten sie neckisch. »Komm her, Baby.« Und wenn unsere Gäste höflich ablehnten, lockte Mickey sie: »Was ist los? Gefallen wir euch nicht?« Ich schätze, die Männer wussten, was ihnen blühte, wenn sie auf das Angebot eingingen, aber eine Zurückweisung galt als überheblich und war deshalb noch schlimmer. Sie waren hier in fremder Umgebung und hatten keine Ahnung, was sie tun sollten.

Irgendwann fragte eine Braut den Moderator der Tanzshow: »Wie wär's mit 'nem Trip? Probier das hier!«

»Was ist das?«

»LSD.«

Er lehnte so höflich wie möglich ab, versammelte seine Männer und schlich sich mit ihnen fort. Wir blieben ohne Chronisten zurück.

Während einer Ausfahrt zum Lake Mendocino, etwa 240 Kilometer nördlich, klappten Helen und ich nach dem ersten anstrengenden Tag an einem Picknicktisch zusammen. Nur mit einer Schlechtwetterjacke vom Militär zugedeckt, schauderten wir im Schlaf, bis lautstarker Gruppensex uns weckte. Neugierig starrte Helen in die Dunkelheit, konnte aber nichts sehen außer einem Kreis von Männern. Immerhin hörten wir ein unmissverständliches Grunzen, Kichern und Keuchen.

»Nimm den Kopf runter und schlaf«, riet ich ihr.

»Komm schon. Sag mir, was da passiert«, bat sie. »Ich hab das noch nie gesehen.«

Ich zog die Jacke über ihren Kopf und hielt sie fest. Es war die gleiche alte Geschichte: Eine kleine Orgie weitete sich aus, weil immer mehr Männer sich in die Warteschlage stellten.

Am 4. Juli 1968 nahm ich ohne Helen am Bass Lake Run teil. Mittlerweile waren Runs schon fast zur Routine geworden. Nach der 400 Kilometer langen Fahrt und einem anstrengenden Tag fuhr ich zurück nach Oakland, und zwar so, wie es mir am meisten Spaß machte: mit 140 Stundenkilometern bei über vierzig Grad im Schatten. Den Motor ließ ich sogar beim Tanken laufen.

Zu Hause rief ich meinen Freund Gordo an und beschrieb ihm einen verrückten Plan: Ich wollte die Mitglieder beeindrucken und meine frühe Abreise wiedergutmachen. Gordo schuldete mir ohnehin einen Gefallen, seitdem ich ihm 2000 Dollar gegeben hatte, damit er seinen Flugschein machen konnte.

Wenig später kreiste Gordo in einem gemieteten Flugzeug mit Helen, Zorros Freundin Linda und mir über Bass Lake. Ich beugte mich aus einem Fenster und blies in das Lufthorn von Zorros Boot. Damit wollte ich den Club auf uns aufmerksam machen, aber die Jungs hielten unser Flugzeug für ein interessantes oder gar feindliches Ziel und schossen auf uns, ohne dass wir es mitbekamen. »Ist das Paket fertig?«, fragte ich. Helen hatte einen Minifallschirm aus einem Seidentaschentuch an unser Care-Paket für die Angels gebunden. Es enthielt eine Schuhschachtel mit meinen exotischsten Drogen.

»He, Mann, geh mal tiefer«, schrie ich unserem Piloten zu. »Wir müssen näher ran. Tiefer. Noch tiefer.« Als er über dem See eindrehte, verlor er fast die Herrschaft über das Flugzeug, weil wir zu dritt aus demselben Fenster guckten. Dann ließ ich das Paket fallen. Der Fallschirm öffnete sich und schwebte zum Lager. Wir hupten und bliesen ins Horn. Allerdings erfuhren wir später, dass der Wind das Paket auf einen riesigen Baum geweht hatte. Futter für die Eichhörnchen.

KAPITEL 15

EIN ANGEL GEHT, DIE EULE TRITT AB, EIN ALBATROS KOMMT

Vor geselligen Veranstaltungen des Clubs konnte ich mich leicht drücken, nicht aber vor der Geschworenenpflicht. Am 1. Februar 1968 weckte mich nachts ein Anruf von Tramp. »Komm rüber«, sagte er. »Wir haben den Dreckskerl, der Sonny beklaut hat.« Als wir vor dem Haus eines Mitglieds hielten, hörten wir Schreie, also ließ ich Helen bei Marsi auf der Veranda warten.

Drinnen verhörte ein Femegericht aus einem halben Dutzend Mitgliedern Paul A. »German« Ingalls, einen 21-jährigen Mechaniker, der vom Charter Omaha zu uns gestoßen war. Der rothaarige Bursche, nur 1,78 Meter groß und 68 Kilo schwer, schwitzte heftig und war blasser als sonst. Er wurde beschuldigt, Sonnys wertvolle Münzsammlung entwendet zu haben. Nur eines war schlimmer, als ein Mitglied zu bestehlen: den Präsidenten zu bestehlen. Einem solchen Kerl konnte man nicht trauen. »Niemand beklaut den Chef«, knurrte jemand.

German wusste, dass er sich in einer misslichen Lage befand. Seine blauen Augen schillerten vor Entsetzen. »Wir haben Beweise dafür, dass du es getan hast, also gib es zu, du Schweinehund«, schrie einer der Ankläger. German beteuerte seine Unschuld, aber das machte uns noch wütender. Einige hielten ihn an seinem langen Haar fest, andere ohrfeigten ihn und peinigten ihn abwechselnd mit einem elektrischen Viehtreiber im Gesicht, an den Augen und den Geschlechtsteilen. Als er seine Schuld erneut bestritt, brüllte ich: »Du dreckiger Hundesohn. Du verlogener ...« Dann trat ich ihm auf die Füße, bevor die anderen mich zurückhalten konnten. »Zerquetsche ihn nicht«, warnte mich Tramp. »Das wäre zu viel Ehre für diesen Dreckskerl.«

Nun wusste ich, dass German mehr als Prügel zu erwarten hatte. Plötzlich beugten sich einige Mitglieder über ihn und stopften ihm Seconal-Tabletten in den Mund. »Mal sehen, wie dir das schmeckt, du gieriges Schwein.« Er wehrte sich, als sie ihm Fäuste voller Tabletten an den Mund pressten. Hände packten ihn an den Schultern und Haaren. Jemand klemmte seine Nasenlöcher zusammen, sodass er den Mund öffnen musste, um zu atmen. Einige Tabletten wurden hineingedrückt, einige spuckte er aus. Sie verschmierten Tabletten zwischen seinen Lippen, zwängten seine Kiefer auseinander und bearbeiteten seinen Mund. »So ist's brav, Baby. Schluck sie. Schluck, so viel du willst.« Als er schwächer wurde, schluckte er alles, was sie ihm gaben. Sein Körper erschlaffte, seine Augen sahen jetzt friedlich aus. »Los, bringen wir ihn nach Hause!«, sagte jemand.

Ich war verblüfft. Wir hatten oft darüber gesprochen, wie man jemanden am besten umbrachte, aber ich hatte es immer für Angeberei gehalten. Als German das Bewusstsein verlor, witterte ich meine Chance zu verschwinden und zog Tramp beiseite. »Am besten bringe ich die Frauen weg.« Dann ging ich hinaus und sagte ohne Erklärung: »Kommt mit, Mädels. Heute gibt es keine Party. Ich bringe euch nach Hause.«

German lag im Koma, als er nach Hause geschafft wurde. Seine Frau entdeckte ihn um ein Uhr nachts, doch als er im Krankenhaus ankam, war er schon tot.[35] Soviel ich weiß, war seine Hinrichtung die erste unseres Charters, und sie war zugleich ein Präzedenzfall. Von nun an war es ein Kapitalverbrechen, den Präsidenten zu bestehlen.

Im Jahr 1968 ließ Owsleys LSD-Produktion nach, zumindest was die Lieferung an uns betraf.[36] Sein Prozess stand bevor, und er hatte weiteren Ärger mit der Justiz. Nicholas Sand, ein Chemiker, der mir 1967 zum ersten Mal als Owsleys Schützling vorgestellt worden war, bereitete sich darauf vor, das Vakuum zu füllen.

Im Mai 1968 kam Sand zu einer Besprechung in Tramps Haus. »Das ist der Mann, der Owsley ersetzen wird«, sagte Tramp zu mir. Ich schüttelte dem geschäftsmäßig modisch gekleideten Fremden die Hand und wurde dann seinem Partner David Leigh Mantell vorgestellt, einem leise sprechenden Typen Mitte zwanzig. Nachdem wir uns über den Psychedelika-Markt und seine Größe sowie über neue Produkte unterhalten hatten, erklärten Sand und Mantell sich einverstanden, uns ihre gesamte LSD-Produktion zu verkaufen. »Könnt ihr 50 000 Tabletten pro Woche absetzen?«, fragte Sand.

Tramp drehte sich zu mir um, denn der Vertrieb lag in meiner Verantwortung. »Denkst du, wir können das absetzen?«

Ich dachte einen Moment nach, dann antwortete ich: »Klar. Das schaffen wir. Kein Problem.«

Diese Absprache garantierte Sand und Mantell 40 000 Dollar in der Woche, und wir würden den Rest bekommen. Zunächst überließ mir Sand 27 000 Tabletten, um herauszufinden, wie ich damit zurechtkam. Meine Kunden fanden, der Stoff sei von Owsleys LSD nicht zu unterscheiden, was Stärke und Qualität anbelange. Innerhalb einer Woche hatte ich alles verkauft und das Geld aufgeteilt. An diesem ersten, auf die Hälfte der beabsichtigten Menge beschränkten Deal verdiente ich rund 10 000 Dollar. 30 000 Dollar gab ich Tramp für Sand und Mantell.

Jede Woche verkaufte ich etwa 50 000 Tabletten für je einen Dollar an Großhändler. Ungefähr 40 000 Dollar flossen an Tramp und die Chemiker, 10 000 Dollar blieben für mich und meine Leute. Doch bald häuften sich die Beschwerden. Meine Kunden behaupteten, der Stoff sei Mist.

Da sich nie jemand über Owsleys LSD beklagt hatte, erwartete ich von Sand die gleiche hohe Qualität. Als ich ihn bei Tramp zu Hause zur Rede stellte, gab er zu, dass er mir nicht LSD, sondern STP verkauft hatte. Er versuchte, die Täuschung schönzureden, und erklärte, es handle sich um eine vorläufige Maßnahme, die dazu diene, einen Vorrat an STP-Chemikalien aufzubrauchen. Dennoch – er war schuld daran, dass wir unwissentlich unsere Kunden betrogen und unseren guten Ruf aufs Spiel gesetzt hatten.

Sand entschuldigte sich, und wir erklärten uns einverstanden, das STP zu verscherbeln, zumal Sand damals unser Hauptlieferant für Psychedelika war. Sobald wir das STP korrekt deklarierten, verkaufte es sich ebenso gut wie LSD, aber der zeitweilige Wechsel zum STP ermöglichte es neu hinzukommenden Dealern, mit »blauen Flachen« und anderen Varietäten in den LSD-Markt einzudringen. Zudem hatten die Leute das STP bald satt, weil es im Vergleich zum LSD ziemlich fad war. Schließlich fanden wir heraus, dass Sand das Zeug heimlich und zu niedrigeren Preisen auch an andere Dealer verkaufte. Es dauerte daher nicht lange, bis und die Stimmung zwischen ihm und uns derart vergiftet war, dass es sogar zu Unfällen kam.

Einmal lagerte »Big Al« dummerweise 12 000 STP-Tabletten in seiner Garage, wo die Feuchtigkeit sie unbrauchbar machte. Tramp und ich warfen den 12 000-Dollar-Klumpen in seinen XKE und fuhren dann ungefähr 120 Kilometer nach Norden zu Sands Ranch in Cloverdale. Da wir nicht wussten, ob der Chemiker bereit sein würde, die verdorbenen Drogen zu ersetzen, wollten wir forsch auftreten. Ich versuchte, das Schloss am Gartentor im Cowboystil aufzuschießen, aber es war zu robust. Also mussten wir über den Zaun springen und zum Haus gehen, an einem kleinen Ententeich, einem Obstgarten und ein paar Bäumen in der Nähe einer geodätischen Kuppel[37] vorbei. Das Anwesen wirkte so kitschig, wie man es im Umkreis von Tim Learys »Bruderschaft der ewigen Liebe« erwarten durfte.[38]

Nach einer kurzen Begrüßung führte Mantell uns herum. Es war eine eindrucksvolle Ranch, ganz im Gegensatz zu den Bewohnern. Wir wurden etwa einem Dutzend Männern und Frauen vorgestellt, die etwas ängstlich wirkten, als Tramp und ich an einem Hügel Schießübungen machten. Dann tauchte Sand auf. Auch er war ein wenig unsicher und entschuldigte sich für das verschlossene Tor. Ohne lange Diskussion erklärte er sich bereit, die unbrauchbaren Drogen zu ersetzen.

Ich dachte, Sand würde aus Furcht vor körperlicher Züchtigung ehrlich zu uns sein, doch er unterschätzte unseren Geschäftssinn noch mehr als Owsley und stellte uns auf die Probe. Ein gutes Beispiel dafür war der Fall Bald Eagle. Diesen Dealer hatte ich geerbt, nachdem Foo, mein Vertriebspartner im Club, in den Knast gewandert war.[39] Als Bald Eagle eine Ladung STP ablehnte und behauptete, er bekomme den Stoffe zu einem besseren Preis, beschloss ich, die Konkurrenz aufzuspüren und zu beseitigen. Die Bay Area konnte nicht mehr als 50 000 Tabletten pro Woche brauchen.

Bald Eagle traf meinen Clan und mich kurze Zeit später an einem dunklen, kühlen Abend im Jachthafen Oakland Estuary. Niemand sonst war anwesend, und alles, was wir, gedämpft vom Nebel, hörten, waren der nahe Highway und die Wellen, die ohne Unterlass an die Pfeiler klatschten. Ich hatte den Dealer zu einer »Hafenrundfahrt« eingeladen, um übers Geschäft zu reden und uns besser kennenzulernen, aber er begann sich zu wundern. Seine Augen hatten diesen angespannten Kaninchenblick, und seine besorgte Stirn schien die Hälfte seines unbehaarten Kopfes auszumachen. Offenbar wollte er uns gefällig sein, denn er erzählte uns, er plane eine Reise nach Mexiko, um Marihuana und alte indianische Keramik zu kaufen, die er sammelte. »Es ist erstklassiges Gras«, sagte er.

»Ich hoffe, dass du diese Reise machen kannst«, erwiderte ich, während wir das Kajütboot bestiegen.

In der Kabine drohte ich ihm mit dem Finger und sagte: »Setz dich dort hinten hin, Baldy. Wir wollen über diese niedrigen Preise reden. Sag uns alles, was du weißt.«

Er ließ seinen dicken Körper sinken, zögerte aber, uns seine Quelle zu verraten. Schließlich war er ein ziemlich bekannter Dealer. Als wir seine Ausweichmanöver satt hatten, gab ich ihm eine Ohrfeige und drückte ihm eine Pistole an die Schläfe. Zorro und Animal stießen Drohungen aus, und Durt befestigte eine Kette an einem Zementblock. Als jemand knurrte: »Zum Teufel, versenken wir ihn im Meer«, fing Bald Eagle an, Namen, Orte und Preise auszuspucken. Im Wesentlichen gestand er, dass Sand ihm hinter unserem Rücken STP verkauft hatte. Um ihn weiter zu prüfen, massierte ich ihm den Kopf mit der Pistole, und jemand wickelte ihm den tödlichen Anker um die Füße. Daraufhin enthüllte er noch mehr überzeugende Einzelheiten. Er bestand die Prüfung.

Daraufhin vereinbarte ich ein Treffen mit Sand in einem geparkten Auto gegenüber dem Friedhof Evergreen. Natürlich leugnete er alles. Ich musste ihm mit einer Pistole ein wenig auf den Schädel klopfen, um seinem Gedächtnis auf die Sprünge zu helfen. »Willst du jetzt schon dort landen?«, fragte ich ihn und deutete auf die Grabsteine. Zusammengekrümmt gestand er sein doppeltes Spiel und bat um Verzeihung. Er versprach, mit seinen heimlichen Geschäften aufzuhören und sich an unsere Abmachung zu halten.

Auf mein Drängen gab er außerdem zu, dass er STP aus Chemikalien herstellte, die für die DMT-Produktion bestimmt waren. Das wäre nicht so schlimm gewesen, aber Sand bekam diese Chemikalien nicht nur kostenlos von mir, sondern berechnete mir auch noch den vollen Preis für das STP, das er daraus herstellte. Nach meiner Schätzung hatten wir ihm genug Chemikalien gegeben – mein Hippie-Trio hatte sie in verschiedenen Universitäten und kommerziellen Chemie- und Fotolabors gestohlen –, um daraus etwa acht Millionen STP-Tabletten zu produzieren.

Was mich aber richtig auf die Palme brachte, war Sands Geständnis, dass Tramp die ganze Zeit von dem Täuschungsmanöver gewusst hatte. Wütend fuhr ich nach Hause, schob Zorro, dessen Freundin und Helen beiseite und griff nach dem Telefon. Ich bekam Tramp in Skips Haus an die Strippe.

»Du verdammter Dreckskerl!«, schrie ich. »Du hinterhältiger, schleimiger Hundesohn. Komm her, und ich trete dir in den Arsch!« Tramp warf mir ähnliche Ausdrücke an den Kopf und sagte, er sei schon unterwegs.

Ich hatte bewusst jede Erklärung vermieden, weil ich ihm Auge in Auge gegenüberstehen wollte. Waren ihm seine Hippie-Freunde und Geschäftspartner wichtiger als seine Brüder? Warum hielt er sich immer zurück, wenn ich Sand zur Rede stellte? Warum verlangte er nicht einmal kostenlose Drogen oder Geld, wenn Sand uns hereinlegte? Warum hatte Sand anscheinend keine Angst vor Strafe?

Eine Minute später hörte ich Tramps Chopper rattern. Als ich durch die Jalousien guckte, sah ich, wie er mit seinem Motorrad umstürzte. Er war betrunken und hatte eine Pistole im Gürtel. Ich griff nach einer Schrotflinte und schlug ihm an der Haustür zur Begrüßung mit dem Schaft auf den Schädel. Als wir beide zu Boden gingen, zog er seine Walter P-38 und schlug zurück. Zorro und die zwei Frauen liefen hinaus, während wir durchs Haus taumelten und einander verprügelten und verfluchten. Lampen und Tische gingen zu Bruch.

Ich kämpfte härter, weil ich wusste, warum. Es war ein Wunder, dass Tramp bei Bewusstsein blieb, denn er verlor eine Menge Blut. Irgendwann rollten wir in die Küche und blieben erschöpft dort liegen. Keuchend erklärte ich ihm, dass ich mich betrogen fühlte, und warf ihm vor, gegen den Clubkodex und unsere Geschäftsprinzipien zu verstoßen. Tramp, dessen wilde Mähne blutverschmiert war, stritt alles ab und behauptete, er habe nur vergessen, mich über die DMT-Chemikalien zu informieren.

»Wir müssen die Sache klären«, sagte ich und ging durch das blutige Zimmer zum Wohnmobil. Nach einem langen Gespräch beschloss ich, im Zweifel zugunsten des Angeklagten zu entscheiden. Tramp gab Sand die Schuld an dem »Durcheinander«.

»Also gut, zur Hölle mit diesen Gaunern«, sagte ich. »Wir kaufen Sands Schrott nicht mehr, basta.«

»Soll mir recht sein. Los, wir knöpfen uns den Kerl vor.«

Tramp gab sich kampfeslustig und willens, mir seine Loyalität zu beweisen. Doch diesmal bremste ich ihn.

»Das müssen wir gut vorbereiten. Wann immer Sand krumme Dinger dreht, erinnern wir ihn daran, warum er mit uns Geschäfte macht. Ich glaube, diesmal habe ich ihm meinen Standpunkt klar gemacht. Sand war richtig nett, als ich ihm etwas ans Ohr hielt.«

Das Hippie-Trio und Bald Eagle blieben meine Hauptabnehmer, aber ich hatte zu verschiedenen Zeiten auch Dutzende von kleinen Käufern, darunter viele Freunde, die oft nur tausend LSD-Tabletten oder ein paar Kilo Marihuana in der Woche oder im Monat kaufen wollten. Ich schoss ihnen Geld oder Drogen vor, damit sie im Geschäft blieben. Diese Leute waren Angels oder ehemalige Angels, Lkw-Fahrer oder Fabrikarbeiter, die einen Zusatzverdienst brauchten, Kumpels aus meiner Zeit als Bauarbeiter und aus anderen Motorradclubs.

Einige von ihnen waren Herumtreiber wie »Tommy Teeshirt«, ein langhaariger Typ, der zäh war wie eine Küchenschabe. Nachdem ich ihm vorab eine kleine Menge LSD gegeben hatte, versorgte er Rockkonzerte und die Universitäten an der Westküste. Er war so erfolgreich, dass er ab und zu mit dem Flugzeug zurückkehrte, um seinen Rucksack aufzufüllen. Ich zahlte Junior hundert Dollar dafür, dass er Tommy mit einer schwarzen Limousine am Flughafen abholte. Dann verkaufte ich Tommy am frühen Morgen einen Teil meines eigenen Vorrats, und er begab sich wieder auf Wanderschaft, um sich ein eigenes Reich zu erobern.

Meine Kundschaft reichte über die Hippies in der Haight, in Berkeley und anderen Mekkas der Jugend hinaus und umfasste auch Tausende von ganz normalen Leuten in den bürgerlichen Vorstädten, die mit Drogen weder mystische noch politische Ideen verbanden, sondern LSD und Haschisch wie Alkohol konsumierten oder von Aufputsch- und Beruhigungsmitteln auf Psychedelika umgestiegen waren.

Eines meiner besten Verbindungsglieder in die Welt der Reihenhaussiedlungen war Duke, der seit Langem Gras und Tabletten verkaufte und eine kleine Spedition besaß. Die meisten seiner Kunden gehörten der Mittel-

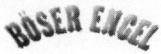

und Oberschicht an. Die Abenteuerlustigen waren von Haschisch und Beruhigungs- oder Aufputschmitteln gelangweilt und wollten psychedelische Drogen probieren. Sicher hatten sie oft keine Ahnung, woher ihre Drogen kamen: nämlich von den fürchterlichen Hells Angels.

Duke war ein weltmännischer, stattlicher, etwa vierzig Jahre alter Mann mit einem soliden Image als Normalo. Er hatte ein nettes Geschäft, ein nettes Haus und eine nette Frau. Wir waren mehr als Geschäftspartner. Er und seine Frau aßen und feierten Partys bei uns, und er bat mich immer wieder, ihm bei seinen Problemen zu helfen, selbst bei häuslichem Ärger. Eines Abends eilte ich zu ihm und traf ihn in Shorts an. Er ging unruhig auf und ab und sagte ängstlich: »Ich fürchte, ich hab meiner Frau eine zu hohe Dosis gegeben. Du weißt, was ich meine? Hab mit ihr ein Bad genommen oder so.« Der alte Duke hatte Psychedelika als Aphrodisiaka genommen – und sie hatten zu gut gewirkt. Er konnte seine Frau nicht befriedigen und fürchtete, sie werde den Verstand verlieren. Als weitere Retter eintrafen, ging ich ins Schlafzimmer. Sie lag auf dem Bett und hatte kaum mehr an als ein dämliches Grinsen im Gesicht.

»Du bist ganz schön heiß, nicht?«, fragte ich zur Eröffnung.

Ihr Lächeln wurde breiter und bejahte meine Frage. Ich durchschaute ihre Masche.

»Ich könnte dich abkühlen, aber ich tu's nicht«, sagte ich. Dann ging ich zurück zu Duke, schob ihn zum Schlafzimmer und sagte: »Hüpf einfach ins Bett und bums mit deiner Alten. Dann ist alles in Ordnung. Du wirst schon sehen.« Obwohl wir Freunde waren, musste ich feststellen, dass Duke nicht immer verlässlich war. Er brachte meinem Freund J. B. eine Ladung mieser Beruhigungsmittel – der Stoff war ursprünglich für mich bestimmt –, aber J. B.s Kunde tauchte nicht auf. Da ich indirekt für die Panne verantwortlich war, rief ich den potenziellen Käufer in San Francisco an. »Hören Sie zu«, knurrte ich. »Hier ist die Versicherungsgesellschaft. Sie sollten eigentlich hier sein, um die Ware abzuholen.« Dann log ich ein bisschen. »Ihr Versäumnis hat dazu geführt, dass ein Freund von mir von der Polizei verhört wurde. Dafür sind Sie verantwortlich. Sie nehmen diese Lieferung jetzt an. Ihr Bußgeld beträgt 5000 Dollar, und Sie werden es zahlen, sobald Sie dazu aufgefordert werden. Dann verkaufen Sie die Ware und zahlen ein zweites Mal dafür.«

Der Typ stimmte zu. »Klar. Alles, was Sie wollen. Ich bleibe genau hier. Tut mir wirklich leid, Mann.«

Nachdem die Zahlungsmodalitäten abgesprochen waren, besuchten Zorro und ich Duke in seinem Haus. »Dieses Zeug ist nichts weiter als Dreck«, sagte ich zu ihm. »Und diesen Mist wolltest du mir andrehen?«

Duke starrte auf die .38er Automatik mit den Perlen am Griff, die an meinem Gürtel hing, und brach auf dem Fußboden zusammen, keuchend vor Angst.

»Du schleimiger Dreckskerl«, schrie ich. »Ich hab die Knarre noch nicht mal gezogen. Steh auf und geh ans Telefon. Ruf deinen Lieferanten an.« Es war streng verboten, einen Lieferanten zu verraten, es sei denn, ein Dealer wollte sein Einkommen oder gar sein Leben verlieren. Als Duke zögerte, winkte ich mit meiner Pistole und nannte ihm die Alternativen: »Entweder das Geschäft geht weiter, oder es geht kaputt. Willst du daran schuld sein? Wir sind an eine Ratte geraten. Was tun wir mit ihr? Diese Tabletten taugen nichts. Sie sind nicht das, was du versprochen hast, also müssen wir etwas unternehmen.«

Duke rief seine Quelle an und schilderte die Situation. Als ich ihm den Hörer abnahm, war Whitey, ein Benzedrin-Produzent aus Hayward, kein Angel, am anderen Ende. Ich hatte ihm einmal unverschnittenes Speed für 3000 Dollar verkauft, aber das änderte nichts an der Situation.

»Es hat einen kleinen Fehler und ein paar Missverständnisse gegeben, Whitey. Das ist sehr schlecht. Es wird dich was kosten.« Ich vereinbarte ein Treffen am selben Abend und erweckte den Eindruck, als würde eine ganze Armee wütender Angels auf der Straße bereitstehen. Whitey war kein Leichtgewicht.

Als wir vor Whiteys Haus hielten, sagte Zorro: »Gib mir 'ne Knarre.« Er war kein Killertyp, aber ich schob ihm einen Colt Commander Kaliber .45 zu. »Okay«, sagte ich. »Bleib hinter mir, dann sieht man dich gar nicht. Aber wenn einer dieser Typen eine Waffe zieht, schieß bitte über meine Schulter. Halt dich bereit.« Zorro, ein eher unsicherer Typ, war seltsam ruhig, als er einen Ladestreifen in den Colt einschob.

Whitey bewohnte eines der für das Castro Valley typischen Reihenhäuser. Auffällig war nur, dass die Fliegengittertür weit offen stand. Keine Seele war zu sehen, aber die Stereoanlage dröhnte. Es wirkte wie eine gestellte Szene.

»Kommt rein«, rief Whitey aus dem Badezimmer.

»Komm raus. Langsam«, erwiderte ich. Whitey schlenderte mit freundlichem Lächeln heraus, bot uns einen Platz an, drückte sein Bedauern aus und versprach: »Ich werde alles in Ordnung bringen.«

»Wir brauchen sofort tausend Dollar als Zeichen deines guten Willens«, erklärte ich geschäftsmäßig, und schon zog Whitey die Banknoten aus seiner Brieftasche heraus. Ich steckte das Geld ein, und wir gingen, ohne dass viel mehr gesprochen wurde.

Im Auto teilte ich die Scheine mit Zorro und nahm meinen Colt wieder an mich. Als ich den Ladestreifen herauszog, schnauzte ich: »Du Blödmann!« Eine Patrone steckte schief in der Kammer. Hätte es Ärger gegeben, wäre Zorro mir keine Hilfe gewesen.

Obwohl Zorro mit Patronen oder Schlagringen nie sonderlich geschickt umging, lernte er immerhin, aus dem Fehler eines Dealers Kapital zu schlagen. Und einmal übertrumpfte er mich sogar.

An diesem Tag schickte ich Zorro und Big Al nach Frisco, weil Juan und Mark, zwei LSD-Dealer aus Berkeley, mich um Hilfe gebeten hatten. Unterwegs wurden meine Jungs von der Polizei angehalten und belästigt. Zuerst wollten die Cops Al, einen ehemaligen Ganoven, wegen Besitzes einer versteckten Waffe – eines Taschenmessers – festnehmen, ließen ihn dann aber laufen. Als die beiden in Frisco ankamen, mussten sie feststellen, dass man sie wegen einer Kleinigkeit gerufen hatte.

»Ihr habt uns unnötig in Gefahr gebracht«, tobte Zorro bei den Dealern. »Jetzt müssen wir einen lausigen Richter bestechen. Euer Fehler kostet euch 55 000 Dollar.«

Nach einigem Säbelrasseln räumten die Dealer ein: »In Ordnung. Wir haben's vermasselt. Ich denke, wir müssen bezahlen.« Offensichtlich war ihnen nichts zu teuer, um ihre Haut zu retten und weiter Geschäfte mit uns zu machen.

Ein paar Stunden später schauten Zorro und ich in Sonnys Haus aus dem Fenster. Als Juan und Mark langsam vorfuhren, ging Zorro an die Tür. Ich packte ihn am Arm, aber er sagte: »Das mach ich schon, Mann. Das ist mein Auftritt.«

»Dann geh«, sagte ich. Anscheinend hatte Zorro es satt, immer nur mein Begleiter zu sein, und wollte sich selbst etwas beweisen.

Etwa zehn Minuten später kam er mit verschlagenem Grinsen angetanzt. »Hier, Mann, schau mal, was ich für uns mitgebracht habe.« Betont cool öffnete er seine Feldjacke und entblößte Geldbündel im Gürtel, im Hemd, überall. »Verdammte 45 000 Dollar!«, rief er.

Ohne zu ahnen, dass das Bußgeld eigentlich 55 000 Dollar betragen hatte, klopfte ich ihm auf den Rücken, und ein paar Banknoten fielen zu Boden.

»Die Hälfte gehört dir, George«, sagte er.

»Nee. Jeder bekommt seinen Anteil, wie bei einem Deal«, sagte ich. »Hier sind 25 000. Das wäre ohnehin dein Anteil gewesen. Jetzt hast du ungefähr das, was ich gespart habe. Und nun teilen wir den Rest so, dass Tramp und ich 5000 und Albert, Durt, Animal und Foo jeweils 2500 kriegen.« (Tramp sollte den Anteil von Foo, der im Knast saß, aufbewahren, aber ich weiß nicht, ob Foo je etwas davon bekommen hat.)

Da Weihnachten bevorstand, schlug ich vor: »Hör mal, Zorro, du könntest diese Mäuse als Geschenke verteilen. Das wird die Jungs umhauen.«

Durt glotzte seine 2500 an und fragte: »Wofür ist das, zum Teufel?«

»Frohe Weihnachten«, antwortete Zorro.

Ich bestätigte: »Das ist dein Weihnachtsbonus. Nimm ihn. Es ist legales, sauberes Bargeld.« Dann machten der Weihnachtsmann und ich unseren nächsten Besuch.

KAPITEL 16

SCHLACHTEN UND VERTRÄGE

Als der Club sich ein paar Hippie-Insignien zulegte und keine echte Bruderschaft für alte Oakland-Kumpels mehr war, ließ die Loyalität einiger Mitglieder zu wünschen übrig, und manche verloren das Interesse an Raufereien, wenn die Umstände nicht optimal waren. Trotz der »Bruder-Rhetorik« dachten viele jüngere Mitglieder nur an sich selbst und wollten ihren Ruf, ihren Körper und ihre Finanzen nicht gefährden. Das war ihnen wichtiger als die Einheit des Clubs. Viele Neulinge interessierte die Geschichte des Clubs nicht so sehr wie Sonny, Skip, Johnny Angel und mich. Einige kapierten nicht einmal, was es bedeutete, ein Hells Angel zu sein – abgesehen von leichtem Geld und rauschenden Partys. Uns bot der Kodex des Clubs die Chance, nach unseren eigenen Regeln zu leben; ihnen war er ebenso lästig wie das kalifornische Strafgesetzbuch, weil ihnen nur das eigene Vergnügen und ihr Einkommen wichtig waren.

Die Disziplin der einzelnen Charter war unterschiedlich. Oakland war besonders geschäftstüchtig und skrupellos. Wir forderten totale Hingabe und duldeten nur wenige Drückeberger. Mann für Mann waren wir mindestens so ausgefuchst und knallhart wie irgendein anderes Charter – aber wir waren besser organisiert, was wir vor allem Sonny zu verdanken hatten. Im Gegensatz zu uns strahlte Frisco eine gewisse Sanftheit aus, vielleicht weil es die Heimat der Boheme war. Dieses Charter glich einem schlecht gepflegten Motorrad – rostig, verstimmt und nicht so stark, wie es hätte sein können. Wir fuhren oft über die Brücke, um in der Nachbarstadt Geschäfte zu machen, aber die Frisco-Angels kamen nur gelegentlich zu uns, wenn sie Drogen brauchten, und einige führende Mitglieder traten sogar zu uns über.

Wenn wir zusammen Party feierten, gaben wir Frisco wenig subtil zu verstehen, dass wir das Sagen hatten. Einmal lieferten sich »Freewheeling Frank« und ich einen Zweikampf, und jeder wusste, dass es eigentlich um Oakland gegen Frisco ging. Frank war Schriftführer und Schatzmeister seines

Charters, der wildeste Kiffer und der offizielle Rohdiamant unter coolen Intellektuellen.

Wenige Minuten nach unserer Ankunft bei Tramp in der High Street trafen wir unsere Wahl aus einem Arsenal von Drogen. »Probieren wir mal ein paar von diesen kleinen blauen Dingern, Frank.« »George, das hier ist Dynamit-Hasch.« Keiner von uns konnte weglaufen, und der Erste, der würgte, hatte verloren. Wir duellierten uns und versuchten herauszufinden, wer am meisten Fantasie hatte. Dann stritten wir uns, während wir kifften, koksten und anderes Zeug einwarfen – wie Revolverhelden, die eine Flasche Fusel leeren und insgeheim hoffen, dass der andere vom Stuhl kippt. Wir begannen mit Wortspielen und fuhren fort mit Psychospielchen, Kalauern und ziemlich normalem Geplauder. Schließlich gab es Anzeichen dafür, dass Franks Aufmerksamkeit nachließ. Auch andere sahen die Furcht in seinen Augen. Seine Niederlage zeichnete sich bereits ab. Weglaufen konnte er nicht – seine Beine hätten ebenso gut gebrochen sein können.

Freewheeling Frank kämpfte um seine Würde, doch er konnte der lähmenden Ahnung des Grauens nicht entrinnen. »Rauchen wir noch ein bisschen Gras«, sagte er in der Verzweiflung eines Pokerspielers, der seine Armbanduhr als Spieleinsatz anbietet. Ich wandte mich ab, lehnte mich auf meinem Stuhl zurück und begann mit einem anderen zu plaudern. Es war, als hätte ich ihm ins Gesicht gespuckt.

Trotzdem bat Frisco uns um Hilfe, als die Gypsy Jokers einen Frisco-Anwärter umlegten. Sie wollten, dass wir die Jokers an der East Bay auslöschten, während sie sich um die Jokers in San Francisco kümmerten. Obwohl wir uns geschäftlich und privat gut mit den Jokers verstanden, stimmten wir um der Bruderschaft willen zu.

Eines Abends forderte etwa ein Dutzend Angels gleich viele Jokers im Club New Yorker heraus. Jemand schlug vor: »Gehen wir nach draußen.« – wahrscheinlich um die Kneipe nicht zu verwüsten. Ich war der letzte Angel, der zur Tür ging, und die Jokers folgten mir. Plötzlich fiel mir ein, dass es sinnlos war, rauszugehen, wo die Cops uns sehen konnten.

»Blödsinn! Kommt wieder rein!«, schrie ich und wirbelte im Eingang herum. Mein Angriff trieb die Jokers zurück und auseinander. Unsere Jungs strömten wieder in das Lokal. Die Jokers gingen in einem Zyklon aus Fäusten,

Stiefeln und Pistolenläufen unter. »Warum macht ihr das?«, fragte Charlie, ein freundlicher Joker, als mein Schlagstock auf seinem Kopf zerbrach.

»Frag nicht so viel«, sagte ich und schubste sein blutiges Gesicht zur Hintertür hinaus. »Geh einfach weiter.«

Die Angels standen an erster Stelle, selbst wenn wir gegen Freunde vorgehen mussten. Seltsam war nur, dass die Frisco-Angels, die den Rachefeldzug angezettelt hatten, nicht den Mumm hatten, ihre Jokers zu vertreiben. Darum mussten wir auch noch einen Abstecher über die Bucht machen und die Frisco-Jokers auflösen, um den Ruf des Clubs zu wahren.

Für mich war es das höchste der Gefühle, Seite an Seite mit meinen Brüdern zu kämpfen, und am Abend des 10. August 1968 tat ich mehr als meine Pflicht. Es begann damit, dass ich im Autokino mit meiner Knarre einen Schwarzen bedrohte, der mein Auto nicht durchlassen wollte. Nach der Aufführung versuchte ich, einen Wachmann zu rammen, der mich stoppen wollte, weil ich in einem Industriegebiet zu schnell gefahren war. Dann führten Durt und ich unsere Damen in ein Restaurant namens La Cueva Mexican, um einen späten Imbiss einzunehmen. Dort gerieten wir mit zwei betrunkenen Brown Berets[40] aneinander. Durt haute den kleineren Burschen um, aber meiner blieb einfach stehen und steckte einen Schlag nach dem anderen ein. Meine Arme wurden langsam zu Gummi, als ich merkte, dass Durt hinter dem Kerl stand und ihn stützte. »He, Durt, lass ihn los, ja?«, bat ich, und der Mexikaner kippte um.

Offenbar rächten sich diese beiden Typen später, indem sie ein Auto zertrümmerten, das der Freundin eines Angels gehörte. Also versammelten sich 25 von uns auf dem Parkplatz. »Kommt, die schnappen wir uns!«, sagte Helen und griff sich eine Axt. Andere Frauen hatten Pistolen, damit sie ihre Autos beschützen konnten. Dann griffen wir an, brüllend und fluchend wie Hunnen. Zorro öffnete die Tür des Lokals mit einer stählernen Brechstange, und schon waren wir drin.

Wir wüteten in der Bar, im Speisesaal und auf dem Tanzboden und scheuchten 200 Gäste, meist Mexikaner, auf. Ich warf jeden um, der zu lange brauchte, um mir auszuweichen. Aus vereinzelten Boxkämpfen wurde eine wüste Schlägerei. Tische und Stühle gingen zu Bruch, Tacos und Enchiladas wurden zertrampelt. Flaschen zerschmetterten Lampen und zerbarsten an den

Wänden – und eine, von Deacon geworfen, riss mir die Kopfhaut bis zum Schädelknochen auf. Ich war so benommen, dass ich nicht mehr klar sehen konnte. Dennoch gelang es mir, ein paar weitere Männer auf die Bretter zu schicken. Einen Kerl traf ich so hart, dass der Ladestreifen aus meiner .45er sprang.

Als wir das Lokal auseinandergenommen hatten, strömten wir durch die Vordertür hinaus. Kreischende, weinende Frauen und stöhnende, blutende Männer blieben zurück. Mein blutiges Gesicht verließ das Haus zuletzt. Die Platzwunde war so tief, dass sie im Krankenhaus genäht werden musste. Auf dem Weg hinaus begegnete ich einem halben Dutzend der zwanzig Restaurantbesucher, die in dieser Nacht im Krankenhaus behandelt werden mussten.

»Was ist denn mit euch allen passiert?«, fragte die Empfangsdame.

»Diese Hells Angels! Sie haben das Restaurant überfallen und alle zusammengeschlagen«, sagte ein Typ mit einer Beule auf der Stirn. Als er mich sah, verstummte er. Das war sein Glück. Helen hatte eine Pistole gezogen und war bereit, das Krankenhaus zu stürmen. Sie wollte sich vergewissern, dass die Mexikaner sich nur verarzten ließen und nicht etwa auf Rache aus waren.

Als die Zeitungen von dem Vorfall erfuhren, herrschte Aufruhr in der Stadt. Sprecher der Brown Berets, der mexikanisch-amerikanischen Handelskammer und der Black Panthers sicherten dem Restaurantbesitzer Tony Rodarte ihre Unterstützung während der monatelangen Renovierungsarbeiten zu. Erneut wurden wir als Chopper fahrende Mitglieder des Ku-Klux-Klans abgestempelt. Rodarte behauptete sogar, Angels hätten ihn am Telefon bedroht. »Sie haben gesagt, der Club werde für meinen Schaden aufkommen, aber wenn ich vor Gericht ginge, kämen sie zurück, und zwar mit ihren Frauen«, erzählte Rodarte der *Tribune* in Oakland. »Das macht mir Angst. Große Angst. Sie haben ja bewiesen, wozu sie fähig sind.«

Am 31. August 1968, etwa anderthalb Wochen später, versammelten wir uns in der Sidetrack Bar. Als das gesamte Charter anwesend war und alle anderen Gäste das Lokal verlassen hatten, verriegelten wir die Vordertür und hängten ein Schild daran, auf dem »Geschlossen« stand. Der Barkeeper erhob keine Einwände, aber die Cops, die zweifellos an den Vorfall im La Cueva dachten, entdeckten drei Dutzend Motorräder vor dem Haus und veranstalteten eine Razzia. Sie beschlagnahmten Heroin im Wert von 7000 und andere Drogen im Wert von 2500 Dollar, versteckt in Wänden oder Fußböden des Hinterzimmers. 33 Mitglieder plus vier Frauen wurden ins Revier verfrachtet. Laut Polizeiangaben waren nie zuvor so viele Angels festgenommen worden. Aber die Anklagen wurden fallen gelassen, weil die Beweislage dürftig war. Wir hatten alle unsere Taschen beim ersten Anzeichen von Ärger geleert.

Diese Episode bewies, dass wir immer verwundbarer wurden. Praktisch jeder von uns wusste, dass er mindestens wegen Drogenbesitzes angeklagt werden würde, falls die Polizei einen Vorwand fand, sein Haus oder ihn persönlich zu durchsuchen. Die Justiz konnte fast überall und jederzeit Beute machen. Das Muster war unmissverständlich. Allein im Februar 1968 verhaftete die Polizei »Foo Manchu« (der später verurteilt wurde) sowie zwei andere Mitglieder und beschlagnahmte verschiedene Drogen im Wert von 18 000 Dollar sowie einige Waffen. Bei weiteren Razzien im April in Oakland und Alameda gingen fünf Mitglieder und sechs Frauen in die Falle. Vor und nach der Versammlung im Sidetrack gab es mehrere kleinere Razzien, und größere Aktionen standen vermutlich bevor. Es war nur eine Frage der Zeit.

Obwohl der Club Erfahrung darin hatte, Anklagen zu Fall zu bringen und mögliche Zeugen der Staatsanwaltschaft einzuschüchtern, forderten die Festnahmen wegen Drogenbesitzes ihren Tribut. Zudem kostete die Verteidigung eine Menge Zeit und Geld. Die Anwälte und Kautionsvermittler des Clubs kamen mit dem Geldzählen kaum nach. Während einige Mitglieder, darunter auch Sonny, juristische Bücher wälzten und nach legalen Schlupflöchern suchten, weiteten andere ihre kriminellen Aktivitäten sogar noch aus, um ihre Anwälte bezahlen zu können. Immer mehr Angels gerieten in diesen heimtückischen Kreislauf: Sie begingen Verbrechen, um für andere Verbrechen zu bezahlen. Wir verloren Mitglieder, und der Drogenhandel stockte. Egal, wann ich mich erkundigte, stets warteten mindestens einige Mitglieder auf ihren Prozess oder saßen ihre Strafe ab.

Gerade als die juristische Lage besonders düster war, wurde die Region Oakland-Berkeley im Jahr 1968 von 28 Bombenanschlägen erschüttert. Die Explosionen – die in den folgenden vier Jahren achtzig Zielen galten, darunter dem Verwaltungsgebäude der Polizei von Oakland – wurden den

Weathermen[41] und anderen Linksradikalen zugeschrieben. Aber es gab einige Hinweise darauf, dass der Club hinter manchen Anschlägen steckte.

So hatte ich Sonny Bauteile für Bomben und Handgranaten sowie Sprengstoff besorgt, wusste aber nicht, was er damit vorhatte – bis wir eines Tages im Radio hörten, in der Nähe der Universität von Kalifornien sei eine Bombe hochgegangen. »Das ist meine«, sagte Sonny und äußerte die Hoffnung, man werde Linksradikale für die Anschläge verantwortlich machen. Bei anderen Gelegenheiten nahm er mindestens eine weitere Explosion auf seine Kappe.

Die Polizei erklärt bis heute, sie habe keine Beweise für eine Beteiligung des Clubs an irgendeinem Bombenanschlag. Dennoch waren diese Anschläge aus zwei Gründen vorteilhaft für uns. Erstens lenkten sie die Aufmerksamkeit der Polizei ein wenig von uns ab und verlagerten sie auf eine der Gruppen, die wir am wenigsten mochten. Zweitens taten manche Polizisten, die verhindern wollten, dass Revolutionäre in den Besitz von Waffen und Sprengstoff gelangten, uns den einen oder anderen Gefallen.

Um der Polizei einen Handel anbieten zu können, tauschte Sonny Drogen gegen Waffen ein und verpflichtete andere Mitglieder und Ehemalige zur Mithilfe. Mein Beitrag waren Sprengstoff, Chemikalien für Kampfgase und Bauteile für Handgranaten; außerdem trennte ich mich zum Wohle des Clubs zögernd von einigen meiner edelsten automatischen Waffen.

Wir brauchten nichts weiter zu tun, als auf den Straßen zu verkünden, dass wir illegale Waffen kauften. Die Leute kamen zu uns, weil wir im Ruf standen, schweigsam und diskret zu sein. Einige wollten Drogen oder Geld und boten uns Pistolen und Sprengstoff an. Drogendealer gaben uns Waffen, nur um sich bei uns beliebt zu machen. Manche Waffen kauften wir über den Ladentisch, andere wurden in Waffengeschäften, Häusern und Lagern der Nationalgarde gestohlen – nicht unbedingt von Clubmitgliedern.

Manche Waffen wurden aus Militärbasen geschmuggelt oder kamen von Soldaten, die aus Vietnam oder Europa zurückkehrten. Einige neue Armeewaffen fielen uns in die Hände, bevor sie an die Truppe verteilt wurden. Ein paar Maschinengewehre waren in den 60er-Jahren während der berühmten Polizeirazzien auf dem Anwesen des exzentrischen Millionärs William Thoreson in den vornehmen Pacific Heights von San Francisco beschlagnahmt worden. Wie sie zu uns gelangten, sei dahingestellt.

Ein Dutzend Tauschgeschäfte brachte uns Hunderte von Waffen und Hunderte Pfund Sprengstoff ein. Meist riefen wir Police Sergeant Edward Hilliard anonym an und teilten ihm mit, in einem Motelzimmer oder auf öffentlichem Gelände befänden sich illegale Waffen. Laut Inventarliste der Polizei handelte es sich um folgende Gegenstände:

– Irgendwann 1968: vier oder fünf Karabiner und etwas Dynamit.

– Januar 1969: zwölf Maschinengewehre, darunter auch russische, und Maschinenpistolen der Marke Thompson; einige Handgranaten.

– 20. Oktober 1970: ein Maschinengewehr Marke Browning, Kaliber .50, drei Maschinengewehre aus verschiedenen Ländern (eines mit Schalldämpfer), eine abgesägte Schrotflinte Kaliber 16, zwanzig Dynamitstangen, 35 Feuergranaten, vier Tränengasgranaten, drei Handgranaten, eine Signalgranate, 14 Sprengkapseln und fünfzig Neun-Millimeter-Patronen.

– 22. April 1971: ein deutsches wassergekühltes Maschinengewehr, eine Maschinenpistole Marke Thompson, ein Colt AR-15, eine M-14, eine Schrotflinte Marke Winchester, Kaliber 12, sechs gefüllte Ladestreifen, Munition für Maschinengewehre, vier Granaten, zwei Dynamitstangen und eine Tränengasbombe. (Zwei Waffen waren als gestohlen gemeldet.)

– Juli 1971: Einige Blöcke Plastiksprengstoff, Gewehrgranaten und Sprengfallen.

– 27. September 1971: vier AR-15, drei Kisten Dynamit plus zwanzig Kilo Dynamitstangen. (Die Waffen waren in Fort Benning, Georgia, der Sprengstoff aus dem Arsenal einer Baufirma in Nevada City, Kalifornien, gestohlen worden.)

– 6. Oktober 1971: fünf AR-15 und zwei Maschinengewehre M-60.

– 18. Oktober 1971: vier Kisten Dynamit.

- 21. Oktober 1971: vier Kisten Dynamit (bei der Baufirma in Nevada City gestohlen).

- 16. Januar 1972: vier Kisten Dynamit, je 23 Kilo, und ein Koffer mit 45 Kilo Dynamit.

- 4. Februar 1972: zwei Kisten Plastiksprengstoff, je 23 Kilo, und zwei Kisten Artillerieladungen, je 13 Kilo.

- 18. Februar 1972: ein automatisches Gewehr M-14, eine Maschinenpistole, eine Kiste mit Bauteilen für automatische Waffen, drei Rollen Zündschnüre, eine Rolle Sprengschnur, sieben Granaten, zwei Rauchgranaten, zwei Panzerminen mit Zündschnüren, drei Tränengasgranaten, 48 Dynamitstangen, eine Packung Sprengkapseln und 23 lose Sprengkapseln sowie fünf Zündschnurteile.

Die Cops hielten ihre Zusagen ein. Hilliard hatte sich bereit erklärt, die zuständigen Stellen der Justiz über die abgelieferten Waffen zu unterrichten, falls Sonny oder »Sir Gay« verurteilt werden sollten. Anderen Mitgliedern sollte nach einer stillschweigenden Übereinkunft eine ähnliche Sonderbehandlung zuteilwerden. Deshalb suchte Hilliard (wie er später als Zeuge aussagte) zusammen mit Jules Bonjour, dem Anwalt des Clubs, und Charles Herbert, dem stellvertretenden Bezirksstaatsanwalt, Richter William Hayes am Kammergericht des Bezirks Alameda auf, als ein Rauschgiftverfahren gegen Sir Gay eröffnet wurde. Walton wurden damals insgesamt 23 Drogen- und Waffendelikte vorgeworfen. Nachdem Hilliard dem Richter eine Liste der übergebenen Waffen gezeigt hatte, um die Kooperation des Clubs zu belegen, gab es einen Handel: Walton räumte drei Vergehen ein, die anderen zwanzig Anklagen wurden aus verschiedenen Gründen fallen gelassen. Bei mehreren anderen Mitgliedern wurde offenbar die Kaution reduziert, nachdem wir illegale Waffen eingesammelt hatten. (Später behauptete die Polizei allerdings, die Richter hätten die Kautionen ohnehin verringern wollen.)

Diese Kooperation dauerte drei Jahre. 1971 traf sich Sonny mit Hilliard und einem anderen Beamten hinter einem Schnapsladen in der Golf Links Road. Als Sonny sich im Auto der Beamten auf den Rücksitz setzte, sagte er, ein Zeitungsartikel über die Bombenleger und die Unfähigkeit der Polizei, sie zu schnappen, habe ihn auf eine Idee gebracht.

»Ich kann Ihnen Leute liefern«, sagte Sonny.

»Was meinen Sie damit?«

»Weathermen. Wir stecken sie in einen Sack und schmeißen sie Ihnen vor die Tür. Geben Sie uns einfach eine Liste dieser Leute, und für jeden von denen entlassen Sie ein Mitglied aus dem Gefängnis. Das ist alles, was ich will.«

»Unmöglich«, sagte Hilliard.[42]

Der Handel mit der Polizei hatte nicht nur Folgen für die relativ wenigen Mitglieder, die unmittelbar von reduzierten Kautionen oder Anklagen profitierten. Er war auch ein imaginärer Schutzschild für den Club. Einige Angels waren so töricht zu glauben, wir hätten die Polizei gekauft und Sonny werde sie vor jedem Ärger schützen. Sonny pflegte zu sagen, es sei billiger, Waffen zu besorgen und einzutauschen, als Anwälte zu bezahlen. Das alles vergrößerte sein ohnehin hohes Ansehen bei den Mitgliedern. Er erweckte den Eindruck, als könne er auf Augenhöhe mit den Cops verhandeln und sie an den Eiern packen.

Ich war einer der wenigen, die offen bezweifelten, dass es klug war, mit den Gesetzeshütern zu handeln. Meiner Meinung nach konnte man keinem Cop trauen, und wer sich auf einen Handel mit ihnen einließ, spielte ihnen nur in die Hände. Mir schien, dass die Justiz immer höhere Kautionen festsetzte, nur um mehr Waffen und Sprengstoff zu bekommen. Außerdem war es doch die Aufgabe der Polizisten, uns einzubuchten, und wenn wir ihnen illegale Ware aushändigten, erleichterten wir ihnen nur ihren Job. Deshalb beteiligte ich mich nicht an den Deals und half nur aus, wenn man mich darum bat.

Wäre der Handel publik geworden, hätte man auf beiden Seiten rote Köpfe bekommen. Pragmatisches Feilschen mit Kriminellen widerspricht den Zielen der Justiz, obwohl es jeden Tag stattfindet. Noch überraschender war eine Kooperation zwischen Gesetzeshütern und uns, den Archetypen des Bösen. Eine Enthüllung hätte unsere Behauptung, wir seien der absoluten Wahrheit und einem Leben außerhalb der Gesetze verpflichtet, als Geschwafel entlarvt und offenbart, dass wir nur dann rau und kompromisslos waren, wenn wir es uns leisten konnten.

Unser öffentliches Image und die Wirklichkeit waren zwei paar Stiefel. Es ist wahr, dass wir harte Burschen waren, aber nur, weil wir uns für unverwundbar hielten. Dieser Glaube wurde jedes Mal erschüttert, wenn ein Leichenbestatter oder Gefängniswärter einen Mann in die Finger kriegte, der Rot und Weiß trug. Trotzdem fielen die Polizei und die Medien auf die Mär herein, wir seien jedermanns Feind – kalte, brutale Kerle ohne Furcht, Verantwortungsbewusstsein und Skrupel, Männer mit dem Verstand von Kindern, dem Körper von Urwaldbestien und den Gelüsten von Satyrn.

In Wahrheit waren die meisten Angels und ihre Frauen so wie Helen und ich. Viele von uns verfügten über normale Intelligenz und gesunden Menschenverstand, obwohl sie beides oft hinter einem Gangsterjargon und lausigem Benehmen verbargen. Die meisten Mitglieder waren nicht sehr gut, was Lesen, Schreiben und Rechnen betraf, aber sie wussten, wie man auf der Straße überlebte. Manche waren unsicher und anti-intellektuell. Viele schafften die Highschool, aber nur wenige besuchten das College. Und obwohl unsere Mitglieder aus glücklichen und unglücklichen, reichen und armen Familien kamen, hatte eine ganze Menge von ihnen geschiedene oder dem Alkohol verfallene Eltern. Für viele war der Club die einzige Familie, die sie hatten oder haben wollten.

Nicht wenige Mitglieder oder ihre Frauen gestanden Helen und mir ihre Ängste. Sie fürchteten, dass unser ungestümes Leben nicht von Dauer sein würde. Mickey erzählte Helen, sie sitze oft auf Elsie Bargers Grabstein und rede mit ihr über Probleme, und einmal habe sie die Nacht auf dem Friedhof verbracht, nachdem Okie sie verprügelt habe. Sogar in massigen Steinzeitmenschen wie Russell und Tiny entdeckte ich ein wenig Empfindsamkeit, obwohl sie diese normalerweise hinter Schnurrbärten, Muskeln, Tätowierungen und grimmigen Blicken versteckten.

Manche unserer Treffen dienten der Wahrheitsfindung. Wir brauchten sie, um bei klarem Verstand zu bleiben und um zu überleben, tarnten sie aber mit Drogen oder bizarrem Verhalten. Außenstehende hätten uns vielleicht für eine Schar von Irren gehalten, die mit dem Kopf gegen die Welt anrannten, aber uns ging es um das Wesentliche. Man stelle sich vor, wie Deacon und ich auf einem offenen Feld über ein paar winzigen Steinen kauerten, redeten und mit den Rätseln unseres Geistes und des Universums rangen. Oder wie

Winston und ich uns das Hirn mit Phenzyclidin (PCP) zermarterten, die Köpfe aneinander schlugen, die Geräusche in uns aufnahmen und immer wieder sagten: »Ich bin ein Dummkopf. Ich bin ein Dummkopf.« Jeder von uns setzte sich mit den zerstörerischen biochemischen und psychischen Auswirkungen von Drogen auseinander, indem er sie sich eingestand.

Ich glaube, wir unternahmen oft Drogentrips, weil wir das unbewusste Bedürfnis verspürten, über Ängste und Albträume zu reden. Mit der Zeit hatten wir alle so oft mit Drogen experimentiert, dass wir wussten, wie viel wir schlucken konnten, ohne auszuflippen. Manchmal überschritten wir allerdings Grenzen, um mehr über uns selbst zu erfahren. Ein Angel, der seinen Bruder während eines verpatzten Trips umarmte oder mit ihm eine »tief greifende Erfahrung« teilte, war nie mehr allein. Wer einem anderen Angel seine Schwäche und sein innerstes Selbst offenbarte, blieb mit ihm verbunden.

Sonny glich dem Papst, dem Präsidenten und dem Vorstandsvorsitzenden von General Motors – er musste einem großartigen Idealbild gerecht werden. Während 99 Prozent der Zeit bekamen wir nur dieses harte Äußere zu sehen. Wenn ein Angel recht hatte, dann musste er immer recht haben. Wenn ein Angel böse war, musste er Satan persönlich sein. Sonny musste sieben Tage in der Woche und 24 Stunden am Tag der ultimative Hells Angel sein. Und wenn er dessen müde wurde, konnte er höchstens ein paar Wochen Urlaub machen.

Egal mit wie vielen Strafanzeigen er sich herumschlug, er ließ sich nicht unterkriegen und hatte Spaß daran, sich mit den Cops zu messen. Doch wer ihn näher kannte, wusste, dass er zu Paranoia und Überreaktionen neigte. Manchmal verkleidete er sich, und er hörte stündlich den Polizeifunk ab. Er hatte mehrere Telefone und schraubte, um nicht abgehört zu werden, die Sprechmuscheln ab, wann immer er in einem Raum mit Telefonen Geschäfte machte. In seinem Schlafzimmer bewahrte er Pistolen und Ladestreifen auf – sogar unter seinem Kopfkissen –, und in der Wandverkleidung versteckte er schwerere Waffen. Ein hoher Stacheldrahtzaun und seine Hunde sorgten für den äußeren Sicherheitsring.

Für alte Freunde wie mich war Sonny einfach ein Mann, ein außergewöhnlicher, aber von Sorgen geplagter Mann. Für andere – und

vielleicht für sich selbst – war er ein Gott unter Bikern. Andere durften bekifft umfallen und vor Entsetzen flennen; er durfte es nicht. Wenn er merkte, dass er eine bestimmte Droge schlecht vertrug, weigerte er sich strikt, sie zu nehmen. Als er zum letzten Mal Phenzyclidin schluckte, war er mit mir und Zorro auf einem Trip. Stundenlang lag er auf seinem Sofa, deckte seine Augen mit den Händen zu und war weder fähig noch willens, mehr von dem Zeug zu nehmen. Er litt, und er konnte es sich nicht allzu oft leisten, dass seine Aura getrübt wurde.

KAPITEL 17

DIE FALLE SCHNAPPT ZU

»Weißt du, wofür ich den Club am meisten hasste? Er nahm George den Glauben an Gott. Einmal sagte er zu mir: ›Ich bin Gott.‹ Die Angels vermittelten ihm ein Gefühl der Macht. Sie glaubten, sie könnten alles tun und hätten alles im Griff. Als George zu mir sagte, er sei mein Gott, meinte er das nicht wörtlich. Er musste seine Rolle als großes Tier spielen. Das stärkte sein Selbstbewusstsein. Er musste oben bleiben, aus den anderen Marionetten machen. Das lag zum Teil am LSD, mit dem man Grenzen überschreiten konnte. Es ist gottähnlich. Es gibt dir eine Macht, die du zuvor nicht gekannt hast. Damit begannen Georges Probleme. Er begann sich für Gott zu halten, mit Macht über Leben und Tod.«
Helen Wethern

D er Club war Helens schlimmster Feind Sie machte ihn dafür verantwortlich, dass die Kinder die zweite Geige spielten. Außerdem fand sie es grob unfair, dass ich immer wieder fünfzig oder hundert Dollar Buße zahlen musste, weil ich zu Hause blieb anstatt an Clubveranstaltungen teilzunehmen. Im Grunde glaubte sie, man bestrafe mich jedes Mal, wenn ich ein guter Ehemann und Vater war.

Ihre Sorgen waren nicht die meinen. Ich verschlimmerte die Situation sogar noch. Ende 1968 brauchte Zorro einen Unterschlupf für seine Affäre mit Jan, einer mäßig attraktiven ehemaligen Oben-ohne-Tänzerin. Also lud ich sie zu mir ein. Zorro ließ seine feste Freundin Linda in Alameda und zog mit Jan in unsere Waschküche. Mit einer Matratze, ein paar Postern und Kerzenhaltern machte er den Raum etwas wohnlicher.

Anfangs freute sich Helen über die Gefährtin, obwohl Jan im Haushalt nicht zu gebrauchen war. Wenn Zorro und ich geschäftlich unterwegs waren, kifften sie, gingen einkaufen oder unterhielten einander mit Anekdoten. Endlich fühlte sich Helen abgeklärt und sicher in ihrer Rolle als Gangsterbraut.

In einem Anfall von Prahlerei holte sie ihre Llama und zeigte Jan, wie man sie lud. Doch als sie den Hahn spannte, rutschte der Finger ab, und ein Geschoss schlug in der Wand ein, die bereits von etwa dreißig Kugeln durchsiebt war. »Toll, mach das noch mal!«, rief Jan aufgeregt, aber Helen war ernüchtert.

Unter dem Druck der Rivalität begann die Freundschaft bald zu leiden. Zorro und ich wetteiferten darum, wer seine Lady am schicksten einkleiden konnte. Die Frauen gingen einkaufen, kamen zurück und führten ihre Schätze vor. Helen hasste das und wollte unsere Hausgäste loswerden – aber alles sollte noch schlimmer werden.

Der Ärger begann im Dezember 1968, als ich nördlich von San Francisco Grundstücke besichtigte. Ein Makler fand für mich eine wunderschöne, rund 62 Hektar große Ranch in der Nähe von Ukiah im Bezirk Mendocino. Gebäude gab es zwar nicht, aber ich konnte mir ein Haus auf dem bewaldeten Gelände bei einem der Bäche gut vorstellen. Mit einem Kaufpreis von 25 000 Dollar war das Angebot ein Schnäppchen, aber ich müsste dafür meine gesamten Ersparnisse aufbrauchen. Also überredete ich Zorro, die Kosten mit mir zu teilen. Allerdings wollte er im Kaufvertrag nicht namentlich auftauchen, um Ärger mit dem Finanzamt zu vermeiden.

Der Mitarbeiter der Rechtstitelversicherung schaute dumm aus der Wäsche, als ich die 25 000 Dollar in bar bezahlte. Wenn ich mit Zorro über die Ranch sprach, ging es um einen Schlupfwinkel für den Club auf dem Land mit Schießständen und Bunkern an den Hängen. Wenn ich mich mit Helen unterhielt, schwärmte ich von einem malerischen Heim für die Familie und ein paar Freunde, wo wir der Hektik der Großstadt entfliehen und den Kindern beibringen konnten, dass die Welt nicht nur aus einem rot-weißen Abzeichen bestand.

Einige Abende später, am 16. Januar 1969, endete die Euphorie jäh. Ich hatte DOA geraucht und litt an Verfolgungswahn. Ich schwitzte, ging unruhig auf und ab und dachte fieberhaft darüber nach, was ich der Steuerfahndung sagen sollte, wenn sie mich fragte, wie ein arbeitsloser Bauarbeiter eine Ranch kaufen und bar bezahlen konnte. »Jetzt bin ich ein verdammter Al Capone«, sagte ich zu Helen. »Man wird mich wegen Steuerhinterziehung einbuchten.«

Mit jedem weiteren Zug »Friedenskraut« wurden meine Sorgen größer. Ich zermarterte mir das Gehirn darüber, wie ich Zorros Anteil in Höhe von

12 500 Dollar kaschieren sollte. Zudem war ich wütend auf mich, weil ich das Problem nicht vorausgesehen hatte, und ärgerte mich über Zorro, der nur an sich selbst dachte und mir eine zusätzliche Last aufhalste. Meine Angst raubte mir den Atem. Es war, als ringelten sich Schlangen um meinen Hals.

Helen riet mir, nicht mehr zu rauchen. Ich hörte auf, weigerte mich aber, Beruhigungsmittel zu nehmen. Die ganze Nacht lang streifte ich durchs Haus. Am nächsten Morgen rief ich meinen Vater an, um seinen Rat einzuholen, aber ich war dermaßen stoned, dass er mich nicht verstand.

Dann rüttelte ich Zorro wach, doch alles, was er von sich gab, war ein mürrisches »Verdammt noch mal, geh zu 'nem Anwalt«. Dreimal rief ich Ed Merrill an, einen bekannten Strafverteidiger, der mir beim Kampf um das Angels Inn geholfen hatte, aber ich konnte mich immer noch nicht klar ausdrücken.[43]

Als die Kinder in der Schule waren, redete Helen mit Zorro. »Du musst ihm helfen. Tu was. George dreht durch.« Er kam ins Wohnzimmer und versuchte mich zu beruhigen, doch allein sein Anblick und seine vorgetäuschte Besorgnis machten mich wütend. Hatte ich ihn nicht ins Geschäft gebracht und zu meinem Partner gemacht? Was hatte er für mich getan? Er überließ den finanziellen Schlamassel mir. Ich hatte die ganze Nacht darüber gegrübelt, und jetzt lagen meine Nerven blank. Ich fühlte mich ausgenutzt und verlassen.

Während Zorro auf dem Sofa an seinem Kaffee nippte, ging ich ins Schlafzimmer und holte meine .45er aus der Kommode. Dann ging ich mit der Knarre an meiner Seite und dem Finger am Abzug zurück ins Wohnzimmer. »Du hast mich reingelegt«, sagte ich. Zorros Gesicht hatte kaum Zeit, sich vor Furcht zu verzerren, und in dem kurzen Moment konnte er weder sprechen noch flüchten. Der Lauf hob sich. Der Hahn bewegte sich beinahe sacht nach hinten. Dann lösten sich mit ohrenbetäubendem Donnern sieben Schüsse und durchsiebten ihn. Nach den ersten paar Treffern krümmte er sich reflexartig und schaute Helen aus verdrehten, überraschten Augen an, während er die restlichen Kugeln einsteckte.

Die Pistole fiel zwischen die Patronenhülsen auf den Boden. Rauch wirbelte hoch. Ich fühlte nichts. Weder den Rückstoß noch den Stahl noch die warmen Blutspritzer. Es war, als habe die Kanone aus eigenem Antrieb Hass und Tod ausgespuckt. Erst als ich Zorro keuchen hörte, verwandelte sich meine Betäubung in Entsetzen. »Tu was, ruf einen Arzt!«, schrie ich.

Helen rannte ans Telefon, begann zu wählen, hörte jedoch gleich wieder auf. »George! Dafür ist keine Zeit! Bring ihn ins Krankenhaus!«

In blindem Gehorsam hob ich Zorro hoch und trug ihn in den Chrysler. Auf der Fahrt kreischte und schlingerte das Auto, und immer mehr Blut floss auf die Sitze. Zorro stöhnte im Delirium, aber ich versicherte ihm immer wieder: »Halt durch, Baby. Halt durch. Du schaffst es.«

Mit qualmenden Reifen hielt ich unmittelbar vor der Notaufnahme, hob Zorro hoch, stieß die Tür mit einem Fuß auf und rannte hinein. »Helfen Sie ihm. Helfen Sie ihm.«

»Wie oft ist auf ihn geschossen worden?«, fragte ein Sanitäter.

»Einmal«, sagte ich. Aber die Chirurgen fanden bald darauf 17 Ein- und Ausschusslöcher und vier Streifschussspuren. Einige waren glatte Durchschüsse, aber manche Geschosse waren an Knochen abgeprallt oder hatten zuerst Gliedmaßen durchlöchert.

»Sie arbeiten an ihm«, sagte eine Schwester. »Bleiben Sie ruhig. Mehr können Sie nicht für ihn tun.«

Ich taumelte durch das Krankenhaus, von Drogen verwirrt und unter Schock stehend. Die Leute wichen mir aus. Das Krankenhauspersonal rief die Polizei.

Mittlerweile bereitete sich Helen auf das Unvermeidliche vor. Sie musste unsere Drogenvorräte beseitigen, ehe die Cops kamen. Während draußen etliche Kilo Marihuana verbrannten, spülte sie Tausende von Tabletten die Toilette hinunter. Dann wandte sie sich Jan zu, die panische Angst hatte, und sagte: »Wenn du auch etwas hast, musst du es loswerden.«

»Ich hab nichts«, schwor Jan.

»Quatsch.« Helen wusste, dass Jan ein paar Seconal-Tabletten gehortet hatte. »Hör zu, du Schlampe. Geh und schau nach. Sofort!«

»Ich hab nichts! Außerdem würde Zorro ...«

»Dafür haben wir jetzt keine Zeit. Geh und hol das Zeug.«

Sie schob Jan in die Waschküche und stand neben ihr, bis diese die Tabletten unter der Matratze hervorgeholt hatte. »Du hast also nichts gehabt, ja?« Helen spülte die Tabletten hinunter, dann wirbelte sie herum. »Wehe, du hast noch etwas. Wenn du noch eine einzige Tablette in diesem verfluchten Haus versteckt hast und ich deswegen verhaftet werde, bist du tot.«

Helen rief Sonny an und berichtete ihm, was passiert war. »Säubere das Haus«, fauchte er. »Ich bin schon unterwegs.« Kurze Zeit später kam er angerannt. Jan stürmte schluchzend zur Tür hinaus. »Sonny, oh Sonny.« Aber Helen schaffte es, sie am Hemd wieder hineinzuziehen. »Halt's Maul, Schlampe. Willst du, dass die Nachbarn alles hören? Die Cops sind nicht hier, und ich will auch nicht, dass sie kommen.«

Sonny lief an Jan vorbei und zog Helen beiseite. »Okay. Was ist passiert? Wo sind sie?«

»George hat auf Zorro geschossen und ihn dann ins Krankenhaus gebracht.«

»In welches?«

»Wahrscheinlich ins San Leandro Memorial.«

»Ich fahr rüber und schau, was ich tun kann.« Mit einem Blick auf Jan, fügte er hinzu: »Am besten nehme ich sie mit.«

Inzwischen ging ich unter den besorgten Augen eines Polizisten auf dem Krankenhaus-Parkplatz auf und ab. Er hielt Abstand und lächelte freundlich. Es war gut, dass er mich nicht reizte, sonst hätte ich mich auf ihn gestürzt und ihn gezwungen, auf mich zu schießen.

Als zwei weitere Beamte erschienen, wanderte ich ziellos zwischen den Autos hin und her und suchte nach einem Freund. Die Cops beäugten mich und umkreisten mich wie ein verwundetes Tier. »Wir sind deine Freunde, Kumpel. Beruhige dich«, sagte einer von ihnen, während sie nach Handschellen, Waffen und Knüppeln griffen. Ich ließ mich nicht täuschen, wartete aber, bis sie mich anfassten, ehe ich explodierte. Ich boxte sie weg, aber sie fielen mich erneut an. Und noch einmal. Jedes Mal schüttelte ich sie ab, wie ein Bär Hunde abschüttelt. Dann traf ein Pfefferspray meine Augen und Nasenlöcher. Jeder Cop packte mich an einem Arm oder Bein. Ich hörte ihre Knüppel auf meinen Schädel niedersausen, spürte aber nichts. Dann hörte ich nur noch mein eigenes Knurren. Ich biss, boxte und trat. Als ich völlig außer Atem war, lagen stählerne Fesseln an meinen Handgelenken, und Knüppel drückten auf meinen Nacken, sodass mein Gesicht im lockeren Kies zerrieben wurde.[44]

Als sie mich zum Polizeiwagen zerrten, trafen Helen und Sonny in ihren eigenen Autos ein. »Was zum Teufel macht ihr mit ihm?«, kreischte Helen, rannte auf uns zu und stieß die Cops beiseite. Blut verklebte mein Haar, Schmutz und Kiesel steckten in meinem Gesicht, meine Kleider waren zerrissen. »Was ist das für ein Gestank?«, schrie Helen, während sie einem Arzt ein Tuch entriss und meine Wunden abtupfte.

»Wir mussten Pfefferspray einsetzen, weil er Amok lief«, sagte ein Polizist. »Wir haben versucht, ihm Handschellen anzulegen, aber er hat sich gewehrt.«

»Verdammt! Mussten die Knüppel wirklich sein? Musstet ihr ihm das alles antun?«

Im Delirium sagte ich zu ihr: »Alles wird gut. Geh und hol Dad. Wir fahren nach Mendocino.« Ich weinte, blieb innerlich jedoch seltsam ruhig. »Wisch mir bitte das Gesicht ab«, sagte ich und machte mir mehr Sorgen wegen der Tränen als wegen des Blutes. »Komm schon, Süße. Komm mit mir.«

Die Cops schüttelten die Köpfe. Also küsste sie mich und flüsterte: »Es ist okay. Alles ist in Ordnung. Geh mit ihnen.«

Plötzlich fühlten sich die Handschellen an, als lägen sie um meinen Hals. »Nehmt sie weg! Nehmt sie weg! Nehmt sie weg, oder ihr könnt euch auf etwas gefasst machen!«

Aus irgendeinem Grund fragten sie Sonny, ob er die Verantwortung übernehme, wenn sie mir die Handschellen abnähmen. »Verdammt, nein«, schnauzte er. »Wenn ihr ihm die Dinger abnehmt, ist das eure Sache.« Ich nehme an, ich war mehr, als er verkraften konnte.

Als die Polizisten mich abführten, fuhr Sonny mit Helen und Jan zu seinem Haus und gab ihnen ein starkes Beruhigungsmittel. Durt holte die Kinder von der Schule ab, und sie spielten mit Sonnys elektrischer Schreibmaschine, während die Erwachsenen über die nächsten Schritte berieten. Augenblicke später rief »Fat Freddy« an, der im Auftrag des Clubs Schmiere stand, und meldete, Polizisten würden mein Haus durchsuchen. Als Sonny und Helen ankamen, hielten ein paar Cops sie an der Haustür auf – während ihre Kollegen 35 Waffen und Tausende Schuss Munition abtransportierten. Die Beamten glaubten, sie seien auf die Waffenkammer eines Hells Angels gestoßen, aber sie wunderten sich darüber, dass sie in diesem Haus kein einziges Samenkorn Marihuana fanden.

KAPITEL 18

EIN ENGEL IM KÄFIG

Benommen und meinem schlimmsten Drogentrip ausgeliefert, brach ich zusammen, als sie mich auf die Beine stellen wollten. Also setzten sie mich auf einen Stuhl, aber ich rutschte zu Boden. Auf Händen und Knien und mit dem Kinn auf der Brust klammerte ich mich an den Beton und betete, die Erde möge mich nicht in den Weltraum hinausschleudern. Ich rief nach jemandem, der die Bruchstücke meines Geistes zusammenhielt, aber die Cops drehten mir nur den Rücken zu.

Dann kam ein großer Mann um die Ecke und brüllte: »George, erkennst du mich?« Er berührte mich an der Schulter, aber seine Stimme klang, als dringe sie durch die Tür eines Banktresors. »George, du erinnerst dich an mich, nicht wahr? Komm schon, George.« Mein Gehirn setzte aus visuellen Puzzles ein Gesicht zusammen. Ich nickte. Es war der Rechtsanwalt Jules Bonjour. Ein Blick genügte ihm offensichtlich, um zu erkennen, dass die beste Verteidigungsstrategie und sinnvollste Reaktion darin bestand, einen Psychiater zu rufen. Der Seelenklempner konnte meinen Geisteszustand nach der Schießerei dokumentieren, sodass ich mich später vielleicht auf verminderte Schuldfähigkeit berufen konnte.

Im Highland Hospital wurden meine Wunden genäht, dann untersuchte mich ein Psychiater. Die ganze Zeit über war ich an einen Rollwagen gefesselt. Später kamen mehrere Psychiater in meine Gefängniszelle, um ihre Beobachtungen zu notieren und mir ein paar Tabletten zuzuwerfen. Alle blieben jenseits des Gitters. Ich war ein Brocken gefährlicher Widersprüche. Einerseits verfluchte ich jeden, andererseits sehnte ich mich verzweifelt nach Gesellschaft.

Auf Bonjours Vorschlag bekam ich einen Zellengenossen. Er hatte Freunde im Club, darum redete ich eine Weile mit ihm, doch ebenso trügerisch schnell, wie eine Wolke vorbeizieht, wurde der Typ für mich das personifizierte Böse. Ohne Vorwarnung fiel ich über ihn her und biss ihm ein Stück seines Ohrs ab.

Als er zurückwich – der Abstand zwischen den Betten und dem Gitter betrug nur 1,80 Meter –, schlug ich auf ihn ein, bis die Wärter mich mit Knüppeln zurücktrieben. Dann zerrten sie mich mit den Füßen voran die Treppe hinauf, sodass mein Kopf auf jede Stufe knallte.

Ich kam in eine andere Zelle und glaubte mich tot und begraben. Es war die Isolierzelle, das »Loch«. An der Decke verbreitete eine Glühbirne kaltes Licht. Alles andere war kahl.

Dort drinnen war die Wirklichkeit etwas Fremdes. Nacht und Tag waren nicht zu unterscheiden, höchstens anhand des Essens, das jemand durch eine kleine Tür schob, kaum größer als das Loch im Fußboden. Mein Gehirn dröhnte wie ein Motor, aber ich lehnte Beruhigungsmittel ab, da ich sie für Gift hielt. Kleinigkeiten wurden zur Bedrohung. Ein Wärter öffnete die Tür, als ich gerade in das Loch urinierte. »Das wird dir nichts nützen«, sagte er höhnisch und knallte die Tür zu. Ich weiß nicht, was er meinte, aber seine spöttische Stimme hallte in meinem Kopf wie ein Echo wider. Ich sehnte mich nach einem freundlichen Wort, doch meine Wärter gaben sich anscheinend große Mühe, grausam zu sein. Ich hasste sie. Ich hasste jeden, der im Korridor, in der Freiheit vorbeiging. Ich guckte durchs Schlüsselloch und drückte auf einen imaginären Abzug. Geschosse durchschlugen die Gestalten. Peng. Peng. Peng. Eine nach der anderen krümmte sich nach vorne oder hinten.

In meiner düsteren Fantasie betrog mich sogar meine Frau. Ich sah sie mit einem anderen Mann, einem gut aussehenden Typen, der mich verhöhnte: »Du bleibst da drin, aber ich bin hier draußen und habe meinen Spaß.« Wenn sie dann den Kopf zurückwarf, um hämisch zu lachen, versuchte ich, die beiden zu packen, prallte jedoch an der Betonwand ab.

Ich stellte mir meine Kinder vor. Eine Betonplatte hing über ihnen, groß wie der Boden meiner Zelle. Als diese zu rutschen begann, eilte ich nach vorne, um sie zu retten. Meine Fingernägel gruben sich in den Stein, aber die Kinder wurden verschüttet. Ich stemmte mich mit dem Rücken gegen die Betonplatte, konnte sie aber nicht bewegen. Dann überwältigte mich ein furchtbarer Durst, und irgendwann gab ich meine Bemühungen auf und lief zum Waschbecken, verfolgt von den letzten Schreien meiner Kinder.

Später rammte ich den Kopf und den Körper an die Wand, bis jeder Knochen und jedes Gelenk schmerzte. Der Tod schien mir der einzige Ausweg zu sein. Ich wollte, dass mich jemand verstümmelte, mich in kleine Stücke schnitt, da ich Angst hatte, dass meine Füße oder Zähne sonst jemanden attackieren würden.

Aus monströser Aggression wurde kindliche Hilflosigkeit. Ich musste meinen Schmerz und meine Wut ausdrücken und meine eigene Existenz bestätigen. Weil ich sonst nichts hatte, betrachtete, beklopfte und formte ich meinen eigenen Kot. Ich roch daran und aß ein wenig davon. Ich malte damit an der Wand. Auf irgendeine seltsame Weise hatte dies eine therapeutische Wirkung.

Die Behörden hielten mich für so unberechenbar und gefährlich, dass kein Krankenhaus mich aufnehmen wollte. Wie konnte man einen mordlustigen, 125 Kilo schweren Hells Angel zähmen? Mit einer Zwangsjacke und einer gepolsterten Zelle? Mit Drogen oder Gehirnchirurgie? Helen wollte das alles nicht zulassen, aber der Status quo war unerträglich. Sie fürchtete, ich würde dauerhaft den Verstand verlieren, wenn man mich nicht freiließ. »Du musst ihn dort rausholen«, sagte sie zu Sonny. »Er muss mit jemandem reden. Diese Leute kennen ihn nicht.« Sie, Sonny und Bonjour entschieden, meine Gewaltbereitschaft sei so groß, dass ich zu meinem eigenen Schutz überwacht werden müsse.

»Können Sie ihn 24 Stunden am Tag im Auge behalten?«, fragte Bonjour Sonny. »Haben Sie fünf oder sechs Männer, die jede Minute bei ihm bleiben, während er sich erholt?«

»Klar, mit Schichtwechseln sollte das möglich sein.«

Aber meine Gewaltausbrüche zeigten Bonjour, dass das Risiko zu hoch war. Wie lange konnte der Club mich ohne Panne überwachen? Würde ich jemals wieder gesund werden? Das waren schwierige Fragen, doch Sonny versicherte Helen, der Club werde mich irgendwie rausholen, und wenn nötig, würden sie eine Dauerwache stellen.

Mittlerweile war ich ins Bezirksgefängnis in der Stadtmitte verlegt worden. Bonjour riet mir, an meine Frau und an meine Kinder zu denken, wenn meine Albträume sich einstellten. Ich klammerte mich an seine Worte. Mit einem Bleistift schrieb ich immer wieder »Helen und die Kinder« auf jeden Quadratzentimeter der Zelle, sogar unter die Pritschen und unter das Waschbecken. Diese vier kurzen Worte erinnerten mich stets an die drei wichtigsten Menschen auf der Welt.

Ich machte Fortschritte, einen behutsamen Schritt nach dem anderen, trotz gelegentlicher Ausrutscher. Die Wärter und die Ärzte merkten, dass es mir besser ging, und am 30. Januar 1969 schrieb mein Psychiater, Dr. Bancroft M. Brooks, folgenden Brief:

Lieber Mr. Bonjour,
ich habe Ihren Mandanten George Wethern am 16. Januar 1969 im Highland General Hospital zum ersten Mal gesehen. Damals litt er an einer Drogenvergiftung. Als ich ihn am 20. Januar in der City Hall erneut sah, hatte sich sein Zustand weiter verschlimmert. Ich hatte den Eindruck, dass es sich nicht um eine vorübergehende Vergiftung handelte, sondern um eine organische Psychose, die tage- oder wochenlang anhalten kann. Obwohl er in der Lage gewesen wäre, eine Kaution zu zahlen, schlug ich vor, ihn im Gefängnis zu lassen, solange sein Verhalten eine Gefahr darstellt. Da sich sein Zustand am 24. Januar noch nicht zu bessern begonnen hatte, behandelte ich ihn mit hohen Dosen Thorazin (Chlorpromazin). Am folgenden Tag stellte ich eine deutliche Besserung fest. Seither habe ich ihn zweimal gesehen, und es geht ihm nach wie vor besser.
Er war sechs aufeinander folgende Tage lang ruhig und vernünftig, und meiner Meinung nach bestehen keine Bedenken, ihn auf Kaution zu entlassen. In diesem Fall werde ich ihn weiter behandeln.

Als man mich aus meiner Zelle holte, wusste ich nichts von dem Brief und von der Kaution in Höhe von 7500 Dollar. Ich hatte keine Ahnung, ob mir die Freiheit oder die Gaskammer winkte. Man informierte mich darüber, dass Zorro sich erstaunlich schnell erholte, aber das konnte ein Trick gewesen sein, um mich zu beruhigen.

Doch ich ging wieder hinaus in die Sonne. Seit der Schießerei waren zwei Wochen vergangen. Ich war rasiert, trug kurze Haare und wog etwa 18 Kilogramm weniger – ein neuer Mann in einer neuen Welt. Als man mich zu einem Kautionsvermittler brachte, fragte ich mich, ob mir mein Geist wieder einmal einen grausamen Streich spielte. Dann spürte ich Helens Arme. Wir weinten vor Freude.

Wie Teenager bei der ersten Verabredung fuhren wir eine Weile in der Stadt herum. Wir zögerten, in das Haus der hässlichen Erinnerungen zurückzukehren. Irgendwann sagte ich: »Fahren wir nach Hause, Baby.«

Das Haus sah aus, als gehöre es anderen Leuten. Das Blut war weg. Die Drogenvorräte nebst Zubehör ebenfalls. Und kein einziger Fremder pennte auf dem Fußboden.

Um uns wieder als Familie zu fühlen, erzählten wir einander zuerst, was wir durchgemacht hatten. Als ich meine Albträume beschrieb, versicherte mir Helen: »Ich war jede Nacht bei dir. Und immer wenn ich halb schlafend, halb wach dalag, war mir kalt. Ich weiß nicht, ob dir auch kalt war, aber mir kam deine Zelle eisig vor. Mir sind Bilder durch den Kopf gegangen, und ich wusste, was du durchmachst. Die Zelle war teilweise dunkel, aber in der Mitte der Decke hing eine helle Lampe. Ich konnte die Wände nicht sehr gut sehen, aber du warst meist in einer Ecke.«

KAPITEL 19

FREIHEIT UND VERBLASSENDE FARBEN

Am nächsten Tag fuhr ich zum Krankenhaus und ging in Zorros Zimmer. Wir umarmten einander, und ich hatte Tränen in den Augen. Es war unglaublich, dass ein so drahtiger Bursche so viele Kugeln überlebt hatte. Ihn mit meinen eigenen Augen zu sehen war die einzige Möglichkeit, all die Albträume über seinen Tod und meinen Mordprozess zu vertreiben.

»Schon gut«, sagte Zorro. »Alles ist gut. Aber drück mich nicht so stark. Das tut weh.«

Er sank zurück. Sein Gesicht war weiß wie das Kissen, seine Arme und Beine spindeldürr wie das Bettgestell. Mit dem rechten Bein im Streckverband, dem eingegipsten rechten Arm und dem vernähten Rumpf sah er aus wie ein ausgehungertes Frankensteinmonster. Er war bedrückt, doch dann sah er Bobby.

Zorro zwinkerte dem Kleinen aufmunternd zu und fuhr mit dem Finger über seine Zickzacknähte. »Das sind meine Eisenbahnschienen.« Dann deutete er auf seine Leiste. »Und das ist mein Zug.« Bobbys Apfelbäckchen wölbten sich, und er kicherte. Für ihn gab es nur einen vagen Zusammenhang zwischen Zorros »Unfall« und meiner Abwesenheit.

Zorro berichtete, ein Bein werde kürzer als das andere und unbrauchbar steif bleiben. »Der Arzt sagt, ich werde nie wieder Motorrad fahren können. Und der wird auch nicht mehr gut.« Er nickte seinem Arm zu.

»Glaub nicht alles, was der Arzt sagt«, erwiderte ich wenig überzeugt. »Wenn du es willst, dann kannst du es. Du musst nur daran arbeiten. Und wenn du Hilfe brauchst, ruf mich einfach an, jederzeit. Geld oder sonst was.«

Vor Zorros Entlassung zahlte ich einen Teil seiner Auslagen und tat, was ich konnte, um Linda zu helfen. Unter anderem brachte ich ein Krankenbett in ihr Haus. Doch als Zorro ankam, gab er sich den Medikamenten und seinem Selbstmitleid hin und war völlig niedergeschlagen. Da ihm die Physiotherapie zuwider war, hörte er damit auf. Er verfluchte seinen Zustand – und mich – und ließ seinen Frust größtenteils an Linda aus. Wenn er sie schlug oder mit Gegenständen bewarf, rief sie mich manchmal an und bat: »Bitte hilf mir. Ich weiß mir mit Zorro keinen Rat mehr.«

Mehr als einmal fand ich Zorro mit Medikamenten vollgepumpt und tobend vor. Dann warnte ich ihn: »Zorro, nimm das Zeug nicht. Du bringst dich um. Tu was. Beweg dich. Iss.« Einige Male überredete ich ihn, etwas zu essen, doch sein Groll und seine Depressionen kehrten bald zurück. Da ich Schuldgefühle hatte, stand ich einfach da und ließ seine Schimpfkanonade über mich ergehen, selbst wenn er mir Essen ins Gesicht warf.

Irgendwann hatte ich genug von den Besuchen und Beleidigungen. Mir drehte sich der Magen um, wenn Linda anrief oder vorbeikam, um über Zorros Gesundheit zu klagen. Helen und ich hörten nur halbherzig zu; wir kämpften um unsere eigene Genesung, so gefühllos das auch klingen mag.

Anstatt wieder zu meinen Waffen, dem Chopper und dem Telefon zu greifen, kehrte ich auf den Bau und zu einem Job mit geregelten Arbeitszeiten zurück. Dort heilten meine seelischen Wunden schneller als bei Drogengeschäften. Statt während der Mittagspause Drogen zu verkaufen, streckte ich die Fühler nach Baumaterial für die Ranch aus.

Drogen waren das Letzte, woran ich dachte. Ich hörte im kalten Entzug über Nacht damit auf und nahm auch das Thorazin nicht mehr, das mir der Arzt verschrieben hatte. Ich wollte gleich alles sein lassen, denn die Trennlinie zwischen Medikamenten und Sucht erschien mir sehr dünn. Drogen hatten mich bis an den Rand des Mordes getrieben – und diese Grenze wollte ich nie überschreiten.

Ich machte die Drogen im Allgemeinen und besonders das DOA für die Schießerei verantwortlich und startete einen Feldzug gegen sie. Ich belehrte Helen, enge Freunde und einige Mitglieder – die Menschen, die ich an Drogen gebracht hatte.

In J. B.s Haus schilderte ich, wie ich die Schießerei erlebt hatte, und beschrieb meine Tortur im Knast. Dann bat ich: »Hören wir auf mit dem Zeug. Nehmt nichts mehr.«

Alle hörten höflich zu, aber niemand war bereit, seinen Lebensstil zu ändern, nicht einmal Helen. »Nimm mir die Aufputschmittel und das LSD weg«, sagte sie zu mir. »Aber lass mir das Gras. Ich fühle mich so wohl, wenn ich es rauche, so locker. Manchmal hilft es mir zu lachen, obwohl unser Leben ein Horrortrip ist.«

Nach der Schießerei wandte sich der Club vom DOA ab. In den Versammlungen der kalifornischen Charter wurde berichtet, dass ich eine Überdosis von diesem Zeug genommen und daraufhin Zorro umgenietet hatte. Nur ein paar Tage nach der Schießerei hatte Winston ebenfalls zu viel davon geschluckt und war mit einer Maschinenpistole und einem Eimer voll rostiger Nägel aus dem Haus gerannt. Seiner Frau hatte er zugerufen, er wolle auf seinem Grundstück eine Kirche bauen und werde jeden erschießen, der versuche, ihn daran zu hindern. Das gab wohl den endgültigen Ausschlag für Sonny, der selbst einige üble DOA-Trips erlebt hatte. Er sagte mir, er habe heimlich eine Probe an die Polizei geschickt, um sie analysieren zu lassen, und dadurch erfahren, dass das DOA in Wirklichkeit Phencyclidin-Hydrochlorid oder PCP sei, besagtes Beruhigungsmittel für Tiere. Wir hatten dutzend- bis hundertmal mehr genommen, als man einem Tier von der Größe eines Mannes verabreichte. Der Club entschied, die Droge zu verbieten.

Vergebung war zwar keine Stärke des Clubs, aber ich hätte nie erwartet, dass man mich wie einen Ausgestoßenen behandeln würde. Viele Mitglieder schienen sich davor zu fürchten, auf der Straße vor mir zu gehen. Dies war der Preis, den ich für meinen Verstoß gegen die Clubregeln bezahlen musste. Da ich auf Zorro geschossen hatte, war ich nun eine Bedrohung für das Leben jedes Mitglieds.

Bei Versammlungen, Partys und zufälligen Begegnungen gingen die Jungs auf Distanz. In ihrem Schwarzweißdenken hatte Zorro am meisten gelitten, weil er körperliche Narben davontrug. Sie spendeten Blut für ihn, aber mir konnten sie nicht vergeben und mich nicht mehr willkommen heißen.

Die Schießerei schlug auch eine tiefe Kerbe zwischen die Clubführer. Manche Mitglieder behandelten mich wie einen Verrückten. Animal, ein strenger Verfechter der Clubregeln, und Vern sagten: »Er hat auf einen Bruder geschossen, also muss er erschossen werden ... Ich hätte ihn selbst umgelegt, wenn ich sein Opfer gewesen wäre.« Doch offenbar hatte keiner den Mumm oder die Unterstützung dafür, etwas zu unternehmen.

Andere Mitglieder, darunter Winston, meinten: »Wenn George auf Zorro geschossen hat, muss er einen guten Grund gehabt haben.« Sonny, der loyal zu mir stand und Zorro nicht sonderlich mochte, brachte dieses entzweiende Gerede zum Verstummen, indem er mir den Rücken stärkte. In den folgenden Jahren scherzte er sogar immer wieder mit den Worten: »Der Krankenwagenfahrer hat alles vermasselt. Du hast dich zu sehr beeilt mit Zorro. Ich war schon mit einer Schaufel unterwegs.« Diesen Witz brachte er sogar, wenn Zorro dabei war.

Sonny, Winston, Tiny, Big Don und einige ausgeschiedene Mitglieder wie J. B. und Paul waren so ziemlich die Einzigen, die nach der Schießerei noch zu uns kamen. Sonny sagte gleich am Anfang zu mir: »Wenn du reden willst oder etwas brauchst, ruf mich an. Zur Hölle mit den anderen. Kümmere dich nicht um die anderen, sondern um dich.« Und egal zu welcher Tages- und Nachtzeit ich ihn auch anrief – er kam. Er blieb jeweils nicht lange, vielleicht eine Stunde, aber er beruhigte mich. Helen brachte ihm eine Tasse Kaffee, dann fingen wir an zu reden. Sonny war fürsorglich und zeigte mir, dass er zu mir hielt, was auch immer geschah.

Es war tröstlich, dass der Chef auf meiner Seite stand, während so viele Mitglieder wegblieben, die jahrelang bei uns gekifft, gegessen und gefeiert hatten. Sie fragten nie, ob meine Familie angesichts der steigenden Anwalts- und Arztkosten Hilfe brauchte.

Am meisten schmerzte mich, dass Tramp nicht mehr kam. Er informierte mich kühl darüber, dass unsere Partnerschaft beendet sei, weil Sand keine Geschäfte mehr mit mir machen wolle. »Du verstehst«, sagte er. »Du kannst jetzt nicht mehr zu diesen Leuten gehen. Seit der Sache mit Zorro haben sie Angst vor dir.«

»Mach dir deswegen keine Sorgen.« Ich akzeptierte meine Ausmusterung, weil ich ohnehin keine Lust mehr hatte, mit der Dealerei weiterzumachen. Aber Tramps Worte klangen falsch in meinen Ohren. Benutzte Sand die Schießerei als Vorwand, um einen verhassten Feind loszuwerden? Hatte er sich überhaupt beklagt, oder ergriff Tramp nur die Gelegenheit, unsere Partnerschaft zu beenden? Hatten sich beide verschworen, um ein größeres Stück vom Kuchen abzubekommen? Eines war klar: Tramp tat sich auf Kosten eines Bruders mit einem Nichtmitglied zusammen. Das verletzte den Clubkodex und tat mir weh.

Auch Helen hielt die Mitglieder, die in guten Zeiten bei uns geschnorrt und mich in schweren Zeiten im Stich gelassen hatten, für Heuchler. »Das sind also deine Brüder?«, fragte sich mich wütend. »Die Typen, für die du dich immer eingesetzt und die du mir vorgezogen hast? Wo ist denn da eure brüderliche Kameradschaft, Liebe und Fürsorge? Steck sie dir an den Hut!«

Als ich glaubte, der Sturm würde sich langsam legen, bekam Zorro einen Rückfall. Er wurde mit Lungenentzündung und einer Staphylokokken-Infektion ins Krankenhaus eingeliefert. Eine Nachricht, die nur aus dem Wort »Hilfe!« bestand, trieb mich in sein Zimmer auf der Intensivstation. Ich musste mich als sein Bruder ausgeben, um reinzukommen. Zorro lag unter einem Sauerstoffzelt und wartete anscheinend auf seinen Tod. Seine Passivität machte mich wütend. Er hatte lange genug auf mir herumgehackt und mich als Krücke benutzt. Meiner Meinung nach schadete er sich absichtlich selbst, um mich zu bestrafen.

»Wenn du daliegst und stirbst, bringst du uns beide um«, sagte ich. »Ich hab die Schnauze voll, du Wichser. Wenn du sterben willst, dann stirb. Wenn du leben willst, dann steh auf und komm mit mir raus. Raus aus dem Bett! Gib nicht auf!«

Offenbar hatte Zorro auch selbst die Nase voll von sich. Jedenfalls riss er sich zusammen und fuhr nach Hause. Beim Bass Lake Run dieses Jahres fuhr er hinten in einem Kombi mit, und er hinkte noch über ein Jahr lang stark. Aber er strafte seine Ärzte Lügen und fuhr später wieder Motorrad. Seinen Narben fügte er ein Tattoo hinzu: »45er sind kein Scheiß. 17 Löcher, 4 Streifschüsse«. Und er zeigte es stolz und trotzig vor.

Zorro wollte seine Beteiligung an der Ranch rückgängig machen, und ich konnte ihn auszahlen, weil Sonny mir 12 500 Dollar lieh. Irgendwie wurden wir dann wieder Freunde. Wir nahmen uns sogar vor, die PCP-Schieber ausfindig zu machen und ihnen ein ordentliches Bußgeld abzuknöpfen. Damals waren wir zwar beide nicht in der Lage, den starken Mann zu spielen, aber unsere Träumerei verringerte die Kluft zwischen uns.

Helen zweifelte immer an Zorros Aufrichtigkeit. Sie glaubte, er warte nur auf seine Chance, mich zu töten. Als sie hörte, Zorro übe mit einem Gewehr, sagte sie zu mir: »George, trau diesem Kerl nicht. Denk dran, was du ihm angetan hast. Er war bei seinen Gaunereien auf sein gutes Aussehen und auf seinen Körper angewiesen. Abgesehen davon kann er nichts. Nun hat er all das verloren, und es bleibt ihm nichts mehr. Wem wird er die Schuld geben? Dir. Es ist mir egal, wie scheißfreundlich er jetzt ist. Trau ihm nicht.«

»Unsinn«, schnaubte ich. »Er wird mir nichts tun. Er kann nichts tun. Das ist nicht seine Art.«

KAPITEL 20

EIN STÜCK LAND FÜR EINEN AUFNÄHER

Helen und ich zeichneten in Gedanken Pläne für das Haus auf unserer Ranch, durchblätterten stapelweise *Better Homes and Gardens* und diskutierten über die Vorteile verschiedener Materialien und Bauweisen. Wir beschlossen, mit grob gesägtem Naturholz eine Art Landhaus zu bauen. Es sollte ein großes Wohnzimmer mit hoher Decke und kleinere angrenzende Räume haben.

Wir entschieden uns für einen Bauplatz am Fuße eines bewaldeten Abhangs, schritten seine Grenzen ab und stellten uns das fertige Haus vor. Unsere Pläne setzten robustes Material voraus, darunter freiliegende Balken und ein ausgeklügeltes Pfahlfundament. Ich bezahlte einem örtlichen Bauunternehmer tausend Dollar in bar, damit er eine Straße anlegte. Ein anderer Unternehmer bohrte drei Testlöcher für Brunnen in den Grund.

Die Ranch gehörte von Anfang an meiner Familie, nicht dem Club. Dank der zweistündigen Fahrzeit genossen wir Wochenenden fern der Stadt und kamen uns näher. Zuerst blieben die Kinder missmutig im Wohnmobil sitzen, dann aber gewöhnten sie sich an die neue Umgebung und erforschten die Natur. Manchmal kam J.B.s Familie zu Besuch, doch oft waren wir allein. Tagsüber rodeten wir Land, abends entspannten wir uns am Lagerfeuer.

Zum ersten Mal unterhielten wir uns als vier Individuen. Es gab kein Telefon, kein Fernsehen, keine Prozession von Dealern. Jedes Gespräch war eine Entdeckungsreise. Helen und ich merkten, dass unsere Kinder tiefe Gefühle und einen lebhaften Geist besaßen. Wir ermunterten sie, offen zu sein, und ich erklärte ihnen, was ich Zorro angetan hatte und warum. Was es bedeutet, den Verstand zu verlieren und wie schwer es ist, ihn wiederzufinden.

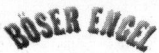

Im Frühjahr 1969 wurde das Fundament ausgegossen. Ich trug immer noch meinen rot-weißen Aufnäher und wartete auf meinen Prozess wegen Körperverletzung mit einer tödlichen Waffe und Mordvorsatz. Hinzu kamen drei weitere Anklagen wegen tätlicher Angriffe auf Polizeibeamte.

Mit dem Club fühlte ich mich kaum noch verbunden, obwohl ich nach wie vor an Versammlungen und Runs teilnahm. Ich hoffte, man würde mich mit der Zeit wieder wohlwollend aufnehmen, wenn ich hartnäckig blieb. An einem Wochenende ließen wir die Arbeit auf der Ranch ruhen und nahmen an einer Ausfahrt des Clubs zum Squaw Rock am Russian River teil. Ich zog eine schwarze Lederjacke mit dem Totenkopf an, startete meine Harley und hob Bobby auf den Sozius. Er war sechs Jahre alt und entzückt darüber, dass ich ihn mitnahm. Als wir nach Süden rasten, beugte er sich vor und schrie mit seiner hellen Stimme: »Schneller, Papa!« Doch wir fuhren bereits mit über 150 Stundenkilometern, und als ich noch mehr Gas gab, begann die Maschine zu beben. Also drosselte ich das Tempo. »Fahr doch schneller«, jammerte Bobby. »Warum fährst du nicht schneller?«

Die Frage blieb unbeantwortet, und ich schaltete herunter und bog in die Abzweigung ein. Hilfssheriffs filzten uns vor dem Lager. Die meisten Biker ließen die Durchsuchung und die Fotoaufnahmen mit leisem Murren über sich ergehen, aber sie schäumten vor Wut, als Bobby der gleichen Prozedur unterzogen wurde. »Was hat der Kleine Ihrer Meinung nach vor?«, knurrte jemand. »Rumballern oder was?«

Um die Beamten nicht zu enttäuschen, reichte ein Angel dem Jungen eine Maschinenpistole, und Bobby ließ sie rattern und verbreitete überall Blei, wo der Rückstoß ihn hinführte. Fluchende Sheriffs und lachende Angels gingen in Deckung, bis der Ladestreifen leer war. Niemand wurde verletzt, also sprachen die Sheriffs nur eine strenge Verwarnung aus und zogen ab, begleitet von gellenden Pfiffen und Beschimpfungen.

Erneut stand Bobby im Zentrum der Aufmerksamkeit. Zorro schenkte ihm ein .30-30er Jagdgewehr, und Tramp, der kein Risiko scheute, balancierte eine Bierdose auf dem Kopf. »Los, Kleiner«, sagte er. »Schieß sie runter. Du kannst es.«

Bobby zögerte, weil diesmal mehr auf dem Spiel stand als ein Blauhäher. Während die anderen ihn anfeuerten, sah er mich an. »Nee«, sagte ich, und er schulterte sein Spielzeug.

In diesem Moment kam Helen mit Donna angefahren. Bobby lief auf sie zu und schrie: »Mama, schau, was Zorro mir gegeben hat.« Zorro, der immer noch humpelte und ausgezehrt aussah, stand etwas abseits. Helen warf ihm einen misstrauischen Blick zu und sagte: »Das war nett von ihm. Aber sei vorsichtig mit dem Ding.«

Volle Bierdosen in der Hand haltend, bemühten sich Helen und ich ernsthaft, Kontakte zu pflegen, aber wir hätten ebenso gut versuchen können, Öl mit Wasser zu vermischen. Wir gesellten uns zu Leuten, die sich bereits zu amüsieren schienen, und versuchten, die kühle Begrüßung zu ignorieren. Dann zogen wir weiter.

Helen blieb stehen, um mit Magoo zu sprechen, der sich seine Erkennungsnummern in den Verbrecherkarteien des Bundesstaates und des FBI auf die Arme tätowiert hatte und dessen Bauch bandagiert war. Er lehnte an einem Baum. Zu seinen Füßen lagen Flaschen und Marihuana, ein Hippie-Mädchen fummelte an ihm herum. »Ich bin mit über hundert Sachen gestürzt, und acht Motorräder fuhren auf mich drauf«, berichtete er. »Der Revolver in meinem Gürtel schoss mir in den Bauch.« Er deutete auf eine mehr als zwanzig Zentimeter lange Naht auf seinem Unterleib.

Auch mit Marsi, Mickey und Sharon tauschte Helen Höflichkeiten aus, aber trotzdem fühlten wir uns beide nicht wohl. Schließlich sagte ich: »Wir müssen die Kinder nach Hause bringen.« Ein paar Leute nickten uns zum Abschied zu, dann brachen wir auf. Wir hatten unsere gesellschaftlichen Pflichten erfüllt.

Kurze Zeit später ging ich zu einer Party bei Tramp – wieder in der Hoffnung, akzeptiert zu werden. »Hallo, George, wie geht's?«, fragten einige Jungs. Doch wenn ich hinter einer Gruppe von ihnen vorbeiging, hörten sie auf zu reden und drehten sich um, als wollten sie nachschauen, was ich vorhatte. Elf Jahre nach meinem Beitritt war ich wieder ein Außenseiter, ein Paria, der unter Verdacht stand. Ich konnte die Mauer des Misstrauens nicht mit Worten durchbrechen. Die Mitglieder, die mich loswerden wollten, hatten nie den Mumm, mir das ins Gesicht zu sagen. Stattdessen ließen sie mich einfach herumwandern. Ihre Haltung – »Lasst den verrückten Bastard allein« – demütigte mich, also ging ich zur Tür, bevor die ersten Zugedröhnten umfielen. Mickey hielt mich auf und griff mich am Arm. »Ich hab nichts

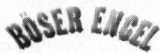

gegen dich«, murmelte sie. »Und ich hab keine Angst vor dir. Ich wollte dir nur sagen, dass ich nicht denke, was die anderen denken.«

Ich dankte ihr und fuhr nach Hause. Meine Gefühle waren ebenso überdreht wie meine Harley 74. Als ich mich ins Haus schleppte, schaute Helen vom Fernseher auf. »Was ist los, George? Was ist passiert?«

»Es war fast, als wäre ich allein gewesen«, sagte ich und wischte mir die Tränen aus den Augen. »Ich kann nicht einmal mehr hinter jemandem hergehen, ohne dass er mich über seine Schulter hinweg anschaut. Warum sind sie so? Sie wollen mich nicht mehr dabeihaben. Ich glaube, ich muss austreten. Was bleibt mir sonst übrig?«

Während einer schwach besuchten Versammlung bei Monk am folgenden Freitag gab ich meine Kutte zurück. Mein Rückzug wurde stillschweigend akzeptiert wie ein unehrenhafter Rauswurf. Es gab keine Vergebung, und mein Stolz ließ keine Entschuldigung zu. Kein Mann sollte sich vor seinen Brüdern rechtfertigen müssen.

Es gab kein Zurück. Ich würde kein Hells Angel mehr sein, sondern mich in der Grauzone der Ehemaligen aufhalten. Zwar würde ich einen höheren Status genießen als jemand, der die Kutte nie getragen hat, doch einen niedrigeren als einer, der sie trägt.

Durt, ein enger Freund, holte meine Clubfahne ab und konfiszierte ein paar Totenkopfzeichnungen, die einer unserer Nachbarn angefertigt hatte. Allerdings erlaubten sie mir, meine Fünf-Jahres-Plakette zu behalten, weil darauf mein Name eingraviert war – und niemand konnte mir diese Jahre nehmen.

Mein Austritt und einige andere teils kalkulierte, teils zufallsbedingte Faktoren erhöhten meine Chance auf einen Freispruch oder ein mildes Urteil. Das Gericht hatte das Schreiben meines Psychiaters sowie Leumundszeugnisse von meiner Gewerkschaft und meinem Arbeitgeber bekommen. Meine 35 beschlagnahmten Waffen verkaufte ich aus eigenem Antrieb.

Zur Gerichtsverhandlung erschien ich in einem dunklen Anzug und sah für alle Welt wie ein bekehrter Sünder aus. Es blieb nur die offene Frage, ob Zorro gegen mich aussagen würde. Da er zu den ersten beiden Anhörungen nicht erschienen war, sah es so aus, als würde mich die ungeschriebene Clubregel, nie zugunsten der Anklage auszusagen, retten. Am 13. August

1969 saß er zusammen mit J. B. und Irma unter den Zuschauern. Richter Allen E. Broussard fragte Zorro, ob er aussagen wolle.

»Ich möchte nur hier raus«, lautete die Antwort. »Ich will, dass alle nach Hause gehen können.« Er weigerte sich, mich zu belasten.

Die Staatsanwaltschaft nahm die Anklagen wegen Körperverletzung zurück, weil zwei Beamte zu weit weggezogen seien, um als Zeugen aufzutreten. Im Gegenzug räumte ich eine einfache Körperverletzung, Widerstand gegen meine Festnahme und einige geringfügigere Delikte ein.

Am 18. September wurde ich zu einer Freiheitsstrafe von 180 Tagen verurteilt. Die Strafe wurde auf zwei Jahre zur Bewährung ausgesetzt.

KAPITEL 21

RUHESTAND MIT DREISSIG

Im Prinzip konnte man den Club aus allen Arten von Gründen verlassen: Krankheit, familiäre Probleme, sogar verlorenes Interesse. Man brauchte nur zu sagen: »Ich trete aus.« Allerdings konnte man nur »in den Ruhestand gehen«, wenn man alle Verbindungen zum Club abbrach, denn ein Austritt widersprach dem Clubmotto »Angels forever, forever Angels«. Ein Austritt glich der Fahnenflucht.

Wer austrat, konnte vom Club nichts mehr verlangen, es sei denn, er besaß etwas, was der Club wollte, oder er hatte einflussreiche Freunde. Andererseits konnte der Club nahezu alles von einem Exmitglied verlangen, zum Beispiel Waffen oder Material für Bomben. Er konnte einen ehemaligen Angel auffordern, illegale Waffen zu verstecken oder ein Mitglied zu beherbergen, das auf der Flucht war. Es kam vor, dass man mitten in der Nacht von zugedröhnten, müden oder hungrigen Bikern besucht wurde, die in der Gegend gestrandet waren, und man traute sich nicht, die Gastfreundschaft zu verweigern, um nicht als Verräter abgestempelt zu werden.

Es war streng verboten, mit einem Außenseiter – selbst wenn dieser ein Familienmitglied war – über Clubangelegenheiten zu sprechen, da die Gefahr bestand, dass man Informationen preisgab, die der Polizei nützlich sein konnten. Kontakte mit Journalisten waren ebenfalls tabu, weil ehemalige Mitglieder nicht für den Club sprechen konnten – und was in der Zeitung stand, wusste bald auch die Polizei.

Ausgetretene mussten behutsam mit Aktiven umgehen. Bei einem Streit war das aktive Mitglied meist im Vorteil, egal was für ein hohes Tier das Exmitglied einst gewesen war. Die Loyalität zum Club war wichtiger als jede Freundschaft.

Wer alle Kontakte zu alten Clubfreunden abbrach oder seine Zelte weit entfernt vom Club aufschlug, konnte die meisten dieser Probleme vermeiden. Aber er musste auch auf die Vorteile verzichten, die ein wohlgelittenes früheres Mitglied

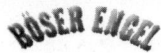

genoss. Manchmal halfen der Club oder einzelne Mitglieder einem Ausgetretenen, wenn dieser verletzt war, im Knast saß oder Geld brauchte. Reiche Mitglieder oder der Schatzmeister des Clubs liehen ihm Geld. Ein beliebtes Exmitglied profitierte von einer Art Krankenversicherung, einer Vorzugsbehandlung bei Blutbanken, von Hilfe bei Kautionen und rechtlichem Beistand. Je nachdem, wie groß das Ansehen des Ausgetretenen war, wurde er fast so gut behandelt wie ein unbeliebtes Mitglied. Das waren die Überreste der Bruderschaft.

Im Gegensatz zu einer verbreiteten Meinung blieben Mitglieder fast immer »aktiv«, wenn sie im Gefängnis saßen. Man verzichtet nicht auf den Schutz, den der Namen »Hells Angels« bietet, wenn man in San Quentin[45] sitzt. Einige Mitglieder verstärkten diesen Schutz noch, indem sie sich mit der Aryan Brotherhood anfreundeten, einer rassistischen weißen Gefängnisgang, in der Biker dominierten. Zu diesen Leuten gehörten auch einige Mitglieder der Manson Family[46]. Sie konkurrierten mit schwarzen und mexikanisch-amerikanischen Banden um den Drogenhandel im Gefängnis.

Eine lange Gefängnisstrafe trennte einen Angel zwar von seinem Motorrad, hielt ihn aber nicht unbedingt davon ab, Geld zu verdienen. Für prominente Mitglieder wie Foo Manchu wurde ein Notgroschen zurückgelegt. Ich gab Tramp einen Anteil von jedem Verkauf an Foos alte Kunden, und Foos Frau sollte das Geld sicher verwahren. Außerdem versorgten wir inhaftierte Angels mit Drogen für den Eigenbedarf und den Handel.

Vor allem schmuggelten wir Stoff für Foo und andere Angels ins San Quentin. Wir füllten wasserdichte Gummibehälter, die ursprünglich Schlangenserum enthalten hatten, mit Methamphetamin und Kokain und gingen dann zu dem kleinen Laden außerhalb des Gefängnisses, der Bilder und andere Dinge verkaufte, die Insassen angefertigt hatten. Zuerst kauften wir ein Bild, dann baten wir darum, die Toilette benutzen zu dürfen. Nach einer oder zwei Spülungen landeten die Drogen hinter der Mauer in der Kläranlage oder an einem anderen Ort, an den die Häftlinge herankamen. In diesen Gummibehältern schaffte der Club eine Menge Drogen nach San Quentin. Oft gaben auch Frauen Drogen weiter, wenn sie im Besucherzimmer Insassen küssten. Ich ging nur einmal nach San Quentin, belieferte aber einige Male das Bezirksgefängnis Alameda, indem ich einem Vertrauten flachgedrückte Umschläge aus Alufolie unter einer Tür hindurch zuschob.

Es war nicht leicht, den Club zu verlassen. Bei den Hells Angels war man dem Tod näher als dem Leben. Die alten Führungsmitglieder, die Clique um meine ältesten und engsten Kumpels im Club, waren eine Welt für sich. Jerry stieß mit einem Zug zusammen und starb. Waldo verfiel dem Heroin so sehr, dass ich ihn selbst mit Geld, einem Motorrad und einem Job nicht von der Droge weglocken konnte. Junior machte sich mit Speed kaputt und magerte von ursprünglich 135 auf schwächliche 72 Kilo ab. Und ich hätte beinahe meine Familie, meinen Verstand und mein Leben verloren.

Trotzdem war ich aus Schwäche und wegen der Umstände weder imstande noch willens, mich dem Club ganz zu entziehen. Mehr als ein Jahrzehnt lang war ich ihm enger verbunden gewesen als allem anderen, und ich konnte nicht alle Bande durchschneiden. Selbst Freunde wie J. B. und Paul, die sich schon viel früher zurückgezogen hatten, hielten einige nostalgische Kontakte mit Sonny und anderen Mitgliedern aufrecht und nahmen gelegentlich an Tanzveranstaltungen oder Partys des Clubs teil.

Als im Herbst 1969 die Hirschjagdsaison begann, fragte Zorro J. B. und mich, ob wir mit ihm und einigen anderen Jungs an einem Wochenendausflug teilnehmen wollten. Ich sagte zu, denn Zorro war früher mein Jagdpartner gewesen und unsere Freundschaft hatte sich, wie seine Wunden verheilten, wieder ein wenig erholt.

Gemeinsam fuhren wir zu einem Jagdcamp in der Sierra Nevada östlich von Fresno. Vern hatte die Hütte gemietet und Animal eingeladen, eines der Mitglieder, die nach der Schießerei meinen Kopf verlangt hatten. Zu diesem Zeitpunkt wusste ich noch nichts von den Drohungen gegen mich, war aber wegen des alten Grolls auf der Hut.

Als Zorro am Freitagabend Drogen verteilte, lehnte ich zunächst ab. »Ich weiß, was du denkst«, sagte er. »Es wird nichts passieren.« Also nahm ich meinen ersten LSD-Trip seit der Schießerei – hauptsächlich um mir und den anderen zu beweisen, dass ich mit dem Zeug wieder umgehen konnte.

Als wir am nächsten Morgen mit dem Jeep ein gutes Jagdrevier ansteuerten, war ich überwältigt. Die Sonne ging schnell auf, vertrieb die Kälte und erwärmte die Landschaft. Zu Fuß schwärmten wir aus und durchschritten eine vielversprechende Schlucht in der Hoffnung, einen Hirsch aufzujagen.

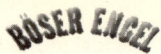

Nach stundenlanger erfolgloser Pirsch machte ich eine Pause, um aus einem Bach zu trinken. Als ich wieder aufblickte, stand ich einem Bock Auge in Auge gegenüber. Ich schoss, und er fiel quiekend um. Mit dem zweiten Schuss traf ich ihn in den Kopf und tötete ihn. Es ärgerte mich, dass ich zwei Schüsse benötigt hatte, aber am Abend lachten wir über mein Jagdglück.

Wir saßen am Lagerfeuer und genossen das Fleisch. Alle außer Animal waren auf derselben LSD-verstärkten Wellenlänge. Er schluckte Seconal und machte seiner fiesen Wesensart alle Ehre. Wir anderen ließen seine Beleidigungen eine Weile über uns ergehen, dann sprang ich auf. »Hör auf mit dem Quatsch«, sagte ich. »Wir können darauf verzichten.«

Animal stürzte sich ohne Vorwarnung auf mich und packte mich an der Gurgel. Als ich kaum noch Luft bekam, stieß ich zwischen den zusammengepressten Zähnen hervor: »Lass los, verdammt!« Er lockerte seinen Griff. »Reden wir darüber«, sagte ich.

»Du gehörst erschossen wegen dieser Sache«, schrie der kleine Schläger. Dann folgte eine Tirade über die Unantastbarkeit der Clubregeln und die notwendige Bestrafung von Verstößen.

Ich unterbrach ihn kopfschüttelnd. »Mann, das sehe ich inzwischen anders. Ich musste auf bittere Weise lernen, dass ich Probleme nicht lösen kann, indem ich jemanden erschieße. Das ist der Unterschied zwischen dir und mir.«

Animal kaufte mir das nicht ab. Wahrscheinlich hörte es sich heuchlerisch an, nachdem ich jahrelang Waffen benutzt hatte. Er wiederholte, dass man mich gemäß der Clubregel »Auge um Auge« hätte erschießen müssen.

»Ich könnte niemanden mehr erschießen«, sagte ich. »Die Schießerei hat mich verändert. Du könntest mich jetzt wohl umlegen, ich dich aber nicht.« Dann kam ich irgendwie auf Tramp zu sprechen, Animals ehemaligen Mentor. »Es war falsch, wie Tramp mich behandelt hat. Er hat einen Bruder reingelegt und mit einem Nichtmitglied gemeinsame Sache gemacht.«

Das machte Animal noch wütender. Er reagierte gereizt auf meine Kritik und überhäufte mich mit Schimpfworten. Dann rannte er weg. Ich stand unter Adrenalin. Immer wieder spielte ich die Auseinandersetzung im Kopf durch, Wort für Wort, Geste für Geste. Ich ärgerte mich, weil ich mich nicht gegen den Angriff gewehrt hatte. Mein Verstand hatte mir gesagt, dass Kämpfen und Schießen niemanden zum Mann machten, doch als die Chance für

Vergeltung vorbei war, sprachen meine Gefühle und meine Überzeugungen eine ganz andere Sprache.

J. B. bemerkte meine Scham und meine Wut. »Ich war drauf und dran, ihm eine zu verpassen«, sagte er.

»Du hast das Richtige gesagt«, fügte Zorro hinzu. »Und du hast recht mit der Schießerei. Das ist vorbei. Vergiss es.«

Die Konfrontation ging mir auch noch durch den Kopf, als wir mit unserem Hirschfleisch schon nach Hause zurückgekehrt waren. Ein paar Tage wanderte ich ruhelos durchs Haus, und nicht einmal Helen brachte mich dazu, über die Ereignisse in den Bergen zu reden.

KAPITEL 22

ALTAMONT UND ANDERE SCHRECKEN

»Niemand hat den Hells Angels je einen mutwilligen Mord vorgeworfen, zumindest nicht vor Gericht ..., aber es ist erschreckend, sich vorzustellen, was geschehen würde, wenn man die Gesetzlosen jemals für den Tod von drei oder vier Menschen verantwortlich machen würde, egal ob durch Unfälle oder auf andere Weise. Wahrscheinlich würde dann jeder Motorradfahrer in Kalifornien von der Straße gejagt und zu Frikadellen verarbeitet.«
Hunter S. Thompson[47]

Der Rest der Welt erfuhr am 6. Dezember 1969, was die Angels und die Justizbehörden seit Jahren wussten: Der selige Optimismus, den Club als Hippieverein zu betrachten, war eine Täuschung.

Von dem Moment an, als die Angels auf Choppern durch die Menschenmenge auf dem Altamont-Festival fuhren und alle mit Füßen traten, die ihnen im Weg standen, spielten sie die herablassenden Aggressoren. Die Frage war nur, wann und wie sie einen Vorwand finden würden, um in dieser Herde aus 300 000 Menschen jemanden zu schlachten.

Der Club kam, um Party zu feiern, hatte aber eigentlich den Auftrag, die Rolling Stones und andere Künstler vor ausrastenden Fans zu schützen, die versuchten, die Bühne zu stürmen. Die Stones hatten die Angels auf Vorschlag der Grateful Dead engagiert. Als Lohn sollten sie Bier im Wert von 500 Dollar bekommen, das die Angels Dose für Dose kassierten, während sie um die Bühne patrouillierten.

Altamont war auf Plakaten als Woodstock der Westküste angekündigt worden, ein weiteres Rockfestival mit freiem Eintritt. Es gab weder Eintrittskarten noch Zäune, um den Zustrom an Menschen und Autos einzudämmen, und die wenigen privaten Wachleute hätten sich eher als Ladendetektive geeignet.

Unter diesen Umständen war auf dem mit Glassplittern übersäten Gelände eine Tragödie wahrscheinlicher als ein Fest der Liebe.

In Marihuanawolken gehüllt, standen die Leute dicht gedrängt vor der Bühne. Bei Einbruch der Dämmerung waren die Angels mehr als ein Dutzend Mal in die Menge eingedrungen und hatten Menschen mit Stiefeln und Billardstöcken traktiert, weil sie den heiligen Bereich der Bühne betreten oder einen empfindlichen Nerv des Clubs getroffen hatten. Einige Motorräder der Angels wurden umgestoßen, entweder aus Rache oder versehentlich, und es folgten weitere Vergeltungsschläge. Immer wenn die Angels eine Person herauspickten, um sie zu verprügeln, teilte sich die Menge wie das Rote Meer, damit die »Ordner« Platz zum Ausholen hatten.

Aus dem Blickwinkel des Clubs war dessen Gewalt nur Selbstverteidigung. »Leute, die Motorräder der Angels anfassten, bekamen Dresche«, erklärte Sonny später in einem Interview mit dem Rundfunksender KSAN-FM in San Francisco. »Die meisten wissen nicht, dass eine gute Chopper-Harley ein paar Riesen kostet. Niemand tritt ungestraft mein Motorrad. Die dachten vielleicht, weil sie 300 000 Leute sind, könnten sie sich das erlauben und damit davonkommen, aber wenn du dastehst und auf etwas schaust, was dein Leben ist, und wenn du in dieses Ding alles investiert hast, was du besitzt, du es mehr liebst als ... alles andere auf der Welt und ein Kerl es mit Füßen tritt, dann weißt du, was das für ein Kerl ist. Selbst wenn du dich durch fünfzig Leute drängen musst, um ihn dir zu schnappen, du kriegst ihn.«

Bei Sonnenuntergang explodierten Mick Jagger und die Stones in »Jumpin' Jack Flash, it's a gas, gas, gas!« Als ein Meer von Fans nach vorne drängte, wurde ein junger Schwarzer mit einer weißen Frau von einem Angel aufgehalten, dem diese Paarung anscheinend nicht gefiel. Beim ersten Anzeichen für ein Handgemenge strömten Angels hinter der Bühne hervor. Plötzlich hatte der Schwarze eine Schusswaffe in der Hand, und hinter ihm blitzte ein Messer auf. Er versuchte verzweifelt zu fliehen und stürzte zu Boden. Als Angels ihn mit Stiefeln ins Gesicht und in die Rippen traten, schrie er: »Ich wollte nicht auf euch schießen.« Dann sah man ihn nicht mehr.

Es gab viele Buhrufe, als die Musik mitten in einem Song aufhörte. Keith Richards setzte die Gitarre ab und verkündete: »Wenn ihr nicht damit aufhört, spielen wir nicht weiter.«

Mick Jagger wollte den Leuten ein Gefühl der Zusammengehörigkeit vermitteln und fügte hinzu: »Brüder und Schwestern, hört zu ... Regt euch ab.« Die Band nahm »Sympathy for the Devil« wieder auf und unterbrach den Song erneut jäh, als Totenköpfe über einem Körper wirbelten. Nach einem erneuten kurzen Versuch rief Jagger: »Wir brauchen einen Arzt und einen Krankenwagen!«

Der junge Schwarze, ein 18-Jähriger namens Meredith Hunter aus Berkeley, verblutete, während einige in der Menge lautstark nach Musik verlangten. Die ersten Sanitäter, die ihn erreichten, sagten, sein Tod sei unvermeidlich. Er hatte fünf Stichwunden im Rücken und ein klaffendes Loch unter dem linken Ohr. Sein ganzer Körper war übel zugerichtet.

Mit Hunter starben einige Mythen. Der Mythos der Angels als Beschützer der Blumenkinder. Der Mythos, die Gegenkultur brauche keine Friedenshüter. Der Mythos, dass Menschen, die dieselben Drogen und dieselbe Musik mögen, zusammengehören.

Während der Veranstaltung in Altamont war ich mit meiner Familie auf der Ranch und baute für die Zukunft. Wir hatten wirklich das Gefühl, dem zerstörerischen Einfluss des Clubs entkommen zu sein, aber da täuschten wir uns genauso wie die Hippies.

Eines Montags Anfang 1970 weckte Sonny mich um vier Uhr morgens zu Hause in Oakland mit einem Anruf auf. »Ich muss dich sprechen«, sagte er. »Es eilt. Kann ich vorbeikommen?«

»Klar«, sagte ich.

Als er ankam, flüsterte er: »Ich hab 'ne Leiche, die ich loswerden muss. Eine Braut hat Selbstmord begangen. Hat sich auf einer Party in den Kopf geschossen.«

»Was zum Teufel ist passiert?«

»Dein Freund hat wieder mal seine alten Spielchen gespielt.«

Mehr brauchte er nicht zu sagen. Er meinte Tramp. Ich wusste nur zu gut, dass Tramps sadistische Possen aus dem Ruder laufen konnten. Dass er wie ein Yeti aussah, erschreckte die Leute schon genug, aber er liebte auch perverse Spielchen, vor allem mit zugedröhnten Frauen. Wenn er sein unnatürlich elastisches Gesicht verzerrte, brauchte er einer Frau nicht mehr mit Vergewaltigung zu drohen, um ihr panische Angst einzuflößen. Er war unerbittlich, wenn er Lust auf Fleisch verspürte, und meist bekam er es, selbst wenn er eine Frau besteigen musste, die sich im LSD-Rausch wand. Genau das hatte er einmal auf meinem Wohnzimmerteppich getan.

Sonny erklärte, die Tote – deren Namen er bewusst nicht erwähnte – sei auf einer Party in einem Clubhaus in der Nähe der 55th Avenue total stoned gewesen, als Tramp sie aufgefordert habe, ihm einen zu blasen. Mittendrin habe sie »irgendjemandem« die Pistole abgenommen und sich damit in den Kopf geschossen.[48] Sonny sagte, es könne Ärger geben, wenn der Gerichtsmediziner die Leiche untersuche und die Kugel der Waffe eines Angels zuordne. Dann fragte er: »Sind diese Brunnenlöcher noch offen? Sie war ein paar Tage in einer Mülltonne und wird allmählich ganz schön reif.«

»Mehr oder weniger.«

»Gut, dann brauche ich die Schlüssel zur Ranch.«

Ich willigte ein, dass er die Leiche auf der Ranch verschwinden ließ, teils um einen alten Freund für seine unerschütterliche Loyalität zu belohnen, teils weil er sich mit 12 500 Dollar an dem Anwesen beteiligt hatte. Also drückte ich ihm die Torschlüssel in die Hand und sagte: »Ich brauche sie in einer Woche wieder. Nimm das Loch, das dem Haus am nächsten ist.« So konnten wir einen Teil der Ranch ohne Bedenken verkaufen: Wir konnten das Haus und ein wenig Land ringsherum behalten, ohne befürchten zu müssen, dass der neue Eigentümer die Tote zufällig ausbuddelt.

Ein paar Tage später fuhren Helen und ich zur Ranch. Das Gras war wintergrün, die verschlammten Bäche schlängelten sich zwischen knorrigen Eichen hindurch. In der Nähe des halb fertigen Hauses sahen wir einen Hügel aus frisch umgegrabener Erde. Er war nur einige Meter vom Fundament entfernt. Wir waren erschüttert und fühlten uns angewidert. Unser Traum war entweiht worden.

»Wer war sie?«, fragte ich, als wir vor dem Grab standen. »Wie war sie? Wir wissen nicht einmal, ob sie ein junges Highschool-Mädchen war oder eine der Älteren, die einigermaßen wissen, was sie tun.«

(Jahre später fanden wir heraus, dass es sich um Patricia McKnight aus Texas handelte, 26 Jahre alt. Sie hatte sich schon eine Weile mit Angels herumgetrieben, und wir hatten sie sogar schon auf Partys bei Skip getroffen.)

Diese Leiche ließ mir keine Ruhe. Ich hatte eine albtraumhafte Schießerei hinter mir und entdeckte gerade neue Freude am Leben. Und nun hatte ich plötzlich etwas an der Backe, was noch viel schlimmer war als Drogen. Ich hätte diese Tote für kein Geld der Welt versteckt, aber für Sonny tat ich es.

Wir glaubten Sonny, da er normalerweise die Wahrheit sagte und seine Geschichte sehr überzeugend klang. Mamas und andere Clubfrauen neigten zu Überdosierungen, Gruppensex und Sprunghaftigkeit. Hätte es sich um einen Mord gehandelt, hätte Sonny das wahrscheinlich gesagt, oder er hätte geschwiegen. Immerhin war ich bereits Mitwisser eines Mordes und hatte den Mund gehalten. Und wer im Umfeld des Clubs an heikle Informationen gelangte, hatte schwer daran zu tragen.

Obwohl Sonny und der Club mir wieder einmal ein Stück meines Lebens genommen hatten, machte ich mir Sorgen um meinen alten Freund. Anscheinend raste er in eine Sackgasse voller Anklagen und würde früher oder später gegen die Wand fahren. Nach dem Begräbnis der Leiche zog ich Sonny beiseite und sagte zu ihm: »Hör mal, Mann, es ist Zeit aufzuhören. Setz dich in einen Schaukelstuhl und steig aus diesem Hamsterrad aus.« Ich argumentierte, es sei doch unvernünftig, wenn ein Haufen Dreißigjähriger mit Motorrädern und Reklameschildern auf dem Rücken herumfahre und Polizisten dazu auffordere, sie festzunehmen. »Wenn du schon dealen musst, dann wenigstens im Geschäftsanzug«, sagte ich. »Sei Sonny Barger, der angesehene Geschäftsmann.«

Sonny zuckte nur mit den Achseln. Er tat so, als könne er jeder Strafe entgehen, und erklärte, er werde den Totenkopf so lange tragen, bis sein Glück und sein organisatorisches Talent ihn verließen. Er wollte sich auf seine Waffen, seine Absprachen mit Polizisten, seine raffinierten Verkleidungen, sein juristisches Wissen, seine gefälschten Ausweise und dergleichen mehr verlassen. Ich hatte mein Abzeichen aufgrund besonderer Umstände verloren, aber für Sonny war dieses Symbol fast ein Teil seines Körpers und der Clubkodex die Verkörperung seiner eigenen Prinzipien.

Mitte Februar 1970 verließ Tramp den Club fast zur gleichen Zeit wie diese Welt. Gut informierte Freunde aus dem Club verrieten mir, mindestens ein Mitglied sei wütend auf ihn gewesen, weil man in seinem Haus Drogenbesteck gefunden habe. Am Valentinstag starb Tramp wie German an einer Überdosis Beruhigungstabletten. Es war ein seltsamer Tod, oberflächlich betrachtet unauffällig, aber äußerst verdächtig für alle, die dem Club nahestanden.

Nach dem Bericht des Gerichtsmediziners starb John Terrance Tracy, geboren am 21. Dezember 1939 in Michigan, im Alter von dreißig Jahren. Zuletzt ausgeübter Beruf: selbstständig seit zwei Jahren. Als Todesursache wurde »Verdacht auf Selbstmord« mit Seconal genannt. Das bedeutete, dass man nicht wusste, wer ihm die Überdosis verabreicht hatte. »Dieser Mann war Mitglied bei den Hells Angels und soll vor Kurzem aus dem Club verstoßen worden sein«, hieß es in dem Bericht weiter. Das sprach für die Theorie, dass Tramp sich nicht selbst umgebracht hatte. »Am Nachmittag des 13. Februar 1970 rief er seine Ehefrau an und sagte zu ihr, er habe jetzt endlich den Mut, Selbstmord zu begehen, und werde das Schlafmittel Nembutal schlucken. Als sie zu Hause (Underhill Road 1060) eintraf, fand sie ihn bewusstlos vor und brachte ihn mit einer Freundin ins Highland Hospital, wo er um 20.17 Uhr in die Notaufnahme eingeliefert wurde. Dort wurde ein Barbituratspiegel von 3,1 festgestellt.«

Einen Tag später gab es Hinweise auf ein anderes Szenario. Das Telefon klingelte, und ein hochrangiges Mitglied sagte zu mir: »Wir müssen dir etwas mitteilen.«

Dann nahm ihm ein anderes Mitglied den Hörer ab und bellte: »Also, hör zu.« Es folgte eine Bandaufnahme, auf der ein Mann keuchte, hustete und würgte, als erbreche er Blut, Wein oder etwas anderes. Er kämpfte anscheinend um sein Leben. Es musste Tramp sein. Das Keuchen hörte abrupt auf, und in der Leitung machte es »klick«.

Ich war sprachlos und zitterte, meine Ohren klingelten. Bis zum heutigen Tag weiß ich nicht, wer mich damals angerufen hat. Vielleicht wollte mir jemand Angst einjagen oder mir einen Gefallen tun, weil Tramp mich gelinkt hatte. Ich war mir sicher, dass ich Tramp gehört hatte, und es war schwer zu verkraften, so schwer, dass ich nicht nach Erklärungen fragte.

Auf Wunsch seiner Eltern wurde Tramp im Friedhof St. Mary in Oakland auf einem Abhang über der Bucht begraben. Auf seinem Grabstein war nicht der übliche Totenkopf eingemeißelt, und es gab kein großes Begräbnis. Nur ein paar Clubfrauen machten sich die Mühe, von ihm Abschied zu nehmen.

Der letzte Weg eines Mitglieds sagte einiges aus. Wenn der Verstorbene einen guten Ruf hatte, befand sich der Totenkopf an seinem Sarg, er trug neue Aufnäher, und sein Motorrad stand neben ihm in der Leichenhalle. Mehr als hundert Mitglieder aus allen Chartern sowie Abgesandte anderer Outlaw-Clubs nahmen am Begräbnis teil, und Angels trugen den Sarg.

Magoos Beerdigung ein Jahr zuvor stand in krassem Gegensatz zu Tramps letztem Gang. Der Lkw-Fahrer Magoo, eines der beliebtesten Mitglieder und eine Art Ehrenarzt des Clubs, starb während eines Mittagsschlafs auf dem Rücksitz seines VW-Trucks an Herzversagen.[49] Am Tag der Beerdigung war sein Haus vollgestopft mit Dutzenden von Clubmitgliedern und deren Familien sowie seinen Verwandten, unter ihnen seine Frau und seine Mutter. Draußen bekifften und betranken sich weitere Männer unter den wachsamen Augen von Polizisten. Als die Gebete beendet waren und es Zeit war, die Leiche zu besichtigen, standen einige betrunkene Bikergroupies vor dem Sarg und schrien: »Magoo! Steh auf, Magoo! Steh auf.« Sie versuchten, ihn vor seinen entsetzten Angehörigen wiederzubeleben.

»Verdammter Blödsinn«, sagte ich und scheuchte, obwohl ich kein aktives Mitglied war, die dämlichen Bräute hinaus. Es war mir egal, ob ich dadurch jemanden beleidigte. Magoo war mein Freund gewesen.

Magoo wurde unter einem kleinen Baum im Friedhof Evergreen begraben. In seinen schwarzen Grabstein hatte jemand das Club-Emblem eingemeißelt. Ein paar Worte wurden gesprochen, dann ließen einige Leute zum Abschied ein paar Joints kreisen und legten die verglühenden Stummel in einem Aschenbecher ab – für den Fall, dass er einen letzten Zug nehmen wollte.

KAPITEL 23

LEBEN MIT DER TOTEN

———

»Der Traum war zu Ende. Er wurde zum Albtraum. Als ich erfuhr, dass das Mädchen da war, wollte ich nicht mehr auf die Ranch gehen, und als George mir zeigte, wo sie lag, wollte ich mich der Stelle nicht mehr nähern. Wir lebten lange Zeit in der Hölle. Wir wussten, dass die Polizei sie finden würde, denn mit so was kommt man nicht einfach davon. Andererseits war Sonny schlau, und wir dachten, wenn jemand damit davonkommen könne, dann er. Es dauerte etwa ein Jahr, bis ich wieder zur Ranch gehen und die Leiche vergessen konnte. Wir mussten weitermachen, da es nun mal passiert war. Also bauten und planten wir weiter.«
Helen Wethern

Im Jahr 1970 begannen wir ein normales Familienleben. Wir waren wie Tausende andere Mittelschichtfamilien in der Stadt: Ich arbeitete acht Stunden am Tag, Helen kümmerte sich um den Haushalt, die Kinder bekamen gute Schulnoten, und an den Wochenenden flohen wir aufs Land.

Zur Vorbereitung auf die Wochenenden besorgte ich Baumaterial und Helfer. Gestohlene und geschenkte Geräte, Bauholz und anderes Zeug im Wert von etwa 15 000 Dollar landeten auf der Ranch. Und fast die ganze Arbeit bekam ich umsonst. Wenn ich einen Installateur, Elektriker oder Maurer brauchte, rief ich einen an und fragte: »Hallo, hast du am Samstag etwas vor?« Aus Kollegialität kamen sie zur Ranch und gingen meist mit etwas Gras oder Schnaps nach Hause.

An jedem Wochenende versammelten sich bis zu 15 Männer – Angels und ehemalige Angels, Bauarbeiter und alte Freunde – mit Frauen, Freundinnen und Kindern auf der Ranch. Arbeit und Spaß hielten sich die Waage, aber das Haus nahm Form an. Mein Kollege Ben und ich zimmerten den Rohbau fast allein. aber J. B. und einige aktive Mitglieder, darunter Winston und Zorro, montierten die Deckenbalken und mauerten die Wände.

Wenn die Frauen uns nicht gerade gekühlte Getränke und Essen reichten, schafften sie mit Lkws Bauholz heran oder fuhren in die Stadt und holten Eisenwaren oder Proviant. Helen und die Kinder schleppten so viele Steine herbei, dass wir einen riesigen Kamin bauen konnten. Um Helen zu überraschen, beauftragte ich den Steinmetz, einen großen jadefarbenen Felsbrocken – ihren Lieblingsstein – als Mittelstück zu verwenden.

Unsere Nachbarn freundeten sich mit uns an, aber die Polizei war anscheinend der Meinung, es handle sich hier um ein Clubhaus der Hells Angels und den Ausgangspunkt für allerlei Laster. Nach einigen Einbrüchen in der Umgebung fuhr ein Beamter in Zivil durch das Ranchtor, gedeckt von Polizeiautos, die sich hinter den Bäumen versteckten. Er befragte mich zu den Einbrüchen und bedeutete mir, wir würden auf Widerstand stoßen, wenn wir versuchen sollten, hier eine Bikersiedlung zu gründen.

»Schauen Sie, das ist mein Haus«, sagte ich. »Es ist für meine Familie gedacht. Ich setze es bestimmt nicht mit Diebstählen in der Umgebung aufs Spiel. Die Leute hier haben nichts, was ich gern hätte. Und ich habe ohnehin mehr als sie.«

Diese Belästigungen verärgerten mich. Wir statteten das Haus mit einer Gegensprechanlage im Wert von 400 Dollar aus und wollten auch das Eingangstor daran anschließen. Außerdem kauften wir einen Bewegungsmelder, den wir jedoch nie einbauten, weil wir fürchteten, nachts von Hirschen geweckt zu werden. Stattdessen brachten wir am Tor ein Schild mit einem Totenschädel und gekreuzten Knochen an, auf dem stand: »Kein Zutritt. Überlebende werden angezeigt.«

Manchmal feierten wir auch wie bei Tommys Hochzeit. Es war ein kleines, schlichtes Fest, das mit einer Party am Vorabend begann. Neben meiner Familie sowie Tommy und seiner Braut Marilyn standen nur wenige Leute auf der Gästeliste: Kooie, der Fensterputzer, der ehemalige Frisco-Angel Napa Bob mit seiner Frau Carol, J. B. und Irma mit ihrer Brut, der Dealer Duke und sein rotbärtiger Freund, dessen Namen ich schnell vergaß, obwohl er mehr Hasch rauchte und mehr Kokain zog als alle anderen zusammen.

Am folgenden Morgen versammelte sich die Hochzeitsgesellschaft unter riesigen Eichen auf einem Grashügel. Tommy, der in seiner neuen Hüfthose ganz elegant aussah, kramte einen Goldring hervor, während seine Braut glücklich lächelte und den Lederrock über ihren Hüften glattstrich.

Duke sollte einen Pfarrer mitbringen. Grinsend und mit theatralischer Geste zeigte er auf das Wohnmobil, aus dem gerade der rotbärtige Typ herauskam. Sein langes Haar war weg, und auf seinem kahlen Schädel spiegelte sich die Sonne. In seinem purpurroten Talar machte er einen satanischen Eindruck, und wir brauchten alle einen Moment, um zu begreifen, dass der Pfarrer von heute der Drogenkonsument von gestern war, wenn auch ohne Perücke. »Wer ist der Kerl?«, fragte jemand.

»Mann, mit dem haben wir Party gefeiert«, kicherte ich. »Das ist unser Pfarrer.«

Nach dieser Definition war J. B. ein Doktor der Theologie und Sonny ein Bischof. Der rotbärtige Mr. Q. war ein bestellter Pfarrer mit einer bestellten Hochzeitszeremonie, aber er vollzog eine glaubwürdige Trauung. Tommy und Marilyn waren fröhlich berauscht, als sie ihre Gelübde, ihre Hoffnungen und Träume von einer Pergamentrolle ablasen.

KAPITEL 24

ENGEL OHNE KUTTE

Ob in der Stadt oder auf dem Land – ich sah immer noch aus wie ein Hells Angel, wenn auch ohne den Aufnäher. Mit meinen 125 Kilo, dem schwarzen Bart und dem übel zugerichteten Gesicht mussten die Leute mich einfach anglotzen, wenn ich auf einem Barhocker saß, Lebensmittel einkaufte oder mit meiner Familie die Kirche oder Schulveranstaltungen besuchte.

Mein Aussehen und meine Vergangenheit machten mich zwangsweise zu einem Biker. Aber auf meine Kinder war ich ebenso stolz wie andere Väter. Im Gegensatz zu jenem George Wethern, der vor einigen Jahren den Geburtstag seinen Sohnes verpasst hatte, war ich nun immer da. Gute Noten wurden belohnt, schlechte bestraft. Der Erstkommunion folgte das Familienfrühstück.

Von Bobbys Kommunion profitierte meine Familie in vielerlei Hinsicht. Unter den Eltern, die sich vor der Messe draußen tummelten, entdeckten wir auch den Richter Allen Broussard, der mich wegen Körperverletzung verurteilt hatte, und seine Frau. Da waren wir also, ein ehemaliger Hells Angel und ein schwarzer Richter, die Freundlichkeiten austauschten und über ihre Kinder plauderten. Als die Zeremonie begann, saßen wir hinter den Broussards, ganz aufgeregt wegen unseres Sohnes und hocherfreut über das Glück, in der Kirche den Richter getroffen zu haben. Nach der Messe schritt ich mit einer Aura der Ehrbarkeit hinaus in die Sonne.

In den Augen des Gerichts und meines Bewährungshelfers ging ich unbeirrt den Weg der Resozialisierung. Ein Teil meines neuen Images war echt, einen anderen Teil verdankte ich meiner natürlichen Schauspielkunst. Ich löste mich vom Club. Ich hatte Arbeit. Ich interessierte mich für meine Kinder. Ich baute fern meiner kriminellen Heimat ein Haus für meine Familie. Und meine vom Gericht angeordneten Urintests zeigten, dass ich keine Drogen mehr nahm (ich hörte vor den Tests rechtzeitig auf, damit mein Körper Rückstände ausscheiden konnte).

Wohl deshalb verringerte Richter Broussard meine Bewährungszeit am 28. August 1970 auf Vorschlag meines Bewährungshelfers von zwei Jahren auf ein Jahr und erklärte sie für beendet. Dann beglückwünschte er mich zu meiner schnellen Resozialisierung. Auf dem Weg nach Hause feierten Helen und ich den Erfolg mit einem wilden Drogentrip.

Wir waren zurück in der Drogenszene. Zuerst begannen wir mit Gras und ein paar Beruhigungstabletten, dann gingen wir allmählich zu Speed über. Im Schlafzimmer schätzten wir Amphetamin, und wenn wir eine ganze Nacht aktiv gewesen waren, nahmen wir Beruhigungsmittel und schliefen ein paar Stunden. Helen sagte oft: »Wer high war, braucht danach ein wenig Ruhe.« Diese Lebensweise wurde bald zur Routine. Nach einem mehrtägigen Speed-Trip schluckten wir ein paar Tabletten, um uns abzuregen. Am folgenden Wochenende waren wir meist wieder fit und konnten erneut loslegen.

Wir konsumierten zwar eine Menge Drogen, stießen aber an finanzielle Grenzen. Wir konnten nicht mehr Tausende von Tabletten von Drogenlieferungen abzweigen, sondern waren auf die Großzügigkeit von Dealerfreunden und unsere Ersparnisse angewiesen. Immerhin schafften wir es, eine Kühlbox voller Drogen in den Bergen zu verstecken.

Eine Droge mieden wir allerdings: PCP. Sobald mein Kopf dem Stress einer Schießerei wieder gewachsen war, forschte ich nach PCP-Lieferanten, weil ich die Quelle ausschalten wollte. Manchmal begleitete mich Zorro, wenn ich Hinweisen nachging, die ich bei kleinen Drogengeschäften und sozialen Kontakten bekam, aber größtenteils war es mein eigener Kreuzzug.

Winston brachte mich auf eine Spur, die zu Eddie führte, einem kraushaarigen Winkeladvokaten, der mich mit einem 1,98 Meter großen Killer besuchte. »Das Zeug, das du verscherbelst, ist nicht gut«, sagte ich zu ihm und schilderte ihm meine katastrophalen Erfahrungen. Eddy blieb bis zum Ende meiner Geschichte unbewegt, doch sein Bodyguard hatte Tränen in den Augen. Er gab zu, dass sein eigenes Gehirn sich entzündet hatte und kurz vorm Zerplatzen war, nachdem er diesen Mist zwei Wochen lang genommen hatte.

»Entspann dich, Kumpel«, sagte ich und packte ihn an der Schulter. »Wir nehmen ein paar Beruhigungstabletten, und dort drüben steht Jack Daniel's. Dir geht es bald wieder gut, aber du musst Geduld haben. Leg dich aufs Sofa und warte ab.«

Als ich den Riesen aus dem Verkehr gezogen hatte, sprach ich Klartext mit Eddie. Ursprünglich hatte ich geplant, ihm einen Pistolenlauf Kaliber .45 in die Nase zu stopfen und ein Bußgeld von 50 000 Dollar aufzubrummen, verbunden mit der Drohung, körperliche Gewalt anzuwenden. Doch nun befürchtete ich, dass er in diesem Fall doppelt so viel von dem Stoff verkaufen würde, um das Geld zurückzuverdienen.

»Okay Ed«, verkündete ich. »Kein PCP mehr. Schluss damit. Hör auf, es zu verkaufen, und du sparst fünfzig Riesen. So viel wollte ich eigentlich zur Strafe von dir haben.«

Er willigte ein und schleppte seinen Leibwächter hinaus. Danach hatte ich mit Ed keine Probleme mehr, doch eines Tages tauchte sein Bodyguard, der in Hayward mit Freunden des Clubs herumhing, zusammen mit Zorros ehemaliger Frau Linda bei mir auf.

Auch Sonny kam vorbei, um mitzufeiern, und plötzlich zog er den großen Kerl in unser Badezimmer. Ich platzte hinein. Der Bursche kauerte in der Wanne, und Sonny stand über ihm und verprügelte ihn mit einer Pistole. Als ich eine Erklärung verlangte, schrie Sonny: »200 Leute hängen von mir ab, und dieser Bastard kann seine Klappe nicht halten. Ich werde ihm das Maul stopfen.« Anscheinend hatte der Kerl mit den falschen Leuten über Sonnys Geschäfte geredet, und Sonny hatte davon gehört. Um eine Schießerei zu verhindern, schob ich Sonny beiseite und verpasste dem Burschen selbst ein paar Hiebe. Er entschuldigte sich, bat um Gnade und versprach, es werde nie wieder vorkommen.

Ich suchte weiterhin nach PCP-Quellen, aber mein Vorhaben war zum Scheitern verurteilt. Es war unmöglich, eine Substanz aus dem Verkehr zu ziehen, die sich so leicht produzieren ließ und minderwertiges Gras in eine starke psychedelische Droge verwandelte. Ebenso gut hätte ich versuchen können, den Wind zu erwürgen. Aber ich bemühte mich, einige ungewöhnliche Verbündete zu gewinnen.

Als die Steuerfahndung mich am St. Patrick's Day 1971 in ihr Büro in Oakland bestellte, war PCP das Letzte, woran ich dachte. Das Finanzamt wollte meine Einkünfte in den Jahren 1968 und 1970 und alle meine geplatzten Schecks überprüfen, um herauszufinden, ob ich die Ranch auf legale Weise gekauft haben konnte.

Ein Kollege riet mir, einen Gewerkschaftsfunktionär einzuschalten. Dieser gab mir die Namen eines Kneipenbesitzers in Oakland und eines pensionierten Polizisten, der ein Bauunternehmen besaß. Der Gedanke, einen ehemaligen Cop zu einer Straftat anzustiften, war schwer zu verdauen, also sprachen der Gewerkschafter und ich mit dem Eigentümer der Kneipe in der Nähe des Waffengeschäfts, dem ich meine Sammlung verkauft hatte. Der Gewerkschaftsfunktionär erklärte, was ich brauchte. »Das ist kein Problem«, sagte der Wirt.

Bei einem späteren Treffen unterschrieb er ein Dokument, in dem er bestätigte, mir 15 000 Dollar geliehen zu haben. Dafür verlangte er 1650 Dollar, die wir als »Zinsen« deklarierten. Der Wirt versprach, unserem gemeinsamen Freund einen Anteil zu geben, doch der Gewerkschafter wollte das nicht. Also stellte ich ihm heimlich eine Kiste mit Spirituosen ins Auto.

Bei meinem nächsten Gespräch mit den Steuerfahndern legte ich genügend Belege vor, um Nachforderungen zu entgehen. Zwar hatte ich nicht viel verdient, aber eine Reihe von »persönlichen Darlehen« stopfte die Lücke.

»Warum kümmern Sie sich um Kleingeld?«, fragte ich, um die Beamten abzulenken. »Es gibt doch wichtigere Dinge zu tun.«

»Zum Beispiel?'«

»PCP.«

»Was ist das?«

»Eine Droge, die wir DOA oder Dust of Angels nennen. Ich weiß nicht genau, was es ist. Ich weiß nur, was es bewirkt. Angeblich hat das FBI eine Probe zur Analyse nach Washington geschickt. Vielleicht können Sie mir ja sagen, was es ist.«

Ihr Interesse war geweckt, als ich ihnen berichtete, im Club sei das Zeug seit meinen Schüssen auf Zorro verboten. Von der Schießerei hatten sie gehört, also fragten sie mich nach Unterstützern des Clubs, vermutlich um Geschäftsleute und Anwälte zu überführen, die insgeheim Geschäfte mit dem Club machten. Da sie darauf von mir keine Antworten bekamen, wollten sie wissen, warum ein ehemaliger Angel sich mit dem Club zusammentat, wenn er gar kein Dealer war. Ich erklärte ihnen, meine wichtigsten Kontaktleute seien alte Freunde, die PCP genauso verabscheuten wie ich.

Während zweier Besuche überzeugte ich die Steuerfahnder davon, dass ein PCP-Süchtiger an der Schulbushaltestelle ihren Kindern etwas antun könne. Sie glaubten, einer großen Sache auf der Spur zu sein, und machten sich größere Sorgen wegen der Droge als wegen meiner Einkünfte. Die beiden fragten mich sogar, ob die Kommunisten PCP auf den Markt gebracht hätten, um die Regierung zu stürzen, oder ob eine ausländische Regierung plane, das Trinkwasser in den USA mit Drogen zu versetzen.

»Das weiß ich nicht, aber es könnte sein«, sagte ich. »Wenn ich etwas herausfinde, lasse ich es Sie wissen. Was diese Droge anbelangt, bin ich auf Ihrer Seite. Ich will sie aus dem Verkehr ziehen. Und wenn ich die Quelle vor Ihnen entdecke, hoffe ich, dass Sie beide den Mut haben, bei meinem Mordprozess zu meinen Gunsten auszusagen.«

KAPITEL 25

BIG TOM UND CHARLIE

»Ein Hells Angel ist Teil einer ehrenwerten Gesellschaft, Mann. Wir leben nach so ziemlich den strengsten Regeln, die es gibt. Wenn du eine brichst, wirst du vielleicht keine Chance mehr bekommen, eine zweite zu brechen. So streng sind wir. Aber es sind unsere Regeln, und niemand hat sie uns befohlen.«
»Rotten Richard« Barker[50]

An einem frischen Freitag im Frühling des Jahres 1971 fuhr ich mit meiner Familie auf dem Interstate Highway 80 nach Norden zu unserer Ranch, ohne etwas von den Ereignissen ganz in der Nähe zu ahnen, die unser Leben für immer verändern sollten.[51] Die 15 Mitglieder des Charters Richmond trafen sich in einem Clubhaus in der Hillcrest Road 1530 von San Pablo, nicht weit von der Bucht entfernt. Die Garage des Reihenhauses war mit Harleys gefüllt. Einige Frauen lungerten auf der Veranda herum, während die Männer es sich im Wohnzimmer bequem gemacht hatten und vor dem Fernseher auf Neuankömmlinge warteten.

Die Kerle, die das Haus betraten, sahen ebenso garstig und stämmig aus wie alle anderen Angels, aber ihnen fehlten das Prestige und der Geschäftssinn des Oakland-Clans. Richmond spiegelte den provinziellen Charakter von kleinen Industriestädten wie Port Costa, Crockett und Hercules wider. Die meisten Mitglieder waren Einheimische, die ein wenig mit Drogen handelten, wenn auch nicht so geschickt wie Oakland. Sie glichen einem AAA-Baseballteam[52]: kaum profitabel, den höheren Ligen nahe, aber leichter zugänglich.

An diesem Abend stellte »Festus«, ein gut 110 Kilogramm schwerer verurteilter Fassadenkletterer, »Big Tom« Shull, 24-jährig, und den zierlichen Charlie Baker, dreißig, als vielversprechende neue Anwärter vor. Shull, rotbärtig, 1,83 Meter groß und ebenfalls mehr als 110 Kilo schwer, hatte den Körper eines Gewichthebers und schaffte im Bankdrücken knapp 160 Kilo.

In seiner typischen Bikerkluft sah er bereits aus wie ein Angel. Er hatte dieses Image gepflegt, seitdem er und Baker vor etwa einem Jahr aus Georgia gekommen waren.

Meist hing ein klobiges Kampfmesser an Big Toms Motorrad-Kettengurt, auf dessen Schnalle die deutschen Worte »Gott sei bei uns« standen. Er trug einen Hakenkreuzohrring, und seine Schnürstiefel, die denen der Highway Patrol ähnelten, reichten ihm fast bis zu den Knien. Sein arrogantes Auftreten passte zu seinem näselnden Georgia-Akzent. Big Tom arbeitete hart daran, ein Outlaw zu sein. Er verdiente ein paar Kröten mit allerlei kleinen Deals und Geschäften, stahl Motorradteile, machte sich ebenso viele Feinde wie Freunde – und träumte oft laut davon, eines Tages »Rot und Weiß« zu tragen.

Der unbekümmerte Charlie trottete ihm als ständiger Kontrast hinterher. Der kleine ehemalige Mechaniker für Polizeimotorräder aus Augusta ging mit einwärts gedrehten Füßen und sah mit seinem dunklen Kraushaar, seinem Schnurrbart, der Drahtgestellbrille und der Eisenbahnermütze wie ein Kobold aus. Der Spaß – die Fahrten ins Gebirge mit 160 Stundenkilometern, die Partys und die Frauen – hatten ihn in das kalifornische Bikerparadies gelockt. Und als er dort war, folgte er seinem ehrgeizigen Kumpel in die Bay Area. Dort fand er eine Freundin und einen Job als Motorradmechaniker in Rodeo.

»Das sind Freunde von mir. Seid gut zu ihnen«, sagte »Festus«, als er die beiden vorstellte. Dennoch mussten sie, wie es Brauch war, draußen warten, während die anderen übers Geschäft sprachen. Wie alle anderen hatten Tom und Charlie eine lange Probezeit vor sich, ehe der Club ihnen erlauben würde, sich um eine Mitgliedschaft zu bewerben.

Obwohl »Festus« sich nach dem Treffen verabschiedete, beschlossen Big Tom und Charlie, zu bleiben und sich unters Volk zu mischen. Die zwei aus Georgia und ein anderer Anwärter, der 135 Kilo schwere Edward »Junior« Carter, wurden losgeschickt, um Whiskey, Rum und ein paar Kisten Bier zu kaufen. Nach ein paar Gläsern verlagerte sich die Party in die Kneipe You and I in Crockett. Dort blieben die Biker etwa drei Stunden, tranken und spielten Billard, bis sie sich auf die Rückfahrt machten.

Im Clubhaus ging das Gelage weiter. Meskalin und LSD wurden herumgereicht. Der Clubpräsident, »Rotten Richard« Barker, verteilte Kokain, und die Leute schnupften es durch einen zusammengerollten Hundert-Dollar-Schein. Es waren nur wenige Frauen anwesend, alle mehr oder weniger vergeben, darum nahm der Abend einen etwas anderen Verlauf.

»Whispering Bill« Pifer – ein großer, hagerer Angel, der seinen Spitznamen erhielt, nachdem Krebs seinen Kehlkopf zerstört hatte – ging in die Küche, um Kaffee für Tom und Bier für Charlie zu holen. »Tom möchte ja zu uns stoßen«, sagte er zu mehreren Mitgliedern. »Wollen wir ihn auf die Probe stellen?«

»Wir könnten seinen Kaffee mit LSD würzen«, schlug Rolland Crane, 29-jährig, vor.

»Klar. Das ist eine gute Idee«, meinte Barker. Acht oder zehn grüne LSD-Tabletten wurden in Shulls Kaffee verrührt, dann ließ Crane auch ein paar in Charlies Bier fallen.

Als sich bei den Versuchskaninchen die ersten Halluzinationen einstellten, wurden sie geprüft. Jemand zeigte Big Tom ein Foto von Martin Luther King Jr. und behauptete, der schwarze Bürgerrechtler werde möglicherweise der nächste Präsident der USA sein. Shull begann Schimpfnamen zu brüllen und stampfte auf dem Bild herum.

Bald setzte der Clubpräsident die Prüfung fort. »Gib mir deine Brieftasche«, sagte er, und Shull gehorchte, um den Chef nicht zu reizen. Dann ging Barker zu Charlie und gab vor, einen Mitarbeiterausweis des Sheriffbüros aus der Brieftasche zu ziehen. »Wusstest du, dass dein Freund ein Cop ist?«, fragte er grimmig.

Dem kleinen Burschen traten schier die Augen aus dem Kopf. »Nein. Ich glaube es nicht. Nein!«, rief er.

Dann benutzte Barker Charlies Brieftasche, um Tom den gleichen Streich zu spielen. »Dieser Zwerg ist ein Drogenfahnder«, sagte Barker. Damit wollte er andeuten, dass Big Tom entweder seinen Kumpel abservieren oder sich mit allen anderen anlegen musste.

»Ich bring ihn um, ich bring ihn um«, brüllte Tom, sprang auf die Füße und fuchtelte wild mit den Armen.

»Haltet den Hundesohn fest!«, schrie Barker, und ein halbes Dutzend Männer – Crane, »Big Boy«, Paul F. »Badger« Mumm, William J. Moran, Whispering Bill und dessen 16-jähriger Sohn – versuchten Tom zu bändigen.

Die Frauen zogen sich zurück, und Charlie bemühte sich, seinen Kumpel zu beruhigen. Aber Big Tom tobte weiter. »Der Teufel ist hinter mir her. Der Teufel ist hinter mir her.« Er schlug mit der Kraft eines Verrückten um sich und war derart außer Rand und Band, dass Barker den ehemaligen Angel »Big Red« anrief und ihm befahl: »Bring ein paar Seconal-Tabletten her, und zwar schnell.«

Die Männer bekamen Big Toms Körper oder sein gestörtes Hirn nicht in den Griff. 45 blutige Minuten lang klammerten sich die keuchenden, ächzenden Männer an seine Arme und Beine, packten abwechselnd sein langes Haar und knallten seinen Kopf auf den Fußboden, um ihn bewusstlos zu machen. Alles war mit seinem Blut bespritzt. Dann endlich kamen »Big Red« und ein zweiter Biker mit den Beruhigungstabletten. Sie stopften Tom ein paar Handvoll in den Mund, und nach wenigen Minuten entspannte er sich, sodass sie ihm die Hände auf dem Rücken fesseln und ein Seil zwischen seinen ebenfalls gebundenen Füßen und seinem Hals spannen konnten. »Ich bring euch Hundesöhne um«, brüllte er.

»Bringt ihn ins hintere Schlafzimmer, dort hört ihn niemand schreien«, befahl Barker. Fast sämtliche Hände wurden benötigt, um ihn von der Stelle zu bewegen. Wie ein Irrer kreischend, blieb er allein zurück.

Die Party ging noch etwa zehn Minuten weiter, dann wurde Pifer ins Schlafzimmer geschickt, um nachzusehen, ob Big Tom ruhig war. Er war ruhig. Die Zunge in seinem weit offenen Mund war geschwollen, seine Augen waren nach hinten gerollt. Pifer legte ein Ohr an Toms Mund. Nichts. Er rannte ins Wohnzimmer. »Ich hoffe, ihr seid zufrieden«, stieß er keuchend hervor. »Ihr habt den Hundesohn umgebracht.«

Barker, Crane und Moran rannten los, um sich selbst zu überzeugen. Als sie zurückkamen, schickte Rotten Richard die Frauen weg. Dann zeigte er auf Charlie und befahl Pifer, der an diesem Abend Sergeant at Arms war: »Du bringst diesen Mistkerl um. Wir können uns keine Zeugen leisten.«

»Geh zum Teufel«, krächzte Whispering Bill. »Tu's doch selbst.« Als der Befehl wiederholt wurde, unterstrich er seine Weigerung mit dem Mittelfinger.

Auf einen weiteren Befehl hin sprang Moran den Kleinen an, warf ihn zu Boden und packte ihn am Hals. Charlie hörte auf zu flennen und wurde seltsam still. Jeder Herzschlag schien seine Augen ein bisschen weiter zu öffnen. Mehrere Mitglieder hielten ihn fest, während Moran neben ihm saß, seinen Hals würgte und immer wieder klagte: »Der Kerl will nicht sterben. Der Kerl will nicht sterben.«

Moran benutzte seinen Gürtel als Garrotte. Als das nicht klappte, verlangte er einen Strick und einen Stock. Er wickelte den Strick um Charlies Hals, schob ein Stück eines zerbrochenen Stuhls unter den Strick und kurbelte ihn straff. Fünf Minuten oder länger grub der Strick sich tiefer – bis Charlies Herz nicht mehr schlug. Der Strick wurde festgezurrt, um sicherzustellen, dass Charlie tot blieb. Dann wurde die Leiche in den Schlafzimmerschrank geworfen, gleich neben den toten Big Tom. Es gab eine kurze Diskussion darüber, ob eine oder mehrere Zeuginnen auch getötet werden sollten, aber alle waren der Meinung, dass sie zu viel Angst hatten, um zu plaudern. Pifer versicherte allen, sein Sohn werde ebenfalls den Mund halten.

Trotzdem blieb viel zu tun. Am Samstagmorgen um sechs Uhr fuhren einige Mitglieder mit Barkers Lkw zur Müllkippe, um die blutigen Möbel zu verbrennen, während Pifer und Badger das Haus schrubbten. Später nahmen Pifer und Badger den Leichen die Brieftaschen und andere persönliche Dinge ab, spülten einiges die Toilette hinunter und verbrannten anderes im Waschbecken.

Als das Reinemachen beendet war, rief Rotten Richard über den Münzfernsprecher in der Küche Sonny an und teilte ihm mit, er wolle vorbeikommen, um mit ihm »ein Problem« zu erörtern. Als Richard ging, befahl er »Festus«, die Motorräder der toten Männer in der Bucht zu versenken.

Am Sonntag wurde Pifer zu Barker beordert, um weitere Befehle entgegenzunehmen. Leichengestank schlug ihm entgegen, als er am Kofferraum des Cadillacs vorbeiging, der vor dem Haus parkte. Drinnen teilte Barker ihm mit, er werde am Montag den Wagen fahren, weil er von allen Mitgliedern am normalsten aussehe.

»Wohin fahren wir?«, fragte Bill.

»Wirst du schon sehen.«

Zwischenzeitlich tauchte Zorro mit Mickey auf der Ranch auf. Unter vier Augen sagte er zu mir: »Sonny will sofort mit dir reden. Es ist wichtig.« Also fuhren mit Zorros Pick-up zur Telefonzelle vor dem Café Blue Bonnet und wählten Sonnys Nummer.

»Ich hab noch ein paar Leichen«, sagte er.

Mir gefror das Herz in der Brust. Ich war wie gelähmt. Nicht nur weil Sonny mich erneut um einen heiklen Gefallen bat, sondern auch weil Zorro, dem ich wegen der Schüsse noch etwas schuldig war, den Boten spielte. Der Druck war enorm.

Als ich widerwillig zugestimmt hatte, sagte Sonny: »Okay, sag Zorro, wo der beste Platz ist, oder such ihn selbst aus. Dann gib ihm den Schlüssel zum Tor und verschwinde. Ich will dich nicht in die Sache verwickeln.«

Auf der Ranch dachte ich mir einen Vorwand aus, um sofort in die Stadt zurückzukehren. J. B.s Familie war gezwungen, ebenfalls zu packen, denn wir bestanden seit dem ersten Begräbnis darauf, dass niemand die Ranch betrat, wenn wir nicht dabei waren. Wir fürchteten, dass jemand ohne unser Wissen noch mehr Tote beseitigen würde.

Während beide Familien sich auf die Abfahrt vorbereiteten, fuhren Zorro und ich in den Hügeln herum und suchten einen geeigneten Platz. Ich entschied mich für das Loch einer Probebohrung, etwa fünfzig Meter vom Highway entfernt. »Du bist verantwortlich«, sagte ich und reichte Zorro den Schlüssel. »Sorge dafür, dass die Jungs gute Arbeit leisten, und nimm den Leichen die Kleider ab, bevor du sie verscharrst.« Ich wusste aus Filmen, dass nackte Leichen schneller verwesen.

Am nächsten Tag erhielt Pifer etwa um vier Uhr nachmittags den Auftrag, mit dem Cadillac über die Richmond-San-Rafael-Brücke und auf dem Highway 101 nach Norden zu fahren. Er sollte regelmäßig in den Rückspiegel schauen und sich an den Blinkern des Ford Kombi orientieren, der hinter ihm fahren würde, beladen mit Angels, Waffen, Pickeln und Schaufeln. Falls die Highway Patrol oder Beamte des Sheriffs sein tief liegendes Auto anhielten, sollte er aussteigen, in seine Brieftasche greifen, als wolle er seinen Führerschein herausholen, und dann weglaufen. Die Club-Eskorte würde die Polizisten dann mit automatischen Waffen umnieten.

»Wohin fahren wir?«, fragte Pifer.

»Stell keine Fragen«, schnappte Barker. »Wir können zwischen vier verschiedenen Plätzen wählen, aber dieser ist der nächste.«[53]

Bevor Pifer sich ans Steuer setzte, goss er drei Flaschen Hexol[54] auf die Leichen, deren starre Arme zuvor gebrochen worden waren, damit sie in den

Kofferraum passten. Dann fuhr er den Highway 101 entlang, bis der Kombi hinter ihm rechts blinkte. Einige Kilometer südlich von Ukiah verließen sie die Straße an der Ausfahrt Boonville Road. Zorro erwartete sie in der Nähe und brachte sie zur Ranch.

»Holt die verdammten Leichen aus dem Wagen«, bellte Rotten Richard. »Wir haben nicht die ganze Nacht Zeit.« Er und Zorro hielten Maschinenpistolen bereit. Carter, Crane, »Festus« und Pifer machten sich an die Arbeit. Während einige Männer das Werkzeug ausluden, zogen andere die Toten aus und warfen die Kleider in die Grube. Einen Moment später klatschten zwei weiße Gestalten in das Wasser im Loch. Die Männer warfen zwei Säcke Kalk, Bretter und anderes Baumaterial auf die Leichen und füllten das Loch dann mit Erde.

KAPITEL 26

EINE GRUBE, DIE SICH NICHT FÜLLEN LÄSST

E s gab einen großen Unterschied zwischen der ersten Leiche und den beiden nächsten. Die erste war zwar auch nicht legal, aber so viel ich wusste, war kein Mord im Spiel gewesen. Die folgenden zwei machten mir zudem Sorgen, weil Zorro von ihnen wusste, und ihm traute ich nicht. Hinterher entschuldigte sich Sonny sogar dafür, dass er mir Zorro geschickt hatte, obwohl er genau gewusst hatte, dass ich mit ihm Probleme hatte.

Die Entschuldigung beruhigte mich aber nur so lange, bis ich am Grab die Socke eines der Toten fand. Und je länger ich darüber nachdachte, desto misstrauischer wurde ich. War das Ganze inszeniert, oder waren die Angels nur schlampig gewesen? Ich war so wütend, dass ich nach Oakland raste und Sonny die Socke zeigte. »Schau mal, was ich am Loch gefunden habe.«

Sonny zerknüllte das Ding erbost. »Verdammt. Tut mir leid, Mann. Ich kümmere mich darum.«

Am nächsten Wochenende inspizierte ich das Grab erneut und entdeckte eine Männer-Halskette, die in der Sonne glitzerte. Voller Zorn und Furcht fuhr ich nach Oakland und rief Zorro zu mir. »Wie kommt dieses Ding dorthin?«, fragte ich ihn.

Da Zorro schwieg, verpasste ich ihm ein paar Schläge mit meiner Pistole und schleppte ihn dann zu Sonny. »Ich hab allmählich die Schnauze voll, Sonny«, sagte ich. »Zorro war für diese Beerdigung verantwortlich. Entweder hat er versagt, oder jemand will mich reinlegen.«

Sonny nahm die Kette an sich und sagte erneut: »Ich kümmere mich darum, George.«

Immer noch kochend vor Wut, beschimpfte ich Zorro. »Mein Kleiner hat mehr Mumm als du. Ich sollte dich mit nach Hause nehmen und von ihm auf der Veranda vermöbeln lassen.« Zorro steckte die Beleidigung wortlos weg, war aber verständlicherweise darum besorgt, sich zu entlasten.

Einige Tage später tauchte er mit Rotten Richard bei mir auf. Bis dahin hatte ich nur gewusst, dass zwei namenlose Männer von den Angels umgebracht worden waren. Das Charter und die beteiligten Mitglieder waren mir nicht bekannt.

»Wenn etwas liegen geblieben ist, war Richard schuld«, platzte Zorro heraus, um sich von der Pfuscharbeit reinzuwaschen.

Richard nickte zustimmend, dankte mir für die Hilfe und wechselte dann rasch das Thema. Weder er noch ich wollten, dass Zorro uns noch mehr in Schwierigkeiten brachte. Wir fühlten uns unwohl, denn uns war klar, dass der Mörder dem Friedhofswärter vorgestellt worden war.

»Reden wir nicht mehr davon«, sagte ich. »Vergesst die Sache. Es ist vorbei.« Dann holte ich Gras, und bald waren wir alle bekifft. Es juckte mich in den Fingern, Zorro erneut für seine Dummheit und seinen Egoismus zu bestrafen.

Nachdem Barker gegangen war, schrie ich ihn an: »Warum machst du das?« Er versuchte wegzulaufen, aber ich stellte ihn im Wohnzimmer und traktierte seinen Kopf mit dem Lauf einer Knarre.

Ausgerechnet in diesem Moment platzten Durt und Sir Gay herein. Sie waren entrüstet darüber, dass ein Nichtmitglied einen Aktiven verprügelte. »He, George, du darfst kein Mitglied schlagen, und das weißt du«, protestierte Sir Gay und kam näher. Aber Helen hielt ihn und Durt mit einer Flinte in Schach, während ich Zorro weiter bearbeitete. Der flehte um Hilfe, und Durt schrie: »George, bitte hör auf, ihn zu schlagen, bis wir etwas abgeklärt haben. Okay?« Ich hielt inne, und Durt wandte sich an Sir Gay. »Geh und sprich mit Sonny und erkundige dich, was wir tun sollen. Ich bleibe hier.«

Eine Minute später kam Sir Gay zurück und berichtete: »Sonny sagt: Alles, was George sagt, ist in Ordnung.« Zorro war bestürzt, und alle anderen wunderten sich, auch ich. Sonny hatte einem Nichtmitglied die Erlaubnis erteilt, eine Grundregel des Clubs zu verletzen. Trotzdem ließ ich nach ein paar weiteren Hieben von Zorro ab.

Zorros düsteres Schweigen machte mir Sorgen. Vielleicht sann er auf Rache. Da ich mich sehr allein und verwundbar fühlte, begab ich mich auf die Suche nach einem neuen Verbündeten im Club, nach jemandem, dem ebenfalls daran lag, dass die Leichen sicher verwahrt waren. Schließlich begann ich, »Deacon« Proudfoot – der 1974 Präsident des Charters Oakland wurde – auf die Ranch einzuladen. Er half mir, einen Bach mit einem Bulldozer zu stauen. Dann bat ich ihn, den Boden über den beiden Leichen einzuebnen.

»Weißt du, warum dort ein Hügel war?«, fragte ich ihn später. »Zwei Tote haben die Erde nach oben gedrückt.« Dann fügte ich hinzu: »Zorro hat die Beerdigung organisiert, aber ich traue ihm nicht. Pass gut auf ihn auf, und halt mich auf dem Laufenden.« Als neuer Anführer war Deacon genau der Richtige, um Zorro im Auge zu behalten und mich über jeden Ärger zu informieren, den diese Leichen uns bereiten konnten.

Einerlei wie glatt der Boden und wie hoch das Gras war, ich konnte die Toten nicht vergessen. Bekifft zu sein oder auf der Ranch zu arbeiten half ein wenig, doch beidem waren finanzielle Grenzen gesetzt.

Zum zweiten Mal war der Drogenhandel mein Heilmittel. Mein neuer Partner war »Napa Bob« Holmes, ein ehemaliger Frisco-Angel und Gabelstaplerfahrer. Er wurde »Napa« genannt, nicht weil er aus dieser Stadt im Weinbaugebiet stammte, sondern weil er behauptete, dort einige Zeit in der Psychiatrie verbracht zu haben. Angeblich war er 16 Jahre alt gewesen, als er in einem Gässchen mit gezückter Pistole von einem alten Mann Geld verlangt hatte. Der Mann habe gelacht und gesagt: »Gib mir die Kanone, Kleiner.« Bob habe erwidert: »Geben Sie mir das Geld, Mister.« Als der Mann wiederholte: »Gib mir die Waffe«, erschoss ihn der junge Bob.

Napa Bob blieb seinem Billy-the-Kid-Image treu. Mit Anfang dreißig bevorzugte er immer noch die Ballertaktik und schleppte eine Pistole Kaliber .22 mit Schalldämpfer mit sich herum. Er war 1,90 Meter groß, wog fast hundert Kilo und trug hölzerne Schienbeinschützer an seinen unfallvernarbten Beinen. Ständig träumte er laut davon, eines Tages mit Drogen das große Geld zu verdienen. Da ihm Erfahrung und Beziehungen fehlten, löcherte er mich andauernd mit der Bitte um Tipps.

Eines Tages erklärte ich mich bereit, mit ihm zusammenzuarbeiten. Tiny und Durt streckten mir Methamphetamin vor, das ich mit Hilfe meiner alten und neuen Kontakte verkaufen sollte. Speed war so gefragt wie früher LSD, vor allem weil es sich als Partydroge eignete, und das war die Richtung, die der Club damals einschlug.

Meine besten Kunden waren Lawrence »Moose« Chesher, der Frisco-Präsident, und sein Kumpan »Crow«. Zahlreiche Nicht-Angels waren ebenfalls reif für meine Rückkehr, da das Charter Oakland nachlässig geworden war: Zu viele Mitglieder bekifften sich lieber selbst, als sich ums Geschäft zu kümmern. (Die ersten Anzeichen dafür gab es kurz nach meinem Rückzug: Mein Hippie-Trio wurde heroinsüchtig, und Tramp kam zu mir zurückgekrochen und bat mich, ihm dabei zu helfen, sein STP loszuwerden.) Alte Kontakte wie Duke freuten sich darüber, mit jemandem Geschäfte zu machen, der kein auffälliger aktiver Angel mit langem Vorstrafenregister war.

Deshalb gedieh meine neue Partnerschaft prächtig, obwohl ich zurückhaltender und weniger aggressiv war als in früheren Zeiten. Ich achtete darauf, nicht in die Reviere aktiver Mitglieder einzudringen, vor allem nicht ins Territorium meiner Lieferanten.

Das Amphetamin wurde anscheinend durch Los Angeles verschoben. Zufällig begegnete ich dem Kontaktmann des Clubs, als er einen Koffer voller Methamphetamin bei Tinys Haus ablieferte. Die Frau dieses Typen entpuppte sich als Tina, ein großes Groupie mit rabenschwarzem Haar. Sie war mit Magoo zusammen gewesen und dann nach Los Angeles gezogen.

Mein größter Deal waren 2,7 Kilo Speed, die im Großhandel – per Kilo oder Unze verkauft – etwa 15 000 Dollar wert waren.

Ursprünglich hatten wir vereinbart, dass ich die Drogen und die Kunden besorgte, während Napa für den Verkauf und die Auslieferung zuständig sein sollte. Leider war Napa geschickter darin, mit seiner .22er den Rowdy zu spielen. Als er einmal Streit mit einigen guten Kunden anfing, nahm ich ihn mir zur Brust. »He, Mann, so macht man keine Geschäfte. Du kannst nicht rumlaufen und diese Leute überfallen. Sie sollen dich mögen. Behandle sie gut, und sie kommen wieder.«

Es nützte nichts. Charme gehörte nicht zu seinen Tugenden, also gingen die Kunden ihm aus dem Weg und kamen gleich zu mir. Für Napa blieben nur wenige Aufgaben übrig.

Etwa sechs Monate lang verschaffte mir die ständige Nachfrage nach Methamphetamin, Kokain und anderen Drogen ein ordentliches

Zusatzeinkommen. Dann wechselte Moose zum Charter Oakland und handelte direkt mit Tiny. Obwohl ich nun kein Zwischenhändler mehr war, verkaufte ich weiter alles, was ich kriegen konnte. Ich hatte genug Speed für mich selbst und genug Geld, um die Ranch zu verschönern.

Napa und seine Frau Carol waren angenehme Gäste auf der Ranch. Sie lasen viel, legten Wert auf gesundes Essen und waren Amateurastrologen und -handleser. Carol war eine stämmige, burschikose Frau, die wie eine Kampflesbe aussah, aber weiblicher wurde, wenn sie Speed konsumiert hatte. Helen und sie verstanden sich gut, ja wurden Freundinnen.

Wenn Napa nicht mit seiner Frau herumalberte, fantasierte er mit mir. Meist ging es um verrückte Pläne. Wir sprachen sogar davon, einen Hubschrauber zu bauen, um die Ranch schneller zu erreichen. Ich war einer der wenigen Leute, die Napa ernst nahmen und sich alle seine Träumereien anhörten.

Napas Mutter hatte ihn aus einer Zeitkapsel aus dem 19. Jahrhundert gestohlen. Er sagte oft, er hätte lieber im Wilden Westen gelebt und an Überfällen teilgenommen, zum Beispiel an dem auf unsere Ranch vor hundert Jahren. Eines Abends in unserem Wohnmobil strich er sich über den dunklen, gepflegten Bart und sinnierte: »Wenn ich gehe, möchte ich jemanden mitnehmen. Je mehr, desto besser.«

»Warum?«, wandte Helen ein. »Das kapier ich nicht. Was hättest du davon?«

»Jeder sollte 'ne Kanone tragen wie im Wilden Westen«, sagte er. »Das wäre toll. Dann könntest du im Streit mit jemandem einfach sagen: ›Die schnellste Knarre gewinnt. Los, komm!‹ Wenn du etwas haben wolltest, könntest du es dir nehmen.«

»Nee, diese Jesse-James-Masche funktioniert nicht.«

Ich ergriff Partei für Napa, und wir piesackten Helen so lange, bis sie in Tränen ausbrach. Doch an einem anderen Abend erteilte ich Napa eine Lektion in seiner eigenen Philosophie. Er war mit Beruhigungsmitteln zugedröhnt, als er ankam. Wir waren bereits zu fünft: Helen und ich, mein Bruder mit einem Mädchen, das er abwechselnd besprang und mit Peyote abfüllte, sowie Sam, ein Freund der Familie, der ein wenig dealte.

Napa machte den Fehler, den Mistkerl zu spielen und mit seiner .22er herumzuspielen wie ein lautloser Revolverheld. Das brachte mich auf die Palme. Es kam zum Streit, und ich sprang ihn an und bearbeitete seinen

Kopf und sein Gesicht mit einer Flinte. Mein Bruder Michael schlug sich auf meine Seite, obwohl ich ihm vor Kurzem bei einem Familienstreit das Bein gebrochen hatte. Wir prügelten Napa blutig, zertrümmerten seine falschen Zähne und jagten ihn dann mit Fußtritten in sein Auto.

Trotzdem blieben Napa und ich Busenfreunde, so wie J. B. und ich trotz einiger Kabbeleien Freunde blieben. In unseren Kreisen konnten Drogen oder unser durch den Club geprägtes Verhalten aus harmlosem Gemecker eine strafwürdige Beleidigung machen. Aber alte Freunde konnten einander ebenso gut vergeben.

Selbst Zorro war trotz unserer vielen Zusammenstöße auf der Ranch willkommen. Mehr als einmal erwogen Helen und ich, mit ihm zu brechen, aber ich schätzte seine Freundschaft. Zorro, der unverbesserliche Falschspieler, konnte genial und großzügig und ein amüsanter Gast sein.

Im Jahr 1972 besuchte er uns oft mit einer jungen Studentin namens Shirley, einer Frischluftfanatikerin mit einem fünfjährigen Sohn und einem kränklichen Mann. Manchmal begegneten wir uns in einer McDonalds-Filiale in Novato und vereinbarten, uns später auf der Ranch zu treffen. Zorro und seine Freundin schlugen am Telefonmast Nr. 144, nicht weit vom Oberlauf des Russian River entfernt, ihr Basislager auf. Dann fuhren sie zur Ranch, um unter die Leute zu kommen.

Wir waren beeindruckt davon, wie höflich Zorro mit Shirley umging – bis sie eines Abends schluchzend und verwirrt mit ihrem Sohn vor unserer Tür stand. »Zorro hat Tabletten geschluckt und ist ausgeflippt«, sagte sie. »Er hat mit seiner Knarre rumgeballert. Ich kann nicht zurückgehen. Ich habe gewartet, bis er eingeschlafen ist, dann bin ich abgehauen.« Sie sagte, Zorro sei durchgedreht, weil ein australischer Schäferhund, ein Findling, ihm nicht gehorcht habe. Er habe den Hund mit Gewehrfeuer einen Hügel hinaufgejagt und, als Shirley ihn davon abhalten wollte, damit gedroht, das Gleiche mit ihrem Sohn zu tun.

Wir ließen sie bei uns übernachten und fuhren am folgenden Morgen zum Telefonmast. Zorro stampfte mit seinem Gewehr herum, also schirmte ich Helen ab. Niemand konnte wissen, wie er auf den Mann reagieren würde, der ihn verkrüppelt hatte. »Was ist los?«

»Ich wusste, was ich tat«, sagte er ganz ruhig. »Ich hätte den Hund erschießen können, wenn ich das gewollt hätte. Aber ich wollte ihm nur Angst einjagen.«

Ich nickte. Manchmal verspürte ich selbst Lust, Menschen und andere Tiere einzuschüchtern.

KAPITEL 27

DIE »FILTHY FEW«

---

*»Zu den Filthy Few gehört, wer als Mitglied des Oakland-Charters vor den
Augen eines Mitglieds der Filthy Few jemanden für den Club tötet.«*
Vertraulicher Bericht des kalifornischen Justizministeriums, Abteilung
Organisiertes Verbrechen, aus dem Jahr 1973

*»Die Filthy Few sind etwa zehn oder elf Männer im Oakland-Charter, die
schmutzige Arbeit erledigen. Es ist Blödsinn zu behaupten, dass sie vor
anderen Mitgliedern morden müssen. Das Ganze spielt sich mehr oder
weniger so ab: Wenn jemand Geschäfte macht und den Club betrügt,
erteilt dir der Präsident den Auftrag, die Leute zu suchen, die du brauchst.
Du rufst zwei andere an und vereinbarst ein Treffen. Niemand sonst ist
dabei. Dann geht ihr zu dritt zu dem Sünder und bringt ihn um. Wenn
ihr nicht auf frischer Tat erwischt werdet, erwischt man euch nie.«*
Ein örtlicher Ermittler

Obwohl die Justizbehörden im Allgemeinen darin übereinstimmen, dass
die Filthy Few ein vertrauter innerer Kreis von Clubmitgliedern sind,
gibt es unterschiedliche Ansichten darüber, welche Anforderungen sie
erfüllen müssen und was für Morde sie im Namen des Clubs begehen. Die
Kontroverse ist verständlich, denn die Aktivitäten der Filthy Few sind die am
besten gehüteten Geheimnisse in einer extrem verschwiegenen Gemeinschaft.

Nur sehr wenige Angels wurden des Mordes überführt. Dennoch heißt es
in einem 91-seitigen Regierungsbericht vom April 1973, die Mitgliedschaft
bei den Filthy Few werde durch Mord erworben und im Charter Oakland
gebe es 13 bekannte Mitglieder dieses Zirkels. Die Angaben stützten sich auf
die Zahl der Angels, die das rot-weiße Abzeichen mit dem doppelten Blitz
trugen, das dem SS-Symbol der Nazis ähnelte. Man muss allerdings darauf
hinweisen, dass nur einer dieser 13 Männer wegen Mordes verurteilt wurde.

In dem Bericht steht weiter, man »vermute«, dass die Filthy Few auch Mordaufträge von Nichtmitgliedern angenommen hätten, die den Ruf des Clubs kannten und Angels als Killer anheuern wollten. Der Preis liege wahrscheinlich bei 4000 bis 10000 Dollar, das Prozedere sei wie folgt:

Das Mitglied, das zuerst angesprochen worden war, traf sich mit den Filthy Few und brachte das Geld mit. Der Name des Opfers und seine Anschrift wurden auf ein Stück Papier geschrieben, dann wurde der Vollstrecker ausgelost. Das Geld blieb im Club, bis der Auftrag ausgeführt war. Manchmal wurde ein Termin vereinbart, manchmal hatte das Mitglied freie Hand.

Einige lokale Ermittler behaupteten jedoch, diese Morde würden von engen Freunden innerhalb der Filthy Few begangen und es gebe keine festen Regeln. Nur unmittelbar beteiligte Mitglieder wüssten über belastende Details Bescheid. Das bedeute, dass ein Spitzel sich selbst belasten und zudem die Rache des Clubs fürchten müsse. »Ich glaube nicht, dass sie jemals einen Auftrag von einem Außenstehenden annehmen würden«, sagte ein Beamter, der ein Jahrzehnt lang Angels-Fälle bearbeitet hatte. »Um sich selbst zu schützen, hätten sie den Auftraggeber beseitigen müssen.«

Ich kannte die Filthy Few als Trunkenbolde, die sich ihren Namen nach einem Bass Lake Run auf einer wilden Party im Yosemite-Nationalpark zulegten. Für mich waren sie nie mehr als eine draufgängerische Gruppe innerhalb des Clubs. Vielleicht wurden sie härter, nachdem ich die Angels 1969 verlassen hatte. Da ich jedoch jedes der 13 Mitglieder kannte und dem Club eng verbunden blieb, bezweifle ich sehr, dass jeder dieser Männer einen Mord begangen hat. Allerdings schienen einige von ihnen dazu fähig zu sein.

Was die Geselligkeit anbelangt, unterschieden sich die Filthy Few nicht von clubinternen Gruppen wie den Federales, den Dirty Thirty und der Wrecking Crew. Es gab einen kameradschaftlichen Wettbewerb zwischen diesen Gruppen, und jede versuchte, bei Clubtreffen möglichst zahlreich vertreten zu sein. Wenn sie während einer Party auftauchten, rief garantiert jemand »Die 30er sind da!« oder »Die Federales kommen!«.

Die Wrecking Crew, einigen Ermittlern zufolge ein Abbruchtrupp, hatte sich aus Männern gebildet, die wegen einer heute vergessenen Beleidigung jemandem das Haus abgerissen und die Habe in einen Swimmingpool geworfen hatten. Die Polizei behauptete, die Crew sei das Sprengstoffkommando des Clubs und verkaufe Sprengstoff oder setze ihn für Auftragsmorde und interne Clubangelegenheiten ein. Im Jahr 1973 hatte die Crew angeblich fünf Mitglieder in Oakland.

Die Federales waren hauptsächlich Mitglieder mexikanisch-amerikanischer Herkunft, die laut Polizeiangaben Geschäfte mit Sprengstoff, Prostitution und Drogen machten. Ihre Kunden seien kriminelle Latino-Banden gewesen, vor allem in San Jose und Umgebung.

Die Mitglieder wechselten oft von einer Gruppe zur anderen oder gehörten gleichzeitig mehreren an. Manche gründeten eigene Gruppen, die sich auf gesellschaftliche oder geschäftliche Verbindungen stützten.

Auch nach meinem Rückzug kaufte der Club Schusswaffen für den eigenen Gebrauch und den Handel; ich selbst tauschte einige bei Tiny und Durt gegen Speed und bei Sonny gegen Kokain ein. Außerdem bewahrte ich gestohlene oder illegale Waffen für den Club auf, darunter einen Maxim-Schalldämpfer, der Sonny gehörte. Der Präsident interessierte sich nicht nur für starke Waffen, die er der Polizei anbieten konnte, sondern auch für Pistolen mit kleinem Kaliber, besonders für kompakte und automatische Waffen Kaliber .22 und .32, deren Herkunft nicht zu ermitteln war und die man leicht mit Schalldämpfern ausrüsten konnte. Diese Pistolen wurden oft von Profikillern benutzt.

Obwohl ich bezweifle, dass der Club Mordaufträge annahm, wurde ich zweimal von Leuten angesprochen, die Killer anheuern wollten.

Ende 1968 wollten Juan und Mark, zwei Dealer in Berkeley, dass ich einen neuen Mitbewerber beseitigte. Dafür boten sie mir eine 12 Meter lange Yacht an, die im Hafen von Sausalito lag. Sie sagten, ein junger Dealer namens Jose habe ihnen 25 000 Dollar geraubt, nachdem er seine Frau bei Juan und Mark eingeschleust hatte. Als die Dealer mit dem Geld nach Hause gekommen seien, hätten Jose und die Frau bewaffnet auf sie gewartet.

Zwar amüsierte mich dieses Seemannsgarn, aber ich brauchte kein zweites Boot. Daher lehnte ich das Angebot ab. Allerdings verdrückte Jose sich dennoch, als er hörte, der Club beschäftige sich mit ihm.

Ein andermal sprach mich einer meiner Dealer an, ein Speedfreak namens Dave. Er behauptete, seine Exfrau erpresse ihn, damit er zu ihr zurückkehre.

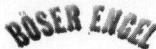

»Ich will sie loswerden«, sagte er. »Kannst du das erledigen, George? Wie viel würde es kosten?«

»Wie viel kannst du ausgeben?«

Nach einigem Herumdrucksen sagte er: »Ungefähr 2500.«

»Mal sehen, was ich tun kann«, versprach ich.

Ich traf Sonny zu Hause im Bett an. Er sah fern und zog Kokain. Als ich ihm von Daves Angebot berichtete, lachte er schallend. »Spinnt der? Sag ihm, es kostet mehr. Mindestens 5000.« Er zuckte mit den Schultern und wechselte den Kanal.

Dave sagte, er wolle darüber nachdenken, aber er machte nie ein neues Angebot.

KAPITEL 28

DIE SCHRAUBE DREHT SICH

Während ich mich zurückhielt, machte der Club häufig Schlagzeilen. Diese Publicity gefiel mir nicht, weil ich wegen meiner bestehenden Kontakte zum Club ein potenzielles Ziel für Polizeiaktionen war. Ich wollte vergessen werden, so wie ich die Leichen vergessen wollte. Doch jeder neue Artikel wies darauf hin, dass die Angels und ihr Umfeld Anfang der 70er-Jahre mehr waren als nur weiße Rebellen und Rüpel.

Beispielhaft dafür waren Berichte im *San Francisco Chronicle*:

– 11. April 1970. Sonny wurde wegen Verdachts auf Drogenhandel festgenommen, nachdem Donald Howarth, 36, Filmrequisiteur und nach eigener Aussage »ehemaliger Mr. Amerika aus Studio City«, erwischt worden war, als er mit Heroin und Kokain im Wert von 350 000 Dollar in einem Koffer auf Bargers Haus zumarschierte.

– Mitte Juni 1970. Sonny legte sein Amt als Präsident vorübergehend nieder, um sich gegen die Vorwürfe zu wehren. Er wusste nicht, dass man die Anklage später fallen lassen würde, weil Howarth verhaftet worden war, bevor er die Drogen ins Haus hatte bringen können. Howard jedoch wurde zu fünf Jahren Gefängnis verurteilt.

– 25. Juni 1970. Beamte der Drogenfahndung durchsuchten das Haus von Johnny Angel, Sonnys Strohmann als Präsident. Als Johnny die Tür öffnete, drückte er einem der Polizisten eine automatische Pistole Kaliber 9 mm in den Bauch, bis man ihm den Durchsuchungsbefehl zeigte. Die Beamten nahmen ihn fest, nachdem sie Drogen in geringen Mengen und ein kleines Waffenarsenal gefunden hatten. Diese Anklage wurde später fallen gelassen, aber am 26. Januar 1971 wurde er wegen eines tätlichen Angriffs auf einen Barkeeper verurteilt.

– 15. Juli 1970. Ein Einsatzkommando aus mehreren Polizeieinheiten nahm Winston bei sich zu Hause wegen unerlaubten Waffenbesitzes fest. Als ein Beamter sich anschickte, über den Zaun zu klettern, warnte ihn ein ortskundiger Kollege: »Tu das nicht. Da ist ein afrikanischer Löwe drin.« Der Bundespolizist lachte – bis er über den Zaun guckte. Winstons Kaution wurde auf 50 000 Dollar festgesetzt, und Sonny nahm Kitty Kitty in seine Obhut. Später wurde Winston wegen Waffenbesitzes zu zwei Jahren Gefängnis verurteilt. Gleichzeitig musste er fünf Jahre absitzen, weil er einem verdeckten Ermittler Drogen verkauft hatte.

– 29. Juli 1970. Winstons Nachbarn beantragten beim Stadtrat eine Verfügung gegen das Halten gefährlicher Haustiere.

– 21. Dezember 1970. Polizisten sagten beim Prozess gegen Alan Passaro aus. Der Angel wurde beschuldigt, den Mord beim Altamont-Festival verübt zu haben, und die Beamten erklärten, der Club neige ähnlich wie die Mafia zu Strafaktionen gegen Spitzel. William Bennett, der Leiter einer nachrichtendienstlichen Sondereinheit beim Generalstaatsanwalt, sagte: »Wir halten sie für eine der gewalttätigsten Outlaw-Gruppen im Staat ... Zeugen weigern sich auszusagen, weil sie Angst haben.« Und ein Beamter aus Oakland bestätigte: »Sie bestrafen Leute, die sie verpfeifen, mit schweren Prügeln und drohen sogar, sie umzubringen ... Jemand erklärte mir gegenüber, er gehe lieber zwanzig Jahre ins Gefängnis, als sich mit den Angels anzulegen ... Informanten haben mir gestanden, dass sie sich strikt weigern, im Umfeld der Hells Angels zu arbeiten.« Trotz dieser Zeugenaussagen wurde Passaro, der sich auf Notwehr berief, freigesprochen.

– 21. März 1971. Sonny und meine alte Mätresse Mickey wurden in einem Industriegebiet im Auto verhaftet. Sie hatten drei Pistolen, eine Tränengasgranate, ein Telefonabhörgerät, Einbruchswerkzeug, zwei schwarze Masken und ein 7,5 Meter langes Seil bei sich. Sonnys Absichten blieben unbekannt, doch er wurde wegen Besitzes von Waffen und Einbruchswerkzeug in Haft genommen. Später wurde das Verfahren eingestellt.

– 13. Juli 1971. Sonny wurde wegen Waffenbesitzes zu einem Jahr Gefängnis verurteilt. Die Waffen waren bei der Razzia im Jahr 1970 in seinem Haus beschlagnahmt worden. Weitere drei Monate kamen hinzu, weil er nach seiner Freilassung auf Kaution nicht zur Gerichtsverhandlung erschienen war. »Ich gehe nicht auf die Jagd«, hatte er behauptet. »Ich töte nicht gerne. Diese Flinte gehört mir nicht.«

– 19. Juli 1971. 45 Personen, darunter 26 Angels, wurden festgenommen, nachdem Orlando Zuluetta, 43, in den 50er-Jahren ein bekannter Leichtgewichtsboxer, auf einer Party für einen ehemaligen Angel in einer Kneipe in San Francisco erstochen worden war.

– 18. Dezember 1971. 15 Polizisten durchsuchten Sir Gays Haus, beschlagnahmten sechs automatische Gewehre, eine halbautomatische Waffe, sechs Kurzwaffen, eine Handgranate, hundert Gramm Plastiksprengstoff, eine Mörsergranate, eine Leuchtpistole und einen Raketenwerfer sowie Drogen im Wert von 500 Dollar, 17 000 Dollar in bar und ein paar Tonnen Motorradteile. Er gab zu, Kokain und andere gefährliche Drogen besessen zu haben, und wurde zu zwei bis zehn Jahren Gefängnis verurteilt.

– 22. Januar 1972. Sonny und vier Mitglieder wurden wegen Entführung verhaftet, nachdem man einige Angels schwer zusammengeschlagen im Kofferraum eines Autos entdeckte hatte, das wegen zu schnellen Fahrens durch den Redwood-Regionalpark gestoppt worden war. Durt und Bert wurden in der Nähe im Gebüsch geschnappt. Im Kofferraum lagen Dan Jarman, 27, mit Schnittwunden und Prellungen, William D. Hood, 29, alias »Willie the Hood« und Russell Huddleston – mit durchschnittener Kehle, aber immer noch atmend. Hood und Huddleston waren gefesselt und geknebelt. Was ihnen bevorgestanden hätte, war ziemlich offenkundig. Die Insassen eines zweiten Autos warfen vier Kurzwaffen und eine Flinte auf die Straße, außerdem einen Munitionsbeutel und einen breiten Ledergürtel mit silberner Schnalle, auf der »Sonny Barger Jr., 1957–67, Präsident Oakland Hells Angels« stand. Sonny, Russell

Beyea und Gary Popkin, 27, wurden festgenommen. Die Höhe ihrer Kautionen bewegte sich zwischen 200 000 Dollar für Sonny und 125 000 Dollar für Bert. Die Anklagen lauteten unter anderem auf versuchten Mord, Entführung und Körperverletzung mit einer tödlichen Waffe. Alle fünf gaben schließlich eine ungesetzliche Freiheitsberaubung zu, ein weniger schweres Delikt.

Dieser Fall zog mich noch tiefer in die Angelegenheiten des Clubs hinein. Sonny bat mich, die Ranch als Sicherheit für die Kautionen zur Verfügung zu stellen. Ich hatte so viel Vertrauen zu ihm gehabt, dass ich ihm einige Zeit zuvor mit der Ranch ausgeholfen hatte – zum Beispiel damals, als er gegen seine Kautionsauflagen verstoßen und die Kaution hatte verfallen lassen –, aber die Kofferraumgeschichte brachte vier weitere Mitglieder ins Spiel. Ich stimmte erst zu, nachdem Sonny mir garantiert hatte, dass niemand seine Kaution verfallen lassen und dadurch das Anwesen aufs Spiel setzen würde.

Nachdem ein Makler in Ukiah den Wert der Ranch auf 160 000 Dollar geschätzt hatte, gingen Gary Popkin, Sir Gay und ich ins Büro von John Ballastrasse, der Sonnys Kautionsbürge war.[55] Als ich hörte, dass Sonnys Schwester Shirley ihr Haus nicht verpfänden wollte, wurde ich argwöhnisch. Darum unterschrieb ich erst, als Tiny mit Tony, dem Bruder des Kautionsbürgen, zu mir kam und mir noch einmal versicherte, das Grundstück sei nicht in Gefahr.

Es gab auch eine versteckte Drohung. Als der Kautionsbürge gegangen war, sagte Tiny lächelnd zu Helen: »Deine Schwäche sind die Kinder. Mit den Kindern könnte ich dich immer kriegen.«

»Wenn du meine Kinder anrührst, lege ich dich um«, zischte sie.

Kaum waren die Kautionen hinterlegt, plagten mich Gewissensbisse. Ich hatte den Traum meiner Familie für ein zerknittertes Papier eingetauscht, auf dem »160 000 Dollar« stand. Wenn einer der fünf Beschuldigten sich absetzte, konnte ich mir mit diesem Papier eine Zigarre anzünden.

Meine größte Sorge war Beyea, der 1971 wegen Totschlags verurteilt worden war. Damals waren bei einem Bandenkrieg zwischen Bikern auf einer Autoausstellung in Cleveland, Ohio, mehrere Menschen getötet worden. Zusammen mit »Mouldy Marvin« Gilbert war Beyea einige Zeit zuvor beschuldigt worden, einen 24-jährigen Hafenarbeiter zu Tode getrampelt zu haben, der den Fehler begangen hatte, den »Negerhandschlag« (mit Verhaken der Daumen) zu benutzen, als er vorbeikam, um ein Motorrad zu besichtigen. Russell hatte sich schon einmal vor einer Gerichtsverhandlung gedrückt.

Die Lage verschlimmerte sich am 28. Mai 1972, nur drei Tage nachdem Sonny und zwei andere Angels beim Obersten Gerichtshof Kaliforniens beantragt hatten, die Anklage wegen Entführung fallen zu lassen, da sie ihrem Ruf »irreparablen Schaden« zufüge. Sonny, »Whitey« Smith, Gary Popkin, Sir Gay und seine Frau Anita wurden wegen vierfachen Mordes im Zusammenhang mit Drogenschmuggel und dem Versuch, Kokain im Wert von 90 000 Dollar zu kaufen, verhaftet. Bei den Hausdurchsuchungen beschlagnahmte die Polizei 25 Waffen, davon 9 in Sonnys Haus, sowie Filmnegative von gefälschten Führerscheinen, einen nicht identifizierbaren menschlichen Schädel und 31 Fotos von exotischen Waffen. Eines der Fotos zeigte die angebliche Mordwaffe, eine automatische Pistole Kaliber .32 mit Schalldämpfer. Solche Waffen hatten die Spione der Alliierten im Zweiten Weltkrieg benutzt. (Die Anklage gegen Anita Walton wurde später fallen gelassen. Der einzige Mord, der vor Gericht kam, war der an dem mutmaßlichen Drogenhändler Servio W. Agero aus Texas. Die Angeklagten wurden freigesprochen.)

Inmitten dieser Geschehnisse berief ich ein dringendes Treffen mit Durt und Bert ein. Ich wollte herausfinden, ob Russell vorhatte abzuhauen. »Wenn er die Kaution verfallen lässt, muss ich etwas ausgraben«, erklärte ich.

Durt brachte mich mit einem warnenden Blick zum Schweigen. Bert wusste anscheinend nichts von den Leichen, und es war besser, ihn im Dunkeln zu lassen.

»Ja«, fügte ich hinzu, um meinen Ausrutscher zu vertuschen, »ich muss die verdammten Marihuanafelder auf der Ranch umgraben.«

Da sie mir keinerlei Garantie geben konnten, ging ich zu Tiny, dem hochrangigsten Mitglied, das sich nicht im Knast oder auf der Flucht befand. Tiny, ein schlauer, energischer Schlägertyp, der dem Angel-Ideal nahekam, kümmerte sich ums Geschäft, während Sonny hinter Gittern saß. Er versprach mir, dass Russell sich nicht drücken werde.

»Aber, Mann, wir müssen trotzdem etwas unternehmen«, drängte ich ihn. »Ich muss diese Leichen loswerden. Sie machen mich noch wahnsinnig.«

»Okay, ich komm mit dir«, erbot sich Tiny. »Sag mir einfach, was zu tun ist.« Doch ich schreckte davor zurück, die drei Leichen auszugraben und an einem anderen, sicheren Ort zu verstecken.

Tinys Garantie, dass niemand seine Kaution verfallen lassen werde, setzte eine Kettenreaktion in Gang. Russell wollte sich dem Gerichtsprozess nämlich nur stellen, wenn Tiny die wichtigsten Zeugen der Anklage beseitigte. Einer verschwand, ein zweiter floh nach Washington. Der dritte, angeblich ein Drogensüchtiger, sei vom Club gefangen gehalten und mit allen Drogen versorgt worden, die er haben wollte. Das behauptete jedenfalls die Polizei. Alle wären mit dem Tod bedroht worden, falls sie vor Gericht aussagen sollten.

Nachdem Russell von Tiny die Zusicherung erhalten hatte, dass die Luft rein sei, stellte er sich am 22. Mai. Aber Tiny hatte sich verrechnet. Ein Zeuge hatte bereits bei den Anhörungen durch die Staatsanwaltschaft ausgesagt und ein zweiter wurde mit bewaffnetem Begleitschutz aus Washington zurückgeholt.

Bezirksstaatsanwalt D. Lowell Jensen veröffentlichte nach diesen Aussagen folgende Stellungnahme:

Am 24. Februar 1972 ging Bradley Parkhurst, das Opfer, mit Clyde B., einem seiner Freunde, in das Haus von Connie P. Sie betraten den Keller, den Connie P. und der Angeklagte Marvin Gilbert bewohnten. Gilbert arbeitete an einem Motorrad. Es kam zu einem Wortwechsel, und als Parkhurst dem Angeklagten die Hand schütteln wollte, behauptete dieser, das sei ein »Negerhandschlag«. ... Ein Streit folgte, und es ist unklar, wer zuerst zuschlug. Obwohl Gilbert rund 18 Kilo schwerer war als Parkhurst, wurde er von diesem niedergeschlagen, und Connie P. lief nach oben, um Hilfe für Gilbert zu holen.

Etwa eine Minute später trafen Russell Beyea, Frank H. und Dennis S. im Keller ein. Offenbar hatte Parkhurst immer noch die Oberhand und drückte Gilbert zu Boden, oder dieser taumelte in eine Ecke. Beyea packte Clyde B., stieß ihn mit dem Gesicht an die Wand und befahl ihm, dort zu bleiben. Dann packte er Parkhurst und schlug ihm zweimal brutal ins Gesicht. Beyea wog 120 Kilogramm, rund 44 Kilo mehr als Parkhurst. Dann schlug Gilbert Parkhurst auf die Brust, sodass dieser zu Boden fiel. Danach schlugen und traten die Angeklagten ungefähr 10 bis 15 Minuten auf Parkhurst ein, obwohl dieser sie wiederholt bat aufzuhören. ...

Als Beyea und Gilbert gingen, lag das Opfer in seinem Blut auf dem Boden, stöhnend, würgend und hustend. ... Das Opfer war mit Schnittwunden, Schürfwunden und Platzwunden übersät, und ein Zahn, der ihm ausgeschlagen worden war, wurde später in seinem Magen gefunden. ...

Russell Beyea gilt als einflussreiches Mitglied bei den Hells Angels. Aus diesem Grund setzte der Club Marvin Gilbert unter Druck und forderte ihn auf, beim Prozess als Zeuge aufzutreten und Beyea zu entlasten. ... Gegen den Rat seines Anwalts und weil sein Leben und das Leben seiner Freundin bedroht waren, versprach Gilbert, als Zeuge auszusagen. Während einer Sitzungspause kam es jedoch zu einem Gespräch zwischen Gilbert, Beyea und ihren beiden Anwälten, und man war sich darüber einig, dass Beyea größere Chancen auf einen Freispruch hatte, wenn Gilbert nicht einem ausführlichen und gründlichen Kreuzverhör unterzogen wurde. Als die Jury dann bekanntgab, dass sie zu einem Urteil gelangt sei, erhielt Gilbert erneut die Anweisung, aufzuspringen und zu behaupten, er habe den Mord allein begangen. Dadurch sollte er Beyea entlasten. Das tat Gilbert jedoch nicht, und beide Männer wurden verurteilt [am 17. August 1972 wegen Mordes mit bedingtem Vorsatz].

Nach dem Urteil näherte sich ein Hells Angel in Anwesenheit eines Hilfssheriffs Gilbert und sagte zu ihm, es gebe keinen Platz, an dem er sich verstecken könne, er sei bereits tot. Innerhalb einer oder zweier Wochen nach der Urteilsverkündung verfasste Marvin Gilbert vermutlich unter dem Eindruck dieser Drohungen eine Erklärung, in der er versuchte, Beyea zu entlasten und Gründe für eine Wiederaufnahme des Verfahrens zu liefern. Diese wurde jedoch abgelehnt. ...

Am Tag der Urteilsverkündung wurde Tiny extrem paranoid. Da er das hochrangigste Mitglied außerhalb des Gefängnisses war, fürchtete er, als Nächster verhaftet zu werden. Wichtiger noch, er war durch sein Versagen indirekt dafür verantwortlich, dass seine Brüder im Knast saßen. Ihm drohte also Vergeltung. »Wer ist auf mich angesetzt worden?«, fragte er ein anderes Mitglied in der Hoffnung, die Wahrheit zu erfahren. »Bist du's? Oder ist es ... Wer?«

Aber selben Tag erteilte Tiny seiner Frau eine Vollmacht und verschwand. Er ließ seinen gesamten Besitz zurück, darunter sein Motorrad und seine Corvette, eine Sonderanfertigung mit dem Nummernschild HAMCO-1, das für »Hells Angels Motorcycle Club Oakland« stand. Während mehrere Mitglieder Anspruch auf sein Haus erhoben, meldete seine Frau Benita ihn am 22. September bei der Polizei als vermisst. Sie sagte, dass sie fürchte, jemand habe »ein schmutziges Spiel« mit ihm getrieben, denn er habe sich seltsam verhalten und sei »unter mysteriösen Umständen« verschwunden.

In den folgenden Monaten berichteten Informanten der Polizei, Tiny habe ein nasses Grab gefunden. Angeblich hatte jemand Sonny und einige andere Angels im Gefängnis belauscht, und diese hätten gesagt, Tiny sei an Bord eines Kajütbootes gebracht und mit mehreren Schüssen aus einer 9-mm-Pistole getötet worden. Ein anderer Informant behauptete, Tiny ruhe auf dem Grund eines Sees in der High Sierra. Allerdings soll Tiny später in Mexiko sowie in Südkalifornien und anderen südlichen Bundesstaaten gesehen worden sein.

Meiner Ansicht nach floh Tiny, bevor er zwischen dem Club und den Cops aufgerieben wurde. Es sah ihm durchaus ähnlich, mit nichts außer dem Hemd, das er trug, zu verschwinden, denn so war er schon aus dem Osten gekommen. Er machte sich nicht viel aus Autos und Motorrädern und Häusern. Wenn nur seine Taschen mit Drogen und Geld gefüllt waren, war er glücklich.

Tiny war der perfekte Hells Angel: Gangster, Dealer, Glücksspieler und Anführer. Er arbeitete für Sonny und für sich selbst. Als ich den Club zum ersten Mal verließ, kam er an die Macht. Er war massig – 120 bis 130 Kilo – und konnte sadistisch sein wie kaum ein anderer. Aber er war auch schlau. Er dröhnte sich gern zu und war beliebt. Was braucht man mehr?

KAPITEL 29

DER WINTER KOMMT

Im Herbst 1972, als der Club eine Menge Ärger mit der Justiz hatte, beschloss meine Familie, im Januar 1973 auf die Ranch umzuziehen. Ich beabsichtigte, im nahe gelegenen Santa Rosa auf dem Bau zu arbeiten. Helen wollte einen Gemüsegarten anlegen, ein paar Hühner halten und eine Milchkuh kaufen. Bobby freute sich darauf, mit seinem Geländemotorrad über die Hügel zu sausen, und Donna ritt in ihrer Fantasie bereits auf einem Pferd durch grüne Felder. Das war unser Traum.

Aber der Sturm braute sich bereits über unserem neuen Leben zusammen. Im Juni 1971 hörte »Whispering Bill« Pifer aus Richmond von Freunden, das Charter Oakland wolle ihn als Mord- und Begräbniszeugen beseitigen. Um die Lage zu sondieren, rief er Angelo Barberi an und sagte, er plane, nach Oakland zu wechseln.[56]

»Tu das nicht«, warnte ihn der Veteran. »Du bist verrückt, wenn du das tust.«

»Was soll das heißen?«

»Glaub mir. Das solltest du nicht tun.«

Kurze Zeit später wechselte Pifer trotzdem nach Oakland, hauptsächlich um diejenigen im Auge zu behalten, die ihn umbringen wollten. Das Charter nahm ihn auf, vermutlich weil man ihn auf diese Weise genau beobachten und den richtigen Zeitpunkt abpassen konnte. Oftmals wenn Pifer sich mit Sonny und Sir Gay volllaufen ließ, wurde er gefragt, ob er mit jemandem über die Leichen auf der Ranch gesprochen habe. Und Sonny ließ durchblicken, Pifer habe ein loses Mundwerk.

Am Labor-Day-Wochenende 1971 fuhren Pifer, sein Sohn und 15 Mitglieder durch die Wüste nach Südkalifornien. Während eines Halts bei Banning in Riverside County bemerkte Pifer, dass einige Mitglieder ihn unauffällig einzukreisen schienen.

Sonny spannte und entspannte mehrere Male seine Pistole und redete vage über Angels und den Tod. Die Sache wurde für »Whispering Bill« Pifer zu heiß, darum ließ er sein Motorrad stehen und lief fort. »Lasst ihn gehen«, hörte er einen Angel sagen. »Ein Lkw wartet auf ihn.«

Am Straßenrand wies Pifer seinen Sohn an, auf seinem eigenen Motorrad zu verschwinden. »Stell keine Fragen, und komm nicht zurück«, sagte er. Dann stellte er sich als Anhalter an die Straße. Zwei junge Männer in einem 1950er Chevrolet nahmen ihn mit, aber er wurde misstrauisch, als der Fahrer einem Lkw zublinkte, der ihnen von Banning aus folgte. Pifer zog eine Waffe und befahl dem Fahrer, die Hände am Steuer zu lassen und an einem Drive-in-Restaurant zu halten.

Das Auto hielt und Pifer sprang heraus. Als einer der Männer nach einer Waffe zu greifen schien, feuerte er ein paar Schüsse ab, um seine Flucht abzusichern. Er entkam in eine Menschenmenge und fuhr mit einem Taxi zu einem Busbahnhof und von dort zurück in die Bay Area.

Eines Tages im Jahre 1972 ging Pifer ins Polizeirevier von Antioch, um seine Geschichte zu erzählen. Er hoffte, man würde ihn und seine Familie schützen. Zwei Beamte hörten ihm zu, schienen ihm aber nicht zu glauben. Sechs bis acht Wochen vergingen, ohne dass die Polizei sich bei ihm meldete. Dann begegnete Pifer dem Polizeiinspektor Frank Tiscareno aus Pittsburg, dem Bruder eines seiner Bikerkumpels. Sie kamen ins Gespräch, und Pifer enthüllte, er habe Krebs im Endstadium. Den Club erwähnte er nicht.

Eine Woche später schickte er seine Tochter zu Tiscareno, um diesen zu einem Besuch abzuholen. Während sie Kaffee tranken, gab Pifer ein paar Informationen über den Club preis. Dann erzählte er die ganze Geschichte.

Tiscareno handelte sofort. Nach einigen vorausgehenden Ermittlungen bei lokalen und staatlichen Behörden wurde Pifer nach Ukiah gebracht, wo er unsere Ranch als Grabstätte identifizierte. Es wurde ein Durchsuchungsbefehl erlassen, in dem Pifer den Decknamen SFT-1 trug, und am 30. Oktober 1972, als der Prozess gegen Sonny und drei andere Angels wegen Mordes anberaumt wurde, legte uns die Polizei den Durchsuchungsbefehl vor.

KAPITEL 30

EINE FAMILIE IN GEFANGENSCHAFT

UKIAH – Das Büro des Sheriffs berichtete, man habe drei Leichen in einem sogenannten Hells-Angels-Friedhof gefunden und werde die grausige Suche heute fortsetzen. Die Leichen von zwei Männern und einer Frau wurden auf einer 62 Hektar großen Ranch zehn Kilometer südwestlich von hier mit einem Tiefbohrgerät aus Brunnenschächten ausgegraben. Die Eigentümer der Ranch, George Wethern, 33, ein 120 Kilo schwerer Bauarbeiter, und seine Frau Helen, 29, wurden wegen Drogenbesitzes verhaftet und ins Bezirksgefängnis überführt. Die Kaution wurde auf jeweils 100 000 Dollar festgesetzt ...«
San Francisco Chronicle, 1. November 1972

UKIAH – Wie Sheriff Reno Bartolomie gestern berichtete, blendete sich der ehemalige Hells Angel George Wethern am Dienstagabend beinahe selbst, als er sich mit Bleistiften in die Augen stach. Er sagte: »Wethern drehte einfach durch ... Er erklärte mir, er sei völlig entnervt und stehe unter so großem Druck, dass er nicht gewusst habe, was er tue ... Er liebe seine Frau sehr und habe ihr nicht schaden wollen ...«
San Francisco Chronicle, 10. November 1972

Am Tag nach meinem Selbstmordversuch fühlte ich mich hilflos und allein. Meine Augenverletzungen ließen mich in fast totaler Dunkelheit zurück. Ich war verwirrt und wusste nicht einmal, ob Helen noch lebte – bis sie und meine Schwester zu meiner Zelle geführt wurden.

Als sie sich näherten, neigte ich den Kopf weit nach hinten und lugte unter einem geschwollenen Augenlid hindurch, sodass ich ein klein wenig sehen konnte, wenn auch nur verschwommen. Ich trug Hand- und Fußfesseln, die straff gespannt waren. Meine Augen waren auf doppelte Größe angeschwollen, schwarz umrahmt und mit Brandmalen gesprenkelt. In jedem Augenlid klaffte ein Bleistiftloch. Als ich ans Gitter humpelte, zuckte meine Schwester sichtlich zusammen, obwohl sie als Krankenschwester verstümmelte Unfallopfer versorgte. Helen fiel in Ohnmacht und wurde in ihre Zelle zurückgetragen. Immerhin hatte sie sich davon überzeugen können, dass ich nicht tot war, und ich wusste nun, dass ich sie nicht schwer verletzt hatte.

Das Treffen gab mir Hoffnung. Ich wollte unbedingt überleben. Darum erkundete ich meine Zelle und lernte, mich darin zu bewegen, ohne zu stolpern oder an die Möbel zu stoßen. Meine einzige Begleitung war das Klimpern meiner Ketten. Dann kamen zwei freundliche privilegierte Häftlinge, die mir Augentropfen verabreichten und mir halfen, die Hose trotz der Ketten hinunterzustreifen, sodass ich die Toilette benutzen konnte. Ich kam mir vor wie ein Kleinkind, aber ihre Scherze linderten die Demütigung.

Wann immer ich allein war, litt ich an Klaustrophobie. Die Ketten, das Gitter und die Finsternis zermürbten mich, aber es war der Juckreiz, der mich irgendwann zwang, gegen meine Ketten zu kämpfen. Eines Tages, als ein Auge juckte, gelang es mir, die Fesseln nach und nach ein klein wenig zu lockern, wie Houdini. Dann rief ich den Sheriff und zeigte ihm, dass ich meine Augen erreichen konnte und sie mir dennoch nicht ausgerissen hatte. »Reno, diese Ketten tun mir nicht gut«, bettelte ich. »Ich will sie loswerden. Können Sie etwas tun?«

»Mal sehen«, sagte er ausweichend, aber die Eisen wurden nach und nach gelockert und schließlich entfernt.

Da wir keinen persönlichen Kontakt hatten, entdeckten Helen und ich das, was der Kaplan »das Wunder des Papiers« nannte. Wir schrieben fast ohne Unterlass und legten nur Pausen ein, um zu essen, Gymnastik zu machen, zu schlafen, Besucher zu empfangen und auszusagen. Meist schrieben wir fünf bis zehn Briefe am Tag. Ein Priester, privilegierte Häftlinge, Anwälte, Wärter und Wärterinnen stellten insgesamt 500 Briefe zu. Helens erster Brief vom 10. November wurde mir vorgelesen, weil ich nicht sehen konnte:

»Schatz, ich hab vergessen, dir etwas zu sagen. Wenn du den Rosenkranz gebetet hast und das Licht ausgeht, dann denk an mich, denn ich denke dann sehnsüchtig an dich. … Aber wenn du vorher müde wirst, dann denk einfach vor dem Einschlafen an mich. Ich liebe dich.«

Meine Antwort diktierte ich einem privilegierten Häftling:

»Jedes Mal, wenn ich mich schlafen lege, denke ich an dich. Ich höre, wie du mir etwas ins Ohr flüsterst. Vorläufig genügt es mir, dich durchs Gitter zu sehen, aber wir werden bald wieder beisammen sein. Ich hoffe, wir können bald draußen bei den Kindern sein. ... Alles Liebe, George.«

»Baby«, schrieb ich am 11. November, »ich hoffe, sie lassen uns wieder beisammen sein, damit wir bumsen können und ich überlegen kann, wie wir hier rauskommen. Du bist sogar schön, wenn ich nur verschwommen sehe. ... Ich hoffe, sie nehmen mir heute oder bald die Fesseln ab, denn die gehen mir gewaltig auf den Sack, und mein Kumpel Jim keine Lust mehr hat, mir den Hintern zu putzen. Ha, ha. Alles Liebe, George.«

»Guten Morgen«, schrieb sie am 12. November. »Also, jetzt sind es schon zwei Wochen – Mann, mir kommen sie wie zwei Jahre vor. ... Es regnet schon wieder. Kannst du rausschauen? Was ist mit deinen Augen? Hast du immer noch große Schmerzen? ... Es war schwer, einen Bleistift zu bekommen. LaVonne (die Aufseherin) riet mir, das Ende mit dem Radiergummi zu benutzen, wenn ich mir in die Augen stechen wolle (ha, ha).«

Das war meine Botschaft am 15. November: »Schätzchen, wie geht es dir, du meine Leibspeise? Hoffentlich darf ich dich heute Abend wieder besuchen. ... Schreib mir ein paar Zeilen und plaudere mit mir. ... Alles Liebe, dein Zyklop.«

Am 17. November gestand sie: »Lieber George, als ich dich pfeifen hörte, traute ich meinen Ohren nicht. Ich musste einfach antworten. Ich hab geglaubt, du kommst zu mir, und als du nicht gekommen bist, war ich so enttäuscht. Die Aufseherin Joyce sagte: ›So nah und doch so fern.‹ Ich war so traurig, weil ich ihr zustimmen musste. ...«

Am Samstagabend, den 18. November, berichtete ich triumphierend: »Habe endlich diese verdammte Fliege in meiner Zelle erwischt – zwei Schläge mit einer Sandale. Ich hatte die Fliege mit einem großen Fahndungsplakat gesucht, das dieser alte Saufbruder namens Doc Holiday für mich gezeichnet hatte. Als Belohnung hatte ich drei Tagesrationen Zigaretten ausgesetzt. Jetzt darf ich meine Belohnung selbst einstreichen. ... PS: Was mein schlimmes Auge anbelangt – ich glaube, es wird wieder. Gott sei Dank.«

»Du wirst es nicht glauben«, kritzelte sie zurück, »aber mein Auge zwinkert andauernd, und ich reibe es behutsam. Und während ich das tue, denke ich an dich und sage zu mir: ›Bitte lass sein Auge gesund werden. Bitte.‹ Das mache ich seit ungefähr fünf Tagen. ...«

Ich schrieb am 20. November: »An Tage wie diesen werden wir uns bis ans Ende unseres Lebens erinnern. ... Es tat wirklich gut, dich zu berühren und deine Hand zu halten. Ich vermisse es so sehr, dich zu umarmen, wann immer ich will. Es wäre wunderbar, dich in den Armen zu halten, ohne dass Gitterstäbe uns trennen. Wenn du das nächste Mal Pater Roger oder sonst jemanden triffst, dann soll er den alten Reno [den Sheriff] um Erlaubnis bitten, dass wir eine Zeitlang zusammen sein dürfen, und wenn es nur eine Stunde ist. Am besten schicke ich diesen Brief ab, bevor ich vor Geilheit zusammenbreche. ...«

Sie antwortete: »Ich werde beim Sheriff noch einmal beantragen, dass wir uns an unserem Hochzeitstag eine Zelle teilen dürfen. Ich glaube, das versteht er. Er scheint ein richtiger Familienmensch zu sein. Als ich ihn zum letzten Mal sah, trug er eine rosa Krawatte, die seine neunjährige Tochter ihm geschenkt hat. Sie fürchtete, dass er sie nicht tragen würde, also trug er sie für das Kind. Ich sagte zu ihm: ›Sie sind ein sehr guter Vater.‹ Es war ein grelles Rosa.«

Später am selben Tag schrieb ich: »Nach dir und den Kindern liebe ich wohl schöne Musik am meisten. Fast jede Musik ist auf ihre Art schön. Ich glaube, ich habe nach 13 Jahren Ehe endlich gelernt, das Beste in der Musik und in den Menschen zu sehen. Ich liebe alle, aber ich habe auch gelernt, dass ich nicht allen helfen kann. Wir haben hier einen Typen, der so durcheinander ist, dass er jeden als Mörder bezeichnet und ihn umbringen will. Ich habe ihm Perlen vom Rosenkranz angeboten, und er sagte: ›Nein, danke.‹ Ich sagte, ich wolle ihm nur helfen, und er erwiderte, er wolle mich abstechen. Er tat mir leid. Darum betete ich für ihn. Armer Kerl, ich weiß, dass er die Hölle durchmacht. Ich war auch dort.«

Am nächsten Tag berichtete ich: »Ein Seelenklempner aus dem Bezirk Contra Costa war hier und unterhielt sich mit mir über meine geplante Zeugenaussage. Alles ging glatt. Der Psychiater war nicht zu sehen. Ich glaube, er beantwortete mehr Fragen, als er stellte. Wir kamen sogar auf die griechische Mythologie zu sprechen, wegen meiner Augen. Er meinte, ich hätte die Idee von König Ödipus übernommen, der sich die Augen mit zwei

Gewandspangen ausgestochen hat. Aber ich klärte ihn auf und sagte ihm, warum ich geglaubt hatte, ich müsse sterben. ... Doch genug davon. Ich danke Gott dafür, dass ich dich habe, du kleiner Drachen. Du hast Klasse und Rasse. Du bist schön, sexy, geradlinig, sanft, gut erzogen und intelligent. Und vor allem gehörst du mir. Die einzige Frage ist: Wie komme ich zu dir? Hast du eine Säge? Vielleicht einen kleinen Schneidbrenner? Oder wenigstens eine gute Nagelfeile? ...«

An Thanksgiving schrieb sie: »Tja, heute ist der typisch amerikanische Truthahntag. Draußen sieht alles knusprig aus. Die Sonne ging mit Orange- und Rosatönen auf, dann wurde der Himmel allmählich grau, blau und lila. ...«

Ich antwortete: »Ich habe über vieles nachgedacht, was ich getan habe, und ich möchte dir sagen, dass es mir leid tut, dir jemals körperlich und seelisch wehgetan zu haben. Ich bin wild entschlossen, es bei dir und den Kindern wieder gutzumachen. »Vielleicht können wir andere davor bewahren, sich mit Drogen einzulassen, damit nicht auch sie die Hölle durchmachen. Es ist meiner Dummheit zu verdanken, dass ich eine ganze Menge über Drogen weiß, aber ich kann dieses Wissen wohl auch nutzen, um anderen Menschen zu helfen. Wenn ein Teil dieser verfluchten Drogen durch meine Bemühungen vom Markt verschwindet, gibt es vielleicht auch weniger Morde. Und wenn das, was ich hier schreibe, auch nur *ein* Leben rettet, dann hat es sich gelohnt.« ... Genug mit dem ›vielleicht‹. Ich höre mir jetzt die Übertragung des Footballspiels an und warte auf den Truthahn.«

Am folgenden Tag bekamen wir einen Brief von den Kindern:

»Liebe Mama, lieber Papa, wie geht es euch? Wir hoffen, es geht euch gut. Uns geht es gut, und es macht Spaß, bei einer Frau zu wohnen, deren Mann Hilfssheriff ist. Wir lieben euch ganz doll und hoffen, dass Gott Papas Augen gesund macht und dass wir alle bald zusammen sind. ...«

Und Helen schrieb: »Schatz, ich hab eben den Brief der Kinder bekommen. Du hast recht gehabt, ich sollte mir keine Sorgen um sie machen. ... Hast du die Musik draußen gehört? Der Nikolaus ist da. Ein Lieferwagen ist mit Hornisten auf der Ladefläche herumgefahren, und Nikolaus mit seinem Schlitten war auch dabei. ... Es war nichts Besonderes, aber es berührte mich. Als ein paar Kinder auf Nikolaus zuliefen, musste ich weinen, weil ich mir selbst leidtat. ...«

Am 27. November verpasste man mir einen Haarschnitt, dann führte mich etwa ein Dutzend mit Flinten bewaffneter Hilfssheriffs aus dem Gefängnis. Wir flogen mit einem Kleinflugzeug in den Bezirk Contra Costa, wo ich im Rahmen der Vorermittlungen bei einer Anhörung aussagen sollte. Es ging um vier Angels, darunter auch Zorro, und um die Morde an »Big Tom« und Charlie. Während ich auf meinen Aufruf wartete, streckte ich mich auf einer Pritsche aus. Dann schaute ich nach oben. Jemand hatte einen Totenkopf an die Wand gezeichnet und darunter den Namen »Bill Moran« geschrieben. Moran war ein Mitglied aus Richmond, das an den Morden beteiligt gewesen sein soll. Das Bild ging mir auf die Nerven, darum radierte ich es aus. Aus einem anderen Zellblock hörte ich den Ruf: »Spitzel!« An diesem feindseligen Ort wollte ich meiner Frau schreiben, doch die Wärter gaben mir keinen Bleistift. Also improvisierte ich mit roter Tinte aus Spucke und Zündholzköpfen und schrieb umständlich mit einem Streichholz:

»Ein Glück, dass es Zündhölzer gibt. Schatz, ich liebe dich und die Kinder und kann es kaum erwarten, mit dir aus dem Knast entlassen zu werden, wie es geplant ist. ... Alles Liebe von George, dem Zündholzkopf.«

Am nächsten Tag war ich in der Gemeinschaftsdusche, als mir ein Mithäftling zuflüsterte: »Eigentlich sollte ich dich gleich hier umbringen.«

Ich hatte damit gerechnet im Gefängnis bedroht zu werden. Darum erklärte ich kurz mein Dilemma – dass ich zwischen den Cops und dem Club gefangen war. Dann fügte ich beiläufig hinzu: »Tu, was dir Spaß macht, Mann.«

Der Typ sagte: »He, Mann, das hab ich nicht gewusst.« Er zeigte ein gewisses Mitgefühl, und später steckte er mir einen Bleistift zu, damit ich Briefe schreiben konnte.

»Schätzchen«, kritzelte ich, als die Wärter mich nicht beobachteten, »ich sollte heute vor Gericht erscheinen, aber der Staatsanwalt hatte Kehlkopfentzündung. Ich hoffe und bete, dass es ihm bald besser geht, damit ich vor Gericht aussagen und dann zu dir zurückkehren kann. ...«

Am folgenden Tag war der Staatsanwalt immer noch krank, darum brachte man mich fürs Wochenende nach Ukiah zurück. Am Montag, den 4. Dezember, nach meiner Aussage im Gerichtsgebäude, schrieb ich:[57]

»Hallo, Baby. Es ist einfach, die Wahrheit zu sagen. Wir sind auf dem richtigen Weg. Ich fühle mich gut. Erst war ich ein bisschen nervös, aber ich habe gelernt, geduldig zu sein, und spielte das verdammte kleine Spiel der Anwälte mit. Ich wusste, dass ich die Wahrheit sagen würde. Was hätte ich sonst sagen sollen? Du musst dir nur Zeit für deine Antworten nehmen, damit du nichts Falsches sagst. Meine Aussage hat nur zwei Stunden gedauert. In der Mittagspause bat ich Rich [Staatsanwalt Richard Petersen] um zwei Cheeseburger, Pommes und eine kleine Cola. Ich wette, ich war einer der ersten Insassen eines Polizeiautos, die mit Handschellen einen Cheeseburger gegessen haben. ... Im Gericht habe ich etwas über dich herausgefunden. Du bist die Einzige für mich. Deine Feindin Judy war da – das einzige freundliche Gesicht im Publikum. Ich fand heraus, dass die erste Liebe toll ist, aber die letzte Liebe (du) bleibt. Ich liebe dich mit meinem ganzen Körper und meiner ganzen Seele. ...«

Nach einer kurzen Ehekrise wegen Judys Anwesenheit schrieb Helen am 7. Dezember:

»George, erinnerst du dich an das mexikanische Restaurant La Cueva in Foothill? Die Wärterin Ronnie sagte, sie kenne die Eigentümer. Die Angels hätten das Lokal verwüstet. Ich wurde rot und musste einfach lächeln. Sie sagte: ›Ihr wart nicht dabei, oder?‹ Ich berichtete, was meiner Meinung nach passiert war. Das hat mich umgehauen. Wie klein die Welt doch ist. ...«

»Hallo, Zuckerschnecke«, schrieb ich am 9. Dezember, »ich hab eben mit ein paar Leuten gesprochen, und sie haben die Kinder erwähnt. Schick ihnen doch einen Brief und sag ihnen, sie sollen mal wieder schreiben. Oder ich befehle ihnen zu schreiben. Diese Scheißerchen. Wir sind Weichlinge, aber – zum Teufel, Mama, ab und zu müssen wir sie übers Knie legen. Alles Liebe, George. ... PS: Wenn meine Schwester kommt, frag sie, ob sie mit dem Geld, das sie für das Auto bekommt, Weihnachtsgeschenke für die Kinder kaufen würde.«

»Ich bin wütend«, schrieb ich am nächsten Tag. »Rich [der Anwalt] sagte, jemand habe behauptet, ich sei Sonnys Killer gewesen. Und neulich abends fragte Hilfssheriff Tuso mich nach Zorros altem Boot und sagte, Tiny habe vermutlich ›seine letzte Bootsfahrt gemacht‹. ... Offenbar versucht jemand, mir einen Mord anzuhängen. Verdammt, ich hab niemanden umgebracht. ...«

»Zur Hölle mit diesen Leuten«, schrieb sie zurück. »Du hast niemanden getötet. Wenn sie dir etwas anhängen wollen, dann ist das gelogen, und wir haben ja zwei gute Anwälte.«

Am 12. Dezember schrieb ich morgens: »Ich war eben beim Augenarzt. Mit meinem gesunden Auge sehe ich besser als er, aber das andere sieht nicht gut aus. Ob es je besser wird, weiß ich noch nicht. Wenn nicht, bleibt mir nur ein gesundes Auge. Doch der Verlust eines Auges hat meinen Glauben gestärkt. Es war ein guter Tausch. ... Ich sehe den Schnee draußen. Hurra. Ich liebe dich, Baby. Gezeichnet: Augapfel.«

Sie schrieb sofort zurück: »Wir dürfen die Hoffnung nicht aufgeben. Wir müssen uns an jede Chance klammern, und wenn sie noch so klein ist. Pater Roger hat mir eben erzählt, was in der Zeitung stand: ›Die Familie Wethern sollte Weihnachten gemeinsam feiern dürfen.‹«

Einen Tag später schickte ich ihr ein Gedicht, das mein Freund und Mithäftling Ken geschrieben hatte:

»Die Familie ... Ein neues Leben bedeutet leben und geben für sie. Sie haben sich selbst gefunden. Nimm alle schlechten Dinge und leg sie weg. Sie haben ein neues Leben an einem entfernten Ort angefangen, weil sie viel nachgedacht haben. Sie wissen jetzt, dass all die Tabletten und Pulver im Vergleich zu den Kindern nichts bedeuten. Ich habe stundenlang mit George gesprochen und einen Freund fürs Leben gefunden. Als er hierherkam, war er von Drogen umnebelt. Jetzt hat er das Leben und seinen Sinn gefunden. Sein Kummer ist dem Glauben gewichen. Seine Frau habe ich nie kennengelernt. Sie muss ein wundervoller Mensch sein, so sagt George. Sie hat ein gewinnendes Lächeln und sieht toll aus. Die Tage, die wir zusammen verbracht haben, waren eine Freude. Ich hoffe, euch in den nächsten Jahren zu sehen, wenn ihr ein Dummerchen wie mich ertragen könnt. Wir werden uns wieder begegnen. Habt Vertrauen und ein Lachen im Gesicht. Ken.«

»Mensch, machte mein Herz einen Hüpfer«, schrieb ich am 22. Dezember. »Whitey, der privilegierte Häftling, sagte: ›FBI.‹ Ich betete, dass sie wegen mir und dir hier waren, aber sie wollten zu einem Mexikaner. ... Später war ich beim Sheriff. Er wollte den Namen des Mädchens wissen, das auf der Ranch begraben worden war, damit er ein anständiges Begräbnis für sie ausrichten konnte. Aber ich wusste den Namen nicht.«

»Frohe Weihnachten«, kritzelte ich am 25. »Wie geht es dir? Gestern Abend war eine Sängergruppe hier. Einem schüttelte ich die Hand. Sie sangen nicht besonders gut, aber es war besser als nichts. ... Jetzt ist es Abend. Ich werde dich nicht enttäuschen, das verspreche ich. Ich will, dass meine Frau mir vertraut, wie die Bibel sagt. Mir ist jetzt klar, dass ich in meinem Leben zwei Fehler begangen habe: Ich habe auf Zorro geschossen und versucht, mich umzubringen, wobei ich fast dich getötet hätte. Hätte ich dich getötet, wäre das, als würde ich mich jeden Tag selbst umbringen, bis zum Jahr 2001. ...«

Um mich aufzuheitern, antwortete sie: »Du bist fantastisch. Ich liebe dich. Mach's dir selbst, Dummchen (ha, ha). Tun wir das nicht alle? Deine Frau, dein größter Fan.«

Am Tag nach Weihnachten schrieb ich ihr: »Heute Abend lassen sie mich vielleicht nicht raus, weil ein Typ hier ist, der mal Anwärter in Daly City war. Ich hab ihn zwei- oder dreimal gesehen. Aber keine Sorge, wenn er oder sein Partner mich umbringen wollen, dann sollen sie es probieren. ...«

»Ich mach mir keine Sorgen«, antwortete sie. »Du kannst auf dich selbst aufpassen. Außerdem glaube ich nicht, dass jemand so was versucht. Du sitzt zwischen zwei Stühlen. Du hast die Wahrheit gesagt, nachdem jemand dich verpfiffen hat. Niemand kann von dir verlangen, dass du den Kopf für etwas hinhältst, was du nicht getan hast, schon gar nicht als Familienvater. ...«

Trotzdem berichtete ich am nächsten Tag: »Ich hab's fast vermasselt. Hab versucht, durch die Gitter zu greifen, weil ein Kerl mich bedroht hat. Sie piesackten mich und sagten ein paar Sachen, zum Beispiel, dass sie ein Bild von mir gesehen hätten, in dem ein Messer steckte. Und ein Typ erzählte meinem Freund Bob, er habe ein Bild von mir auf einem Motorrad gesehen, ganz zerfetzt. ...«

»Geht es dir gut?«, begann mein nächster aufgeregter Brief. »Ich bin schon wieder explodiert, Mama. Diesmal sind sie zu weit gegangen. Sie fingen an, von dir zu sprechen, und ich lasse es nicht zu, dass ein Haufen Schweinehunde so dreckig und lüstern über meine Frau redet. Ich hatte Angst, aber irgendwann spielte die Angst keine Rolle mehr, und ich rastete aus. Diesmal wollte ich meine bloßen Hände benutzen. Die Wärter mussten mich mit Pfefferspray davon abhalten.«

Sie antwortete: »Danke, dass du mich verteidigst, aber ich will nicht, dass du dich so darüber aufregst. Von Leutnant Friend weiß ich, dass es dir gut geht. Aber sie haben meine Zelle durchsucht, weil sie dachten, ich hätte Beruhigungstabletten versteckt und wir wollten gemeinsam Selbstmord begehen. Ich habe ihnen erklärt, dass ich an die Kinder denken muss. ...«

Am 29. Dezember schrieb ich: »KURZMELDUNG. Hab eben erfahren, dass Sonny und die anderen in der Mordanklage entlastet wurden. Nach diesem Schock nahm ich eine Beruhigungstablette. Wie haben sie das geschafft? Egal, das geht mich nichts mehr an. Aber vielleicht muss ich jetzt noch öfter aussagen. ...«

Sie antwortete: »Ich war auch wütend wegen Sonny. Sie sagen, er sei davongekommen, weil er zur Tatzeit zu Hause mit seiner Frau im Bett gelegen habe. Außerdem sei der wichtigste Zeuge gegen ihn ein Lügner gewesen. In den Sechs-Uhr-Nachrichten hieß es, er sitze immer noch wegen Drogendelikten in U-Haft und die Kaution sei auf 100 000 Dollar festgesetzt worden. Unerlaubter Waffenbesitz und Steuerhinterziehung kämen hinzu. Anfangs war ich wie du erleichtert, weil er nicht wegen Mordes verurteilt wurde. Aber dieses Gefühl verging, und ich wünschte, Gott verzeihe mir, sie hätten ihn verurteilt, wegen der Folgen, die das vielleicht für uns gehabt hätte. Immerhin gibt es da noch den Mann, der bald an Krebs stirbt [Pifer]. Du bist also nicht der einzige Zeuge.«

Dann lasen wir diesen Zeitungsartikel:

OAKLAND (AP). Ein Geschworenengericht beriet an drei Tagen insgesamt neuneinhalb Stunden lang, dann wurden am Freitag vier Mitglieder der Hells Angels freigesprochen. Sie waren beschuldigt worden, den mutmaßlichen texanischen Drogenhändler Servio W. Agero am 21. Mai ermordet und Brandstiftung begangen zu haben.

Sharon Gruhlke, die Freundin von Ralph »Sonny« Barger, dem Anführer der Hells Angels, stieß einen Freudenschrei aus, nachdem der Gerichtsdiener im Kammergericht des Bezirks Alameda das Urteil verlesen hatte.

Der Verteidiger James Crew kommentierte: »Wundervoll!« Seine Mandanten gaben zunächst keine Erklärung ab. Beobachter meinten, sie seien nach dem zwei Monate währenden Verfahren »erschöpft«.

Richter William J. Hayes dankte den sechs Männern und sechs Frauen der Geschworenenjury, die man zuvor in Klausur gehalten hatte, für ihr Engagement, dann drohte er ihnen mit einer Anklage wegen Missachtung des Gerichts, falls sie in der Öffentlichkeit oder mit den Medien über die Urteilsgründe reden sollten.

Die Geschworenen entschieden, dass Barger, 34, Sir Gay Walton, 28, Gary Popkin, 28, und Donald Duane Smith, 28, keinen Mord begangen hätten. Alle außer Smith waren auch wegen Brandstiftung angeklagt worden und wurden in diesem Punkt ebenfalls freigesprochen.

Agero wurde in einem brennenden Haus in Oakland erschossen aufgefunden. Die Staatsanwaltschaft behauptete, Barger habe ihn erschossen und die drei anderen hätten ihm bei dem Mord geholfen.

Die Jury glaubte dem wichtigsten Zeugen der Anklage, Richard Ivaldi, nicht. Er hatte ausgesagt, Barger habe den schlafenden Agero mit einer »seltsamen Handfeuerwaffe, die wie eine Panzerfaust aussah«, erschossen, um einen Koffer mit Kokain im Wert von bis zu 100 000 Dollar zu rauben.

Am letzten Tag des Jahres 1972 schrieb ich: »Hier sind wieder alle verrückt. Die Typen in Block C überschwemmen das Haus und machen erneut Lärm. Die Wärter stellten eine Weile das Wasser ab. Jetzt läuft es wieder. Ein Kerl dort drüben nannte mich eine Ratte und riss Witze über mich. Aber ich achte nicht darauf. Es nützt nichts, zurückzuschreien. Ich bleibe ruhig und lasse den Wind wehen ...«

»Schatz«, schrieb sie am 3. Januar, »die Warterei ist gar nicht so schlimm, weil sie anscheinend herausfinden wollen, was in Washington los ist. Wenigstens erfahren wir auf diese Weise, wie unsere bürokratische Regierung arbeitet: LANGSAM. Wenn sie doch nur das rote Band zerreißen und daraus Konfetti machen und uns ein gutes neues Jahr wünschen würden.«

Später schrieb ich: »Hier ist es eng geworden. In Willits hat es eine Menge Festnahmen gegeben, und sie haben zwölf junge Burschen zu uns gebracht. Ich komme mir vor wie ein alter Mann, ein alter Profi unter diesen großen Grasdealern (ha). Die sind noch ganz grün hinter den Ohren. Jetzt muss ich sie nur noch davon überzeugen, dass Drogen etwas für Loser sind. ...«

Helen schrieb am 5. Januar: »Mrs. Jean S. vom Sozialamt war eben bei mir, weil Donna in ihrem letzten Brief von einer Ohnmacht geschrieben hat. Mrs. S. versicherte mir, Donna sei gesund, aber von einer Grippe geschwächt. Außerdem sei sie niedergeschlagen und weine oft. Wahrscheinlich war sie ebenso enttäuscht wie wir, dass die Familie nicht gemeinsam Weihnachten feiern konnte. Ich werde ihr einen Brief schreiben und sie trösten. ...«

Ich schrieb zurück: »Ich schicke den Kindern ebenfalls einen Brief. Lies ihn zuerst, und wenn er dir nicht gefällt, dann sag's mir. Was unsere Entlassung betrifft, bin ich vage geblieben. Wenn es nicht klappen sollte, trete ich jemanden in den Hintern, und wenn sie in Washington weiter trödeln, suche ich mein Glück auf der Straße. Ich lasse es nicht zu, dass meine Kinder leiden. ...«

In dieser Nacht haute die Grippe mich um. Während ich mit Fieber und Schweißausbrüchen flachlag, kam der Hilfssheriff herein. »Kommen Sie mit, George. Lassen Sie alles hier. Wir kümmern uns darum.«

Als wir uns dem Zellblock der Frauen näherten, flüsterte er mir zu: »Ihre Frau weiß nicht, dass wir kommen.« Dann rief er laut: »He, Helen, wollen Sie ein wenig Gesellschaft?«

»Gesellschaft? Klar. Ja doch«, schrie sie und richtete sich jäh auf.

»Wenn wir George erlauben, Sie zu besuchen, würden Sie dann vielleicht seinen Bart ein wenig trimmen?«, fragte der Beamte. »Und könnten Sie ihn ein bisschen säubern?«

KAPITEL 31

EINE WIEDERGEBORENE FAMILIE

Ungefähr eine Stunde vor Sonnenuntergang traf Marshal Arthur Van Court mit seinem Stellvertreter Cobb Vaughn ein. Mein Bart und mein langes Haar lagen im Mülleimer, unsere Habseligkeiten hatte man in Papiersäcke gestopft. Als wir den Wärtern Lebewohl sagten, erkundigten sie sich, ob ich meine Augentropfen mitgenommen hatte. Dann verabschiedeten sie uns wie Familienmitglieder und wünschten uns alles Gute.

Geschwächt von dem kurzen Fußmarsch zu einem wartenden Lincoln Continental, brach ich auf dem Rücksitz in Helens Schoß zusammen. Die Marshals sahen aus wie wohlhabende Hirschjäger in Schafspelz und Wolle. Ihre schweren Waffen verbargen sie unter Decken auf dem vorderen Sitz. Van Court war freundlich, aber sachlich. Mal plauderte er mit uns, mal unterhielt er sich über Funk mit den Begleitfahrzeugen, die das Sheriffbüro des Bezirks Mendocino geschickt hatte.

Obwohl ich ein körperliches Wrack war, blieben die Polizisten wachsam. Vaughn saß seitwärts im Wagen, suchte die Straße und die Seitenstraßen ab und behielt mich im Auge.

Als mein Fieber zu steigen schien, funkte Van Court einen Arzt an, der ihm Tipps zur Behandlung einer Virusinfektion gab. An der Bezirksgrenze entließ der Marshal die Eskorte der Sheriffs, machte ein paar Ausweichmanöver, um zu prüfen, ob wir verfolgt wurden, und nahm dann die neuen Begleiter in Empfang, zwei Autos mit jeweils zwei schwer bewaffneten Marshals. Auf Anordnung Van Courts fuhr ein Wagen voraus und der andere hinter uns.

Auf der Fahrt, die den ganzen Tag dauerte, litt ich an Schüttelfrost. Helen unterhielt sich derweil mit dem Marshal. Er unterrichtete uns darüber, dass wir die Kinder an einem »sicheren Ort« in Empfang nehmen durften, ehe sie mit uns in eine feste Bleibe umziehen würden. Er half uns, neue Vor- und Zunamen auszusuchen, die wir uns gut merken konnten – ein Versprecher konnte dazu führen, dass unsere Tarnung aufflog. Von diesem Moment an wurden auch Polizisten nur dann über unsere wahre Identität informiert, wenn es notwendig war.

In dieser Nacht fühlte ich mich so miserabel und müde, dass ich eine Steakmahlzeit in einem Restaurant an der Straße ablehnte. Danach bogen die Autos mit einer neuen Sheriff-Eskorte auf eine einspurige Bergstraße ein. Die Scheinwerfer erhellten die Konturen von Schneebänken und Baumstämmen vor dem sternklaren Himmel. Die Reifen schlitterten über eine schlechte Straße, vorbei an ein paar fröhlichen Hüttenlichtern, bis zu einem versteckten Haus in einem Kiefernwäldchen.

Zu krank oder zu müde, um unsere Umgebung zu bewundern, schleppten Helen und ich uns ins Schlafzimmer. Mindestens drei Polizisten würden uns rund um die Uhr bewachen. »Betrachten Sie uns einfach als ein paar zusätzliche Ehepartner«, scherzte ein Beamter. »Wir werden hier eine einzige glückliche Familie sein.« Unsere Kinder seien noch bei ihren Pflegeeltern und würden später zu uns stoßen, sagten sie.

Einige Marshals waren rund um das Haus und im Inneren postiert, andere waren als Reserve in der Nähe untergebracht. Sie arbeiteten in Zwölf-Stunden-Schichten und hielten Gewehre, Flinten und Handfeuerwaffen bereit. Geschützt wurden wir von Wachhunden und verschiedenen Alarmanlagen. Ein unsichtbarer Videosensor und Laserstrahlen sicherten das Haus. Erschütterungsmelder registrierten Schritte, die sich näherten, und ein ganz normales Einbruchmeldesystem verhinderte, dass jemand durch Türen oder Fenster einstieg. Die Geräte waren so empfindlich, dass Waschbären und Rehe Alarme auslösten. Dann rannten die Marshals mit Nachtsichtgeräten an die Fenster, um nachzusehen, ob der Eindringling ein Mensch war. Unsere Post und die Weihnachtsgeschenke von Verwandten und Freunden wurden auf versteckte Sprengladungen untersucht, bevor man sie uns brachte.

Die Marshals konnten es sich nicht leisten, das Leben wichtiger Zeugen aufs Spiel zu setzen, aber Van Court – der Sicherheitchef von Barry Goldwater während des Präsidentschaftswahlkampfs 1964 und davor zwanzig Jahre lang bei der Polizei von Los Angeles – sagte, es sei eine seiner gefährlichsten Aufgaben, uns zu schützen. Die Gefahr eines Racheakts sei ernst zu nehmen.

Wir wussten nicht, ob ein Profikiller auf uns angesetzt worden war, denn solche Aufträge werden selten schriftlich festgehalten oder öffentlich verkündet. Doch nach unserer Verhaftung berichteten Polizeiinformanten von einer Besprechung, bei der ein Killer bestimmt worden sei, und später wurden Angels gesehen, die in der Region Ukiah herumschnüffelten. Übrigens waren Mordaufträge schon wegen viel kleinerer Vergehen erteilt worden – ich war immerhin der Erste, der das Schweigegebot des Clubs offen gebrochen hatte.

»Ich bin mir sicher, dass ein Killer auf die Wetherns lauert – das ist bei den Angels so üblich«, sagte Jack Nehr, ein Beamter des kalifornischen Justizministeriums. »Jeder, der mit der Polizei zusammenarbeitet, fällt beim Club in Ungnade. Und hier haben wir einen Mann, dem der Club Verantwortung übertragen und Informationen anvertraut hat und der sich gegen den Club wandte.«

Natürlich stößt auch ein Buch, das die kriminellen Aktivitäten und die innere Struktur des Clubs enthüllt, bei den Hells Angels nicht auf Wohlwollen. Ein gut informierter Polizist in Oakland sagte dazu: »Wenn die Angels herausfinden, dass sich jemand mit dir zusammengesetzt und über das Innenleben des Clubs gesprochen hat, ist das Leben dieses Mannes keinen Pfifferling mehr wert.« Ein anderer erfahrener Ermittler wollte ebenfalls nicht namentlich genannt werden. »Wissen Sie, es gibt immer noch viele verrückte Mitglieder dort draußen, und niemand weiß, was sie tun werden«, erklärte er. »Ich will nicht eines Morgens zum Zeitungholen rausgehen und nicht mehr zurückkommen.«

Im folgenden Monat normalisierten Helen und ich unsere Beziehung so gut es ging und bereiteten uns auf einen Neustart vor. Wir gründeten einen vorläufigen Hausstand und entwickelten ein gutes Verhältnis zu unseren Beschützern. Wir spielten zusammen Karten, sahen fern und plauderten über alltägliche Dinge wie Sport, Haustiere und Politik. Mit unseren Bodyguards im Schlepptau gingen wir sogar einkaufen – mit dem Geld, das die Regierung uns zur Verfügung stellte (unser Unterhaltszuschuss belief sich zum Schluss auf 750 Dollar im Monat).[58]

Auch über mögliche Jobs sprachen wir mit den Marshals und berücksichtigten dabei meine Fähigkeiten und meine Ausbildung. In der Zwischenzeit suchten andere Marshals nach einem Ort, an dem wir unseren Traum von einem Leben in einer Kleinstadt verwirklichen könnten. Bevor eine Wohnung in Betracht gezogen wurde, suchten die Beamten die Gegend nach Outlaws und Anzeichen auf kriminelle Organisationen ab, obwohl es in der Region nur wenige Gangs gab, abgesehen von den Hells Angels in Omaha.

Dann legte ich mich unter das Messer eines plastischen Chirurgen, damit ich für ehemalige Bekannte nicht mehr erkennbar war. Ich machte eine Crashdiät und legte meinen Bikerjargon ab. Diese Veränderungen und neue Gepflogenheiten in meiner Körperpflege verwandelten mich in einen unscheinbaren Mann in den Dreißigern. Helen, eine kesse, jugendliche Dreißigjährige, benötigte nur kleine Veränderungen in Frisur, Make-up und Verhalten.

Später stießen die Kinder zu uns, und wir feierten ein verspätetes, emotionales Weihnachtsfest. Wir bauten Schneemänner, schlemmten und verteilten Geschenke. Das wichtigste Geschenk aber war das Beisammensein. Wir lachten über unsere neuen Namen und Identitäten und studierten unsere neuen Lebensläufe ein. Und wir blickten in die Zukunft, voller Vorfreude darauf, wieder eine Familie mit einem gemeinsamen Namen, einer Vergangenheit und einem Zuhause zu sein.

Die Marshals stellten eine »dokumentierte Vergangenheit« für uns zusammen: neue Geburtsurkunden, Taufscheine, Schulzeugnisse, Sozialversicherungskarten, Führerscheine und andere Papiere. Dann brachten sie uns in eine Stadt und zeigten uns ein Haus. Natürlich hatten sie die Nachbarn und die Umgebung genau überprüft.

»Das nehmen wir«, sagte ich. Das Land erstreckte sich offen in alle Richtungen, und in den schmucken Häusern und kleinen Geschäften in der Nähe, die uns alle fremd waren, lebten echte Menschen. Ein paar Kirchen, die Grange Hall[59] und die Highschool ragten in den eisblauen Himmel hinauf. Es hätte jede der Tausenden von Gemeinden im Land sein können, die vorbeirasende Autofahrer nur anhand ihrer Namen zu unterscheiden vermögen.

Bevor wir einzogen, wurden alle unsere Sachen, die auch nur den kleinsten Hinweis auf unsere Vergangenheit hätten liefern können, vernichtet, verkauft, geändert oder in den Müll geworfen. Man warnte uns davor, Drogen zu konsumieren und uns mit Kriminellen einzulassen, und riet uns, die Kinder nicht in Konfessionsschulen zu schicken, weil dies möglichen Attentätern bei der Suche nach uns geholfen hätte. Wir bekamen Telefonnummern, die wir sofort wählen sollten, wenn wir verdächtige Personen bemerkten. In diesem Fall wurde uns rasche Hilfe zugesichert. Es war verboten, ehemalige Freunde und Bekannte anzurufen, und Anrufe bei Verwandten waren nur über besondere staatliche Netze erlaubt, damit niemand sie zu uns zurückverfolgen konnte. Die Post lief durch mehrere Büros der Regierung, damit unser Aufenthaltsort und unsere Identität geheim blieben.

Sobald wir uns in unserem ziemlich normalen Heim eingerichtet hatten, begannen wir uns Sorgen über die Maskerade zu machen, die uns bevorstand. Über Nacht änderte sich unsere Aufgabe – wir sollten uns nun nicht mehr verstecken, sondern integrieren. Fast sofort luden uns die Nachbarn zum Kartenspielen ein. Als wir zu ihrer Haustür gingen, fragten wir uns, ob wir das durchhalten würden. »Schatz, du musst einfach improvisieren«, sagte ich zu Helen. Es war wirklich schwer für uns, obwohl wir einfach nur Canasta spielten. Wir überstanden den Abend, indem wir uns wie Langweiler benahmen – in der Hoffnung, nie wieder eingeladen zu werden, wenn wir so wenig sprachen.

Doch allmählich gingen wir mit anderen Leuten lockerer um, obwohl wir schreckhaft waren, weil wir nicht mehr rund um die Uhr bewacht wurden. Konnte der Club uns zufällig aufspüren? Sollten wir die Kinder irgendwo unterbringen, wo es sicherer war? Wir beschlossen, dass wir eine Familie bleiben und nicht ohne die Kinder leben wollten.

Wie jede entwurzelte Familie mussten wir entscheiden, wo wir einkaufen und arbeiten gehen, welche Art Freunde wir haben und wie wir uns amüsieren wollten. Wir hielten Ausschau nach Jobs und bemühten uns, trotz fehlender Bonitätsgeschichte Bonität zu erwerben.

Wir vermissten unsere alten Freunde sehr, aber wir gewannen neue, wenn auch vorsichtig. Es waren Menschen, denen wir vertrauen konnten; dennoch stellten wir sie nicht auf die Probe und erzählten ihnen nie etwas von unserer Vergangenheit. Das war eine schreckliche Versuchung, die verhinderte, dass wir jemandem wirklich nahe sein konnten. Einmal sagte Helen zu mir: »Es ist schwer, mit Freunden und Kollegen nicht über unsere wahre Vergangenheit reden zu können. In unserer Welt leben jetzt nur noch vier Leute, nämlich wir.«

Regelmäßig unternahmen wir Familienausflüge. Wir sprachen offen über unsere Probleme und Pläne, machten also dort weiter, wo die schöne Zeit auf der Ranch geendet hatte. Helen und ich arbeiteten, die Kinder gingen zur Schule. Wir wurden ein Team, und Helen, deren innere Stärke und Loyalität im Gefängnis immer wieder zum Vorschein gekommen war, entwickelte sich auf ihre Weise zu einer emanzipierten Frau. Jetzt bot sie mir tatsächlich Paroli – und ich ließ es ihr durchgehen.

Natürlich fürchteten wir alle immer noch, dass der Club oder unsere Freunde uns aufspüren könnten. Manchmal sah ich auf der Straße eine verdächtige Person, die Erinnerungen in mir weckte. Dann drehte ich mich um und ging in die andere Richtung, um diesen Menschen aus der Ferne zu beobachten. In vielen Albträumen wurde ich erschossen, und Helen geriet jedes Mal in Panik, wenn sie in den Nachrichten von Leuten hörte, deren Auto beim Start in die Luft geflogen war, oder wenn sie solche Szenen in Filmen sah.

Akuter war jedoch die Furcht aufzufliegen. Wir gaben uns größte Mühe, die neue Lebensgeschichte immer korrekt wiederzugeben, und die Kinder stellten sich dabei ebenso geschickt an wie Helen und ich. Mehr als einmal deckten oder berichtigten sie uns, wenn wir versehentlich Einzelheiten aus unserer Vergangenheit preisgaben.

Da Bobby ein paar Jahre jünger war, blieb er öfter zu Hause als Donna, die sich in der Mitte ihrer Teenagerzeit befand. Helen und ich gaben eine Party für sie und spielten bei ihrem ersten Tanzabend an der Highschool die Aufpasser. Ich tat mein Bestes, um ein anständiger Ehemann und Vater zu sein.

Schläge und Einschüchterung gewöhnte ich mir ab, und einmal hielt ich mich sogar im Zaum, als einer von Helens Kollegen sich an sie ranmachte. Früher hätte ich diesen Kerl krankenhausreif geprügelt, doch nun arbeitete ich an meiner Selbstbeherrschung und lernte, mich so zu benehmen wie ganz normale Leute. Ich muss mich immer noch anstrengen, sanftmütiger zu sein, denn das ist schwer, wenn Waffen so viele Jahre lang zum täglichen Leben gehört haben. Als ich zum ersten Mal in die Gesellschaft zurückkehrte, machte ich mir Sorgen, weil ich keine Waffe besaß. Heute kann ich Waffen nicht ausstehen – sie machen mich nervös.

Auch von Drogen hielten wir uns fern, denn eine einzige Ausnahme hätte uns in den Sumpf des täglichen Konsums zurückziehen können. Natürlich wurde uns bei geselligen Veranstaltungen manchmal Marihuana angeboten, aber wir lehnten stets ab und gaben uns Mühe, solchen Versuchungen aus dem Weg zu gehen. Besonders frustrierend war, dass wir anderen Leuten, vor allem jungen Menschen, nicht von unseren eigenen Erfahrungen und quälenden LSD-Flashbacks erzählen durften, um sie vor den zerstörerischen Folgen des Drogenkonsums zu warnen.

Ein Jahr nach Beginn unseres neuen Lebens hatten wir wieder Fuß gefasst und brauchten die finanzielle Unterstützung des Staates nicht mehr. Ich hatte mich inzwischen selbstständig gemacht und verdiente überdurchschnittlich gut. Auch Helen arbeitete hart, und die Kinder bekamen gute Noten. Wir waren stolz darauf, dass wir uns einen sicheren Platz in einer fremden Umgebung geschaffen hatten. Wir lebten in einer angenehmen Gegenwart und sparten für die Zukunft – denn wir träumten wieder von 60 Hektar Land.

NACHWORT

»Dies ist der Anfang vom Ende der Hells Angels.«
Duncan James,[60] Staatsanwalt des Bezirks Mendocino im Jahr 1972

»Wir werden größer und besser.«
Ralph »Sonny« Barger 1977 im Gefängnis Folsom[61]

D as Jahr 1972 hätte durchaus den Niedergang der Hells Angels einleiten können. In dem Vierteljahrhundert nach der Gründung des Clubs in Fontana in Kalifornien durch einige abenteuerlustige ehemalige Weltkriegspiloten hatten die Angels Phasen relativer Unauffälligkeit, öffentlicher Entrüstung, zahlloser Ermittlungsverfahren und strafrechtlicher Verfolgungen, schlechter Presse und unverhohlener Schikanen überlebt. Doch 1972 beförderte ein noch nie dagewesenes Trommelfeuer von Strafverfahren die wichtigsten Führer in Gefängniszellen.

In Oakland wurde Barger zu zehn Jahren in einem Bundesgefängnis verurteilt, nachdem er schwere Drogendelikte, Steuerhinterziehung und unerlaubten Waffenbesitz gestanden hatte.[62] Sir Gay, Anfang der 70er-Jahre Bargers Stellvertreter, wurde im Februar 1973 wegen des Besitzes und Verkaufs von Kokain und des Besitzes weiterer gefährlicher Drogen mit einer Freiheitsstrafe von zwei bis zehn Jahren belegt. Hinzu kamen sechs Monate bis 15 Jahre im Bezirk Sacramento, ebenfalls wegen Drogenbesitzes. Gary Popkin, Sir Gays Partner, trat 1973 eine Gefängnisstrafe wegen des Besitzes gefährlicher Drogen an, und Bert Stefanson, damals Schatzmeister, wurde wegen des Besitzes und Transports von Kokain und Sprengstoff zu einer fünfjährigen bis lebenslangen Gefängnisstrafe verdonnert. Auch das Charter Richmond wurde dezimiert, da mehrere aktive und ehemalige Mitglieder, darunter Expräsident Richard Barker, wegen des Mordes an den zwei Bikern aus Georgia und des Verscharrens ihrer Leichen verurteilt wurden.

Diese und mehrere andere Urteile schwächten die ganze Organisation und hinterließen ein Führungsvakuum außerhalb der Gefängnismauern. Die Behörden waren der Meinung, dass der Club nie zuvor so verwundbar gewesen sei, und erwarteten, dass die Angels im Chaos versinken würden. Außerdem hielten sie ein aggressives Vorgehen gegen die Angels für angezeigt, weil die öffentliche Empörung seit der sogenannten Monterey-Vergewaltigung Mitte der 60er-Jahre ihren Gipfel erreicht hatte und die meisten Justizbehörden nun über die Hauptbeschäftigungen und die Grundstruktur des Clubs informiert waren. Die Bundespolizei setzte Vollzeitagenten auf die Angels an und begann als erste Behörde, Informationen für die Akten und die Strafverfolgung zu sammeln. Bundesbehörden und fast alle lokalen Justizbehörden, in deren Bezirk es Charter der Angels gab, bildeten Spezialisten für die Szene aus.

Der bedeutendste Schlag gegen den Club war offenkundig die Inhaftierung von Barger. Die Justiz wollte ihn so lange im Knast sitzen sehen, bis sie dem Club den Todesstoß versetzt hatte. Donald P. Whyte, der stellvertretende Staatsanwalt des Bezirks Alameda, schrieb am 2. August 1973 in einer juristischen Stellungnahme:

»... Barger ist für die Gesellschaft eine derart große Bedrohung, dass eine lebenslange Freiheitsstrafe in Erwägung gezogen werden sollte. ... Barger ist keinesfalls ein lokaler Kleinkrimineller. Sein Einfluss reicht extrem weit. ... Anscheinend sind alle Charter einander zur Loyalität verpflichtet, vor allem gegenüber Ralph Barger und dem Charter Oakland.«

Ein Teil dieser Loyalität war Bargers Stehvermögen zuzuschreiben. Seine Führungsrolle seit Ende der 50er-Jahre war eine stabilisierende Kraft in einer Gruppe mit sehr hoher Mitgliederfluktuation. In Oakland zum Beispiel waren 1973 so viele Mitglieder tot, verkrüppelt, eingesperrt oder ausgeschieden, dass nur noch eine Handvoll Oldtimer aktiv waren, darunter Cisco, Johnny Angel (der angeblich an einem Motorradgeschäft und an einem Cateringunternehmen beteiligt war) und Skip, der sich später nach Maine zurückzog.

Ende der 60er-Jahre war die Schwundquote fast ebenso hoch. Zahlreiche Mitglieder saßen unterschiedlich lange hinter Gittern: Sonny, Sir Gay, Popkin, Stefanson, »Fat Albert«, »Foo Manchu«, Winston, Russell, »Mouldy Marvin« und andere. Zorro verbüßte 180 Tage im Knast, nachdem er gestanden hatte, den Tätern nach der Ermordung der beiden Biker aus Georgia geholfen zu haben. Danach wurde er angeblich ein braver Bürger und kehrte in die Schule und zu seiner Freundin zurück. Donald D. »Whitey«

Smith floh aus dem Bezirksgefängnis und soll sich später dem New Yorker Charter angeschlossen haben. Tiny wurde vermisst, und die Polizei rechnete mit dem Schlimmsten. Tramp starb unter zweifelhaften Umständen an einer Überdosis. Germans Tod infolge einer Überdosis blieb ungeklärt. Stork wurde mit einer Schusswaffe hingerichtet – den Ermittlern zufolge nach einem clubinternen Streit, weil er als Drogendealer zu ehrgeizig gewesen sei. Napa Bob wurde von seinem ehemaligen Arbeitgeber in Notwehr erschossen. Monk wurde vermisst, und die Polizei ging Berichten aus mehreren Quellen nach, die behaupteten, er und seine Frau »Little Bonnie« seien ermordet und unter einer Highway-Betonplatte verscharrt worden. Fat Freddy wurde ermordet. Magoo starb an einem Herzinfarkt. Hi Ho Steve wurde angeblich wegen seiner Unzuverlässigkeit vom Club ausgestoßen. George und Waldo mussten gehen, weil sie heroinsüchtig waren. L'il Al und Jimmy Hewitt setzten sich ab (Hewitt und ein aktiver Angel namens Bobby England wurden im Mai 1977 bei einer Razzia in einem Speedlabor in Oakland verhaftet).

Die neue Führung des Charters Oakland bestand – zumindest nominell – aus dem Präsidenten Edward »Deacon« Proudfoot und dem Vizepräsidenten Raymond »Boomer« Baker. Beide hatten nie als Schwergewichte im Club gegolten, aber anscheinend hielten sie ihn zusammen. Dabei halfen ihnen einige ältere Mitglieder, zum Beispiel der ehemalige Strohmann-Präsident »Big Don«, Animal, Johnny Angel, Durt, Norton Bob und Cisco.

Wichtiger war, dass Sonny Barger hinter den Granitmauern des Gefängnisses Folsom (das einzige Hochsicherheitsgefängnis Kaliforniens) ein aktives Mitglied blieb. Er hatte mit Sicherheit wenig Mühe, mit dem Club zu kommunizieren, entweder durch Helfer im Knast oder durch Besucher. Sharon, die er im Gefängnis heiratete, besuchte ihn regelmäßig, und auch Clubmitglieder machten ihre Aufwartung. Zwar konnte Barger nicht mehr die täglichen Entscheidungen treffen, aber Ermittler glaubten, dass er dem Club als Richter in letzter Instanz und ziemlich offensichtlich als Berater diente.

Außerdem zeigte der Club der Welt gelegentlich, dass er seinen titellosen Führer nicht vergessen hatte. Er verkaufte Autoaufkleber und T-Shirts mit dem Slogan »Freiheit für Sonny Barger«, und an Sonnys Geburtstag im Jahr 1974 überflog ein Kleinflugzeug Folsom und warf Handzettel ab, auf denen

»Happy Birthday, Sonny Barger« stand. Gefängnisbeamte sagten, der Club habe an einem späteren Geburtstag einen Himmelsschreiber engagieren wollen, aber das habe aus unbekannten Gründen nicht geklappt.

Mitte der 70er-Jahre reagierte das Charter Oakland auf den zunehmenden Druck, indem es einige Aktivitäten einschränkte. Daraufhin gab es weniger Festnahmen. »Vielleicht hat Sonny seine Drogenkontakte einem anderen anvertraut, denn die Angels sind so still, dass derzeit vermutlich keine großen Entscheidungen getroffen werden«, sagte ein Ermittler des Bezirks Alameda, nachdem der Club etwa ein Jahr lang kaum aktiv gewesen war. »Sie handeln nicht mehr mit großen Drogenmengen wie früher. Ich glaube, in Oakland wurde auch kein Durchsuchungsbefehl mehr gegen die Angels erlassen, seitdem Sonny einsitzt. Die großen Geschäfte werden jetzt in San Jose gemacht.«

Informanten berichteten, Barger habe den Präsidenten des Charters San Jose, Fillmore Cross, während eines Bass Lake Runs vor seiner Verhaftung zu seinem internationalen Nachfolger ernannt. Wenn das stimmt, war es ein schlauer Schachzug, da sich die Behörden zu dieser Zeit ganz auf Oakland konzentrierten. Zudem war San Jose – mit seinen 495 000 Einwohnern eine der am schnellsten wachsenden Städte des Landes – eine ideale Basis und ein Nährboden für die Unternehmungen des Clubs, vor allem für den Drogenhandel. In San Jose gab es viele kleine Motorradclubs, und ein Obstgarten nach dem anderen musste den für südkalifornische Städte typischen Vorstadt- und Industriesiedlungen weichen. Die vielen Fabrikarbeiter waren traditionell ein gutes Reservoir für Mitglieder und Kunden. Außerdem hatte das Charter einige mexikanisch-amerikanische Mitglieder und unterhielt hervorragende Kontakte zu Drogenhändlern im Südwesten und in Mexiko.

Als Ermittler im Jahr 1974 begannen, sich näher mit San Jose zu befassen, organisierten die Angels dort und in den schnell wachsenden südkalifornischen Chartern sogar eine Anti-Drogen-Kampagne. Sie mieteten Plakatwände und verteilten Autoaufkleber mit dem Slogan »No Hope With Dope«. Angeführt von Bob Lawrence, dem Präsidenten des Charters Los Angeles, und »Crazy« Cross, dem Chef des Charters San Jose, warnten Clubmitglieder Highschool- und College-Studenten vor »harten Drogen« und erregten dadurch bei den Medien große Aufmerksamkeit.

Zudem beschenkten Angels benachteiligte Kinder in L. A. zu Weihnachten mit Spielsachen und spendeten in San Jose Blut. Es gab verständliche, wenn auch nicht genannte Gründe für diese Aktionen: Drogenrazzien hatten die Mitgliederzahl reduziert, die Bruderschaft untergraben und den Club finanziell belastet. Cross erklärte vor Reportern: »Die Jungs arbeiteten nicht richtig, waren keine verlässlichen Mitglieder, erschienen nicht zu unseren Treffen und versäumten es, Beiträge zu zahlen. Man konnte sich nicht auf sie verlassen. Sie waren keine Outlaws mehr, sondern Drogensüchtige.«

Trotz aller Rhetorik wollte der Club den Drogenkonsum nicht wirklich unterbinden, sondern sein Image verbessern, um beim Dealen weniger gestört zu werden. Außer den gemieteten Werbeflächen gab es sehr wenige Anzeichen dafür, dass die Angels sauber geworden waren. Etwa anderthalb Jahre später wurde Cross sogar zu vier Jahren Gefängnis verurteilt, nachdem er gestanden hatte, Amphetamin besessen zu haben. Er war Mitglied eines Speed- und Kokainrings im Bezirk Santa Clara gewesen, den Biker betrieben hatten.

Trotz der Heuchelei waren die Anti-Drogen-Feldzüge bezeichnend, denn sie bewiesen, dass die Kommunikation und die Koordination im Club immer noch intakt waren. Und sie zeigten, dass der Club nicht zum Untergang verurteilt war, nur weil seine Führer im Knast saßen. Vielleicht hatte kein Mitglied das Charisma, das organisatorische Talent und das weltweite Ansehen Sonny Bargers, doch Sonny hatte eine komplexe und trotzdem leicht zu wartende Maschinerie zurückgelassen. Diese war in den Berichten der Justizbehörden zwar ausführlich analysiert worden, aber niemand war in der Lage, sie zu zerstören. Der Hauptgrund dafür war, dass es nur wenige Informanten gab, erst recht nicht in Positionen, in denen sie den Club hätten gefährden können. Ein Drogenermittler in Oakland sagte dazu: »Früher hätte George das gesamte Charter hochgehen lassen können. Aber damals war er noch nicht bereit zu reden.«

Eine raffinierte Aktion der Bundesbehörde für Alkohol, Tabak und Schusswaffen im Finanzministerium kam einer Unterwanderung wohl am nächsten. Im Rahmen des Programms »Omega«, das von 1973 bis Anfang 1975 lief, gründeten zwei Dutzend Agenten – etwa die Hälfte davon in Kalifornien – eigene Motorradclubs und freundeten sich mit den Angels und einigen anderen Outlaws an. Ermittler sagten, Don M., ein Fotograf und Oakland-Angel, dem eine Anklage drohte, habe in der Hoffnung auf Strafmilderung einige Agenten ins Charter eingeschleust. Als die Beamten eine Weile mit den Angels herumgefahren waren, flogen sie aus irgendeinem Grund auf. Doch ehe die Angels etwas unternehmen konnten, erfuhr die Behörde dank eines Fehlers der Post von der Entdeckung. Ein Foto, das für ein Postfach der Hells Angels in Los Angeles bestimmt war, landete versehentlich in einem benachbarten Fach, und dessen Inhaber brachte es zur Polizei. Auf dem Gruppenfoto mit Bikern hatte jemand einen Kreis um Don M. gezeichnet und »Spitzel« daruntergeschrieben. Ein Agent war ebenfalls markiert und als »Bulle« bezeichnet worden. Die betroffenen Agenten wurden sofort abgezogen, und Don M. erhielt im Rahmen des bundesstaatlichen Zeugenschutzprogramms eine neue Identität. Da die Agenten einige Male Kokain und andere Drogen gekauft hatten, wurden mehrere Angels verhaftet. Der größte Erfolg der Aktion waren jedoch die gesammelten Informationen.

Die Zeit von 1973 bis 1975 war eine entscheidende Phase für die Hells Angels. Sie hätten ihre illegalen Aktivitäten einschränken und ein einigermaßen normaler Club werden oder in den Untergrund gehen, ihre Motorräder und Kutten einmotten und Geschäftsanzüge kaufen können. Und sie konnten unverändert so bleiben, wie sie waren – genau wie ihre Harleys.

Da die Angels ihre Motorräder und ihren Lebensstil nicht aufgeben wollten, schlossen sie einen Kompromiss. Sie taten im Wesentlichen, was sie immer getan hatten, jedoch unauffälliger. Außerdem gab es einige Machtverschiebungen. Ermittler berichteten, der Club habe sich seit 1975 geografisch und zahlenmäßig vergrößert, handle jedoch weiter in großem Umfang mit Drogen, vor allem mit Amphetamin und Kokain. Wie konventionellere Syndikate im Bereich des organisierten Verbrechens scheut der Club die Öffentlichkeit und ist in neue illegale Geschäftsbereiche vorgestoßen, obwohl man ihn gewiss nicht mit der Mafia vergleichen kann. Außerdem gab es weitere Hinweise darauf, dass Angels einander bei internen Streitigkeiten umbringen.

Im Jahr 1977 hatte der Club Charter in Oakland, San Jose, Daly City, Richmond, San Francisco, Vallejo, Sacramento, Los Angeles, San Bernadino und San Diego sowie in den Bezirken Sonoma und Marin, alle in Kalifornien. Außerdem gab es Charter in Omaha, Cleveland, New York City und

Buffalo, Bridgeport in Connecticut, Durham in North Carolina, Lowell in Massachusetts und in Alaska. Nach eigenen Angaben hatten die Angels auch Charter in der Schweiz sowie in Österreich, England, Westdeutschland, Australien und Neuseeland gegründet. Die Zahl der Mitglieder wurde geheim gehalten, aber die Justiz schätzte sie auf 350 bis 500 in Kalifornien und 750 bis 1000 weltweit, ohne die vielen Anwärter und die noch zahlreicheren Mitläufer.

Die Hells Angels galten immer noch als größter und mächtigster Outlaw-Club der Welt. Als mehrere Veteranen aus dem Gefängnis entlassen wurden und der Club einige neue Mitglieder gewann, hatte das Charter Oakland wieder fast vierzig Mitglieder. San Jose behielt seine starke Position, und die zentral gelegenen Charter zwischen San Francisco und Sacramento waren überaus aktiv. Die Region Richmond-Vallejo schien Ende 1976 und Anfang 1977 der Mittelpunkt dieser Aktivitäten zu sein. Ein Indiz dafür war die Verhaftung von vier flüchtigen Angels, von denen einer in Connecticut wegen eines Mordes gesucht wurde.

Wenn der äußerst mobile Club in einer Region unter Druck geriet, verlegte er seine Aktivitäten weitgehend in andere Gegenden, ohne dass dies nach außen hin auffiel. Zwischendurch waren die Mitglieder längere Zeit nur selten in ihrer Bikerkluft zu sehen, außer wenn sie in großen Gruppen an Runs, Beerdigungen oder anderen besonderen Ereignissen teilnahmen. Doch selbst diese wenigen öffentlichen Auftritte schienen zu schreien: Die Angels sind immer noch der Meinung, dass sie mit Drogen am leichtesten Geld verdienen können, und die Mitglieder tragen ihre Aufnäher schon so lange, dass das Durchschnittsalter auf dreißig Jahre oder höher gestiegen ist.

Ein Beispiel: Eine Abordnung aus etwa 25 Oakland-Angels fuhr am 6. August 1976 zum Gefängnis in Folsom, um Foo Manchu in Empfang zu nehmen, der wegen seiner Drogendelikte acht Jahre abzusitzen hatte, aber auf Bewährung entlassen worden war, um an der University of California Anthropologie zu studieren. Unterwegs brachen sich ein Angel und seine Mitfahrerin die Beine, als sie mit einem Auto zusammenstießen, das der Wrestling-Veranstalter Roy Shire steuerte. Der berühmte blonde Ringer Pat Patterson war bei ihm; dennoch schlugen die Angels angeblich Shire zusammen und raubten ihm seinen Revolver Kaliber .38 sowie seinen Meisterschaftsgürtel. Deacon und zwei andere wurden wegen schweren Diebstahls, Körperverletzung mit einer tödlichen Waffe und Raub festgenommen, aber der Rest der Gruppe holte den 36-jährigen verurteilten Bruder ab und brachte ihm ein funkelndes Motorrad mit, auf dem er nach Hause fuhr.

Noch ein Beispiel: Anfang Januar 1977 wurden »Harry the Horse« Flamburis, der Präsident des Charters San Francisco, und seine zwanzigjährige Mitbewohnerin Dannette Barrett in ihrem Haus in Daly City ermordet. Jemand hatte sie gefesselt und geknebelt und mit einer automatischen Pistole Kaliber .22 erschossen. Ein Kissen hatte als Schalldämpfer gedient. Flamburis, ein Hafenarbeiter, der nie als Schwergewicht gegolten hatte, besaß ein Motorrad und einen Lieferwagen. Sein Haus war mit teuren Antiquitäten möbliert, er hatte mindestens ein halbes Dutzend Waffen versteckt, und ein verborgener Safe enthielt Gold- und Silbermünzen im Wert von etwa 1500 Dollar sowie rund 350 Gramm Speed. Die Polizei vermutete, dass er von einem Bekannten umgebracht worden war, weil er versucht hatte, seinen Handel mit Speed gewaltsam auszuweiten. Flamburis' Beerdigung zeigte jedoch, dass er im Club offensichtlich hoch geschätzt wurde. 200 bis 300 Angels und andere Biker aus dem ganzen Land schlossen sich dem Trauerzug an. Etwa einen Monat später wurde sein Motorrad neben ihm begraben, und am darauf folgenden Tag zündete ein Brandstifter sein Haus an, wobei die schönen Möbel zerstört und der Lieferwagen beschädigt wurden.

Ein drittes Beispiel: Im Januar 1977 verurteilte ein Geschworenengericht im Bezirk San Francisco Flamburis' Nachfolger »Flash« Gordon Grow, einen Angel namens Odis »Buck« Garrett und drei weitere Personen wegen Zuhälterei in einem »Massagesalon«. Margo E. Compton, 25, eine ehemalige Angestellte des Salons, war eine wichtige Zeugin. Doch am 7. August 1977 wurden Margo, ihre sechsjährigen Zwillingstöchter und ein 19-jähriger Freund, der bei der Küstenwache arbeitete, in einem Haus in Gaston, Oregon, ermordet aufgefunden. Die Polizei gab bekannt, Margo habe um ihr Leben gefürchtet und sei sicherheitshalber nach Oregon umgezogen. Alle vier Opfer wurden regelrecht exekutiert: Sie hatten je eine Schusswunde im Kopf. Es gab keine Anzeichen für einen Kampf, aber etwa einen Meter von Margos Leiche entfernt fand man einen geladenen Magnum-Revolver Kaliber .357. Angeblich war die Frau eine gute Schützin gewesen. Die Morde wurden nie aufgeklärt. Dennoch wurde Garrett wegen Zuhälterei zu einem bis zehn Jahren Gefängnis verurteilt. Grow musste eine Strafe von 2000 Dollar zahlen und sechs Monate im Bezirksgefängnis absitzen. Die Bewährungsfrist wurde auf fünf Jahre festgesetzt.

Diese und ähnliche Ereignisse bewiesen, dass alle jene, die Mitte der 70er-Jahre den Niedergang des Clubs vorausgesagt hatten, sich irrten. Wieder zeigten die Angels, wie ähnlich sie ihren Harleys waren: roh, stark und in der Lage, wenn nötig auf einem Zylinder zu fahren. Erstaunlicherweise überlebte der Club und wuchs sogar noch, obwohl er wegen Bargers Gefängnisstrafe an Macht eingebüßt hatte. Diese Macht gewann er aber womöglich zurück, als Barger am 3. November 1977 auf Bewährung entlassen wurde.

Niemand weiß, wie groß der Club noch werden wird. Eines aber scheint gewiss: Solange es Motorräder gibt, wird es auch ein paar Männer geben, die bereit sind, jene schmale Grenze zwischen Leben und Tod zu befahren, auf der die Hells Angels unterwegs sind.

DANKSAGUNG

Wir Autoren bedanken uns herzlich bei dem ehemaligen US-Marshal Arthur Van Court, der unermüdlich mit uns zusammenarbeitete und uns zu dieser Publikation ermutigte, beim stellvertretenden US-Marshal Warren Bearup, der wertvolle Hilfe leistete, und bei anderen Bundespolizisten. Außerdem danken wir Special Agent Jack Nehr vom kalifornischen Justizministerium und dem ehemaligen Staatsanwalt James L. Browning jr. für ihre Unterstützung. Den zahllosen Informanten, die wir nicht nennen dürfen, drücken wir unsere Wertschätzung aus.

ANMERKUNGEN

1 Starkes Beruhigungs- und Schlafmittel mit dem Inhaltsstoff Secobarbital aus der Gruppe der Barbiturate.

2 »The Merry Pranksters« (Die lustigen Gesellen) waren eine von Ken Kesey begründete Gruppe von Künstlern und Aussteigern, die den Konsum psychedelischer Drogen (insbesondere das bis 1966 legale LSD) propagierten und mit einem bunt bemalten Schulbus durch die USA fuhren, um LSD-Happenings zu veranstalten.

3 Gangsterbande um Jesse James.

4 Sadilek, ein starker, beliebter Anführer mit Humor und einer Neigung zur Theatralik, zog sich zurück, nachdem er von etwa 1958 bis 1962 Präsident des Frisco-Charters gewesen war.

5 Die »Schlangengrube« erhielt ihren Namen nach dem Film *Die Schlangengrube* (1948) über Misshandlungen in einer psychiatrischen Klinik, mit Olivia de Havilland und Celeste Holm in den Hauptrollen.

6 Diese Informationen stammten von einem Polizisten, der dem Club nahestand.

7 Der Leichenbeschauer des Bezirks Alameda ermittelte einen Blutalkoholgehalt von 1,8 Promille.

8 Schätzung des kalifornischen Justizministeriums.

9 In diesem Jahr zählte ein 15-seitiger Bericht des Generalstaatsanwalts Thomas C. Lynch eine Serie von Gräueltaten auf, die vermutlich von Angels begangen worden waren. Beispiel: »Am 24. April 1964 drangen acht Hells Angels in das Haus einer Frau in Oakland ein, zwangen ihren Freund mit vorgehaltener Waffe, das Haus zu verlassen, und vergewaltigten die Frau in Gegenwart ihrer drei Kinder. Später an diesem Morgen drohten die Begleiterinnen der Hells Angels, der Frau mit einem Rasiermesser das Gesicht zu zerschneiden, falls sie zur Polizei gehe.« In dem Bericht heißt es, 463 Angels (wohl eine krasse Übertreibung) seien wegen insgesamt 1023 Vergehen und 151 Verbrechen verurteilt worden.

10 Autor von *Einer flog über das Kuckucksnest* und anderen Romanen sowie Antikriegsaktivist.

11 DMT steht für Dimethyltryptamin, ein sehr starkes Halluzinogen, das meist in Tablettenform konsumiert wird.

12 Zeugenaussage.

13 *San Francisco Chronicle*, 6. Oktober 1965.

14 Die American Taxpayer Union war eine rechtsgerichtete Gruppe von Hauseigentümern, die genug vom Steuersystem hatten. Sie war nur Mitte der 60er-Jahre aktiv. Ein

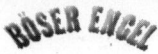

ehemaliges Mitglied bestritt, dass die Gruppe irgendwelche Grundsätze in Sachen Schusswaffengebrauch vertrat.

15 *San Francisco Chronicle*, 4. November 1965.

16 *San Francisco Chronicle*, 13. November 1965.

17 *San Francisco Chronicle*, 19. November 1965.

18 Der Polizei zufolge wurde Tramp nie wegen schwerer Straftaten angeklagt, obwohl man ihn wegen Drogendelikten, Körperverletzung und öffentlichem Oralsex verhaftet hatte.

19 Am 17. Dezember 1966 umringten mehr als 250 Hippies das Park-Polizeirevier und forderten mit Weihnachtsliedern und Sprechchören die Freilassung von zwei beliebten Angels aus San Francisco: »Chocolate George« Hendricks, 34, und »Hairy Henry« Kot, 37. Die Polizei hatte sie während einer Kerzenparade festgenommen, die »den Tod und die Wiedergeburt des Bezirks Haight-Ashbury und den Tod des Geldes« feierte. *San Francisco Chronicle*, 18. Dezember 1966.

20 Laut Polizeistatistik nahm die Zahl der angezeigten Straftaten (darunter 17 Morde und 100 Vergewaltigungen) in der Haight im Jahr 1967 um mehr als das Doppelte zu.

21 Thompsons *Hell's Angels*, Copyright 1966, 1967, S. 271, Ballantine Books.

22 Der kalifornische Secretary of State Frank M. Jordan schrieb in einem Bericht, die Angels seien ein Verein, dessen erklärtes Ziel die »Förderung des Motorradfahrens, der Motorradclubs und der Motorradsicherheit auf den Highways« sei.

23 Vertraulicher Bericht des kalifornischen Justizministeriums, Abteilung für organisiertes Verbrechen, April 1973.

24 Nach einem Bericht der Associated Press vom 14. Dezember 1968 in London verweigerte ein Sprecher der Firma Apple (der Plattenfirma der Beatles) die Antwort auf die Frage, ob die Gruppe die Ziele der Angels unterstütze. Er bestätigte jedoch, dass Apple mindestens zwei Angels entlassen habe.

25 Vertraulicher Bericht des kalifornischen Justizministeriums, Abteilung für organisiertes Verbrechen, April 1973.

26 Beim Bass Lake Run 1970 sagte Barger zu einem Reporter der *Los Angeles Times*: »Wissen Sie, was mich ärgerte? Dass sie es [sein Motorrad] ins Wasser warfen. ... Sie hätten es entweder auf der Straße parken oder zurückgeben sollen. Jetzt sind sie im Krankenhaus. Sie haben mir ihre Motorräder, ihre Kleider, alles, was sie besitzen, gegeben ..., weil sie mir alles genommen haben. Und jeder, der sonst noch in ihrem Club war, hat mir sein Abzeichen gegeben und seine Kutte an den Nagel gehängt. Andernfalls wären sie mitschuldig gewesen. Wir haben den Club aufgelöst.«

27 *San Francisco Chronicle*, 14. August 1967.

28 *Serenity, Tranquility, Peace* (STP): 2,5-Dimethoxy-4-methylamphetamin (DOM), vollsynthetisches Halluzinogen aus der Gruppe der Amphetamine.

29 Mehrere Jahre später berichtete die Polizei von einem Vorfall am 12. Februar 1973: Albert, der vor Kurzem eine Gefängnisstrafe wegen Drogenhandels im Gefängnis des Bundesstaates Washington abgesessen hatte, feierte zu Hause seinen fünften Jahrestag als Clubmitglied, als ein junger Schwarzer mit seiner Frau und seiner Cousine vorbeiging. Der Schwarze, der 19-jährige John Nellums, geriet mit den Angels in Streit und wurde seinen Begleiterinnen zufolge ins Haus gezerrt. Als die Polizei eintraf, behauptete Albert, er habe nur einen Stein nach Nellums geworfen und ihm geraten, sich nicht mehr blicken zu lassen. Am nächsten Tag wurde Nellums zerschundene Leiche zwei Kilometer entfernt in einem Gebüsch gefunden. Der Mord blieb ungeklärt.

30 In den USA beliebtes Würfelspiel.

31 *Los Angeles Times*, 5. Oktober 1966.

32 Historischer Postbeförderungsdienst in den USA, der als Reiterstafette organisiert war.

33 *San Francisco Chronicle*, 12. und 28. Juni 1968.

34 *Times-Post*, 5. Juli 1970.

35 Der Leichenbeschauer des Bezirks Alameda erklärte, Ingalls, ein Einwohner Minnesotas, sei an einer »Barbituratvergiftung« gestorben. »Die Schleimhäute des Mundes waren leicht orangefarben. ... Der Barbituratspiegel nach Eintritt des Todes betrug 2,7 Milligrammprozent. ... Todesursache Unfall oder Selbstmord.« Die Polizei schloss den Fall jedoch nicht ab, denn es sei »einer der seltsamsten Selbstmorde« gewesen, »mit denen wir je zu tun hatten. Er ist nach seinem Tod anscheinend noch kilometerweit marschiert und dann zu Bett gegangen.«

36 Wegen der Herstellung von LSD in seinem Haus in Orinda wurde Owsley im Jahr 1969 verurteilt und saß etwa dreißig Monate seiner dreijährigen Gefängnisstrafe ab. Melissa wurde nie angeklagt. 1974 verweigerte die Eule die Aussage, als er beschuldigt wurde, auf seine Einkünfte in Höhe von 239 000 Dollar in den Jahren 1967–68 keine Steuern bezahlt zu haben. Der Chemiker behauptete vor dem Bezirksrichter Lloyd Burke, er habe fast das ganze Geld an der Aktienbörse verloren.

37 Kugelförmige Bauten mit einer Substruktur aus Dreiecken, die sich durch ihre Stabilität auszeichnen und daher für Polarstationen oder Militärbasen gut geeignet sind.

38 Im Grunde war es kein Zufall, dass der Ort die Mischung aus Drogen und Hippie-Philosophie der Bruderschaft (Brotherhood of Eternal Love) widerspiegelte. Laut einem Urteil eines Geschworenengerichts vom 26. April 1973 in San Francisco verkaufte Sand im Juli 1968 LSD an Tim Leary, John Murl Griggs (inzwischen verstorben) und Bruderschaftsmitgliedern auf der Ranch der Gruppe in Idlewind, Südkalifornien. Beim anschließenden »LSD-Prozess«, angeblich der größte seiner Art, sagten Zeugen über eine internationale Drogen- und Geldwäscheorganisation aus, die von einigen der bekanntesten Drogendealer des Landes geleitet werde.

Unter den Zeugen war auch George Wethern. Sand und der Wissenschaftler Robert Timothy Scully wurden wegen der Herstellung von LSD und Steuerhinterziehung verurteilt. Sand wurde zu 15 Jahren Gefängnis und 10 000 Dollar Geldstrafe, Scully zu 20 Jahren und 10 000 Dollar verurteilt. Mantell gestand Drogendelikte ein und wurde zu zwei Jahren Gefängnis verurteilt. Den Behörden zufolge verschwand Sand, der auf Kaution freigelassen worden war, einen Tag nach der Bestätigung des Urteils durch ein Berufungsgericht.

39 Einem Polizeibericht zufolge wurde James »Foo Manchu« Griffin, 28, am 13. Februar 1968 von fünf Kugeln, abgefeuert von Drogenfahndern, niedergestreckt, als er mit einer Luger herumfuchtelte. Griffin, der auf Bewährung frei war (er war im März wegen Drogenhandels verurteilt worden), wurde in den Arm getroffen. Die Polizei beschlagnahmte Drogen im Wert von 8000 Dollar und ein Waffenlager. Im Haus eines anderen Angels war einige Tage zuvor ebenfalls ein Waffenlager entdeckt worden.

40 Aktivisten mexikanischer Herkunft, die für die Rechte der in den USA lebenden Mexikaner eintreten.

41 Linke, militante Untergrundorganisation in den 1960er- und 1970er-Jahren.

42 Quelle: Im Wesentlichen Zeugenaussagen im Herbst 1972 während eines Prozesses gegen Barger und drei andere Mitglieder wegen Mordes an einem mutmaßlichen Drogenhändler aus Texas, dessen Leiche man in einem brennenden Haus in Oakland in der Badewanne gefunden hatte. Barger sagte aus: »Im Laufe der Jahre habe ich mit verschiedenen Polizeirevieren Deals ausgehandelt, um Leute aus dem Gefängnis zu holen.« Er erwähnte auch, er habe Waffen, Sprengstoff und Drogen in einem Motel in der 55th Avenue hinterlegt, damit ein Mitglied freigelassen werde. Hilliard bestätigte, dass es einen Handel gegeben habe, und sagte aus, Barger habe angeboten, der Polizei Mitglieder der Weathermen auszuliefern, was der Führer der Angels entschieden bestritt. Die vier Angels wurden letztlich freigesprochen.

43 Merrill, ein angesehener Anwalt, der einige Angels verteidigt hatte, gehörte im Frühjahr 1975 zu den Verteidigern von Joseph Remiro und Russell Little, die sich »Soldaten« der Symbionese Liberation Army nannten. Die beiden wurden wegen der Ermordung von Marcus Foster, eines Schulleiters in Oakland, verurteilt.

44 In dem Bericht der Polizei von Oakland heißt es unter anderem: »Der mit der Festnahme betraute Beamte half der Polizei von San Leandro, den Verdächtigen zu überwältigen, der extrem gewalttätig war und bisweilen zusammenhanglos sprach. ... Der Verdächtige trat den Polizisten aus San Leandro und den festnehmenden Beamten mit dem Fuß.«

45 Das San Quentin State Prison in Marin County gilt als eines der brutalsten Gefängnisse Kaliforniens.

46 Hippiekommune um den charismatischen Anführer Charles Manson, die Ende der 60er-Jahre in Kalifornien eine Vielzahl von Morden und Überfällen beging.

47 Thompsons *Hell's Angels*, Copyright 1966, 1967, S. 91.

48 Ermittler, die sich auf Insiderberichte stützten, erklärten später, die Frau sei vermutlich von mehreren Mitgliedern vergewaltigt worden, bevor sie sich erschoss.

49 Der Leichenbeschauer des Bezirks Alameda kam zu dem Schluss, Magoo sei am 6. Januar 1971 an Arteriosklerose gestorben.

50 *Times-Post*, 15. Juli 1970.

51 Das Folgende stützt sich weitgehend auf die Zeugenaussage des inzwischen verstorbenen William »Whispering Bill« Pifer vor dem Stadtgericht und vor dem Kammergericht. Pifer war damals schwer krebskrank. Da sein Kehlkopf chirurgisch entfernt worden war, sagte er mit Hilfe eines Lippenlesers aus. Seine Aussage wurde auf Videoband gespeichert und den Geschworenen vorgespielt. Dies war angeblich das erste Mal, dass eine Zeugenaussage dieser Art von einem kalifornischen Gericht zugelassen wurde.

52 AAA (Triple A): die höchste Klasse in der Minor League, den amerikanischen Baseball-Profiligen unter der obersten Liga (Major League).

53 Es ist zwar nicht sicher, was Barker meinte, aber in Berichten von Ermittlern heißt es, einige Angels hätten an mehreren Orten Grundstücke besessen, unter anderem in den Regionen Lake Tahoe und Reno-Sparks, Nevada.

54 In den USA handelsübliches Reinigungsmittel, das Gerüche bekämpft und desinfiziert.

55 John Ballastrasse wurde am 21. Oktober 1975 von einem Geschworenengericht in San Francisco wegen zweifachen Meineids verurteilt. Vom Vorwurf, zwei weitere Meineide geleistet zu haben, wurde er aufgrund von Zeugenaussagen von einem Großen Geschworenengericht freigesprochen. Dabei ging es um Korruption bei der Polizei in der Region. Dem Urteil zufolge hatte er am 19. März und am 10. April vor Gericht fälschlicherweise behauptet, er habe mit bestimmten Personen keine Zeugenaussagen abgesprochen und 1968 nicht 9000 Dollar dafür bekommen, dass er einem Mann geholfen habe, der wegen Drogendelikten angeklagt gewesen sei. Er hatte vor, Berufung einzulegen.

56 Das Folgende stützt sich auf die Zeugenaussage von William »Whispering Bill« Pifer im November 1972.

57 Später wurde Moran nach dem Gesetz zur Eindämmung des organisierten Verbrechens wegen Mordes an Baker verurteilt, im Fall Shull jedoch freigesprochen. Carter und Mumm erklärten sich der Beihilfe an der Ermordung beider Biker für schuldig. Barker wurde wegen Mordes an Baker und wegen fahrlässiger Tötung verurteilt. Zorro gestand, nach der Tat Beihilfe geleistet zu haben. Festus stellte sich der Staatsanwaltschaft als

Zeuge zur Verfügung und wurde nicht angeklagt, aber seine Bewährung nach einer Verurteilung wegen Einbruchs wurde widerrufen. Gegen Big Boy und Big Red wurde wegen Mangels an Beweisen keine Anklage erhoben.

58 Das US-Justizministerium war gemäß dem Gesetz zur Eindämmung des organisierten Verbrechens aus dem Jahr 1970 berechtigt, Zeugen während des Verfahrens vor Racheakten zu schützen. Wenn Zeugen auch danach noch in Gefahr waren, durfte die Regierung ihnen Unterhalt zahlen, bis sie an einen sicheren Ort umgezogen waren. Diese Zahlungen beliefen sich auf bis zu tausend Dollar im Monat, je nach Größe der Familie. Unter den Zeugen, die von diesem Programm profitierten, waren Mafiosi von der Ostküste, hawaiische Gangster und andere Kriminelle.

59 Eine Organisation, die den Gemeindeaufbau und die Landwirtschaft fördert.

60 *San Francisco Chronicle*, 6. November 1972.

61 *Portland Oregonian*, Artikel der *Associated Press* vom 20. März 1977.

62 Barger verbrachte etwa dreieinhalb Jahre im Gefängnis, dann wurde er nach zwei günstigen Gerichtsentscheidungen und der bundesstaatlichen Übernahme eines Gesetzes über zeitlich begrenzte Freiheitsstrafen freigelassen. Man unterstellte ihn einer speziellen, strengen Aufsicht für Verurteilte, die auf Bewährung entlassen wurden.

Ein Hells Angel packt aus

Auch als **E-Book** erhältlich

208 Seiten
Preis: 19,95 €
ISBN 978-3-86883-090-3

Thomas P.
Der Racheengel
Ich bin der Kronzeuge
gegen die deutschen
Hells Angels. Ich war
einer von ihnen, jetzt
packe ich aus

Der *Falsche Engel* ist nichts gegen diesen Engel. Er war viele Jahre im engsten Kreis der Hells Angels aktiv. Gegen ihn liefen Verfahren wegen Anstiftung zur Prostitution, schweren Raubes, räuberischer Erpressung, schwerer Körperverletzung, erpresserischen Menschenraubes. Er war einer von ihnen. Am 12. April 2008 wurde alles anders. In einer aufsehenerregenden Aktion wurde er an diesem Tag vor seiner Haustüre verhaftet.

Doch Thomas P. entschloss sich, einen Deal mit dem Staat einzugehen: Bewährungsstrafe gegen Kronzeugenaussage. In seinem Buch packt er erstmals aus über seine kriminelle Vergangenheit und sein Leben als Kronzeuge des LKA. Immer auf der Flucht vor seinen ehemaligen Brüdern.

Der dritte Teil der Bestsellerserie
Falscher Engel und *Racheengel*

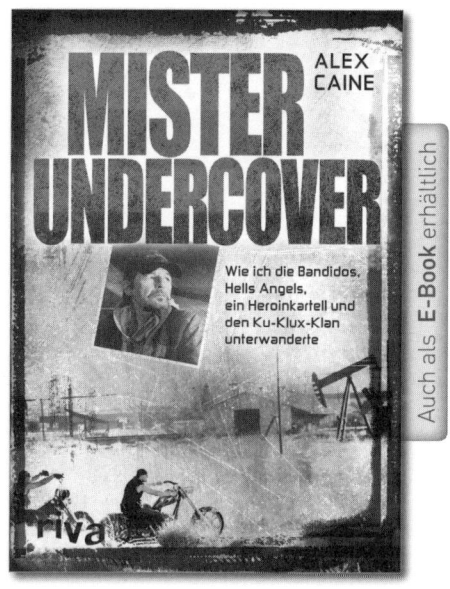

Auch als **E-Book** erhältlich

336 Seiten
Preis: 19,99 €
ISBN 978-3-86883-131-3

Alex Caine
Mister Undercover
Wie ich die Hells Angels, Bandidos, ein Heroinkartell und den Ku-Klux-Klan unterwanderte

Die Hells Angels, die Bandidos, asiatische Dealerbanden, russische Gangster und sogar den Ku-Klux-Klan – Undercover-Agent Alex Caine hat sie alle infiltriert. Über 25 Jahre lang war der Frankokanadier als Informant für die kanadischen und US-amerikanischen Behörden tätig und schleuste sich dafür in kriminelle Gangs ein. Für jeden Job zog er um, wechselte seine Identität und manchmal seinen Namen. Er gab sich als Biker, Fotograf oder Eventveranstalter aus, kaufte große Mengen an Drogen und Waffen und führte ein aufregendes, gefährliches Leben als V-Mann unter Gangstern. Fesselnd erzählt Caine in *Mister Undercover* seine einzigartige Lebensgeschichte.

Er war der Wolf im Schafspelz der Polizei

336 Seiten
Preis: 19,90 €
ISBN 978-3-86883-064-4

Stefan Schubert
Gewalt ist eine Lösung
Morgens Polizist, abends Hooligan - mein geheimes Doppelleben

Stefan Schubert führte acht Jahre lang ein unglaubliches Doppelleben: als Polizist und Fußball-Hooligan. Von Montag bis Freitag sorgte er auf Deutschlands Straßen für Recht und Ordnung, an den Wochenenden überzog er sie mit Gewalt. Jahrelang konnte er seine brutale Freizeitaktivität geheim halten, bis ihm eine Massenschlägerei zum Verhängnis wurde. Hart und ehrlich berichtet Stefan Schubert vom süchtig machenden Rausch der Gewalt und deckt das Versagen der Polizei auf, die ihn unbehelligt ließ, obwohl sie von seinem blutigen Hobby wusste.

Jetzt packen Polizisten aus

Auch als **E-Book** erhältlich

240 Seiten
Preis: 19,99 €
ISBN 978-3-86883-191-7

Stefan Schubert
Inside Polizei
Die unbekannte Seite des Polizeialltags

- Der Einsatz eines Spezialeinsatzkommandos endet in einem Skandal ...

- Zwei Polizisten berichten aus nächster Nähe über die Katastrophe der Loveparade in Duisburg ...

- Im Rotlichtmilieu treffen Hells Angels, Mafia und Polizei aufeinander ...

- Angehörige einer Polizeihundertschaft schildern den Großeinsatz bei einem Castor-Transport aus ihrer Sicht ...

- Polizisten erleben Gewalt nicht nur im Dienst ...

Bestsellerautor Stefan Schubert, selbst viele Jahre lang Polizist, gewährt Außenstehenden authentische und schonungslose Einblicke in eine abgeschottete Polizeiwelt. Kein anderes Buch kam der dunklen Seite des Polizeialltags je so nahe.

Die Spezialeinheit, die Osama bin Laden tötete

400 Seiten
Preis: 19,99 €
ISBN 978-3-86883-183-2

Howard E. Wasdin
Stephen Templin
Navy Seals Team 6
Ein Elitekämpfer enthüllt
die Geheimnisse seiner
Einheit

Die Navy Seals sind die Elitetruppe der US-Streitkräfte. Sie durch-
laufen die härteste Ausbildung der Welt und werden nur in den
schwierigsten und gefährlichsten Situationen eingesetzt. Das
Seal Team Six ist die Einheit, die den Terroristenführer Osama bin
Laden tötete.
Dieses einzigartige und fesselnde Buch bietet exklusive Einblicke
in die geheime Welt der Navy Seals und verrät, wie diese Spezial-
einheit funktioniert, wie sie ihre Mitglieder rekrutiert und wie das
Seal Team Six Osama bin Laden in Pakistan aufspürte und liqui-
dierte.

Der Weltbestseller

Auch als **E-Book** erhältlich

784 Seiten
Preis: 24,90 €
ISBN 978-3-86883-057-6

Vincent Bugliosi mit
Curt Gentry
**Der Mordrausch des
Charles Manson**
**Eine Chronik des
Grauens**

Im Sommer 1969 erschüttert eine Reihe bestialischer Morde Los Angeles und die USA. Sharon Tate, die schwangere Ehefrau von Roman Polanski, ist eines der sieben Opfer. Vincent Bugliosi war Leitender Staatsanwalt in diesem spektakulären Fall. In seinem meisterhaft geschriebenen Buch berichtet er, wie es ihm in minutiöser Detektivarbeit gelang, Charles Manson und seine ihm blind ergebene Hippiekommune für das Massaker hinter Gitter zu bringen. Die akribischen Ermittlungen, der komplexe Prozess, die kranke Weltanschauung, die Manson seinen Anhängern einflößte ... all dies macht diesen atemberaubend spannenden Weltbestseller aus.

Das erste Buch über die japanische Unterwelt

384 Seiten
Preis: 19,95 €
ISBN 978-3-86883-083-5

Jake Adelstein
Tokio Vice
Eine gefährliche Reise
durch die japanische
Unterwelt

Mit 19 Jahren reiste Jake Adelstein nach Japan, um Ruhe und
Frieden zu suchen. Was er fand, war ein Leben inmitten von Sex
und Verbrechen. Als Polizeireporter für die größte japanische
Zeitung, *Yomiuri Shimbun*, arbeitete er rund um die Uhr, um über
Erpressung, Mord, Menschenhandel und Korruption zu berichten.
Doch als er seinen letzten Knüller landen wollte, stand er Japans
berüchtigtstem Yakuza-Boss plötzlich persönlich gegenüber. Da
ihm und seiner Familie der Tod drohte, gab er auf ... vorübergehend. Dann schlug er zurück.

Ein wahrer Spionagethriller aus dem Iran

Auch als E-Book erhältlich

400 Seiten
Preis: 19,99 €
ISBN 978-3-86883-153-5

Reza Kahlili
Feind im eigenen Land
Mein Doppelleben als CIA-Agent bei den Iranischen Revolutionsgarden

Dies ist die wahre Geschichte eines Mannes, der jahrelang ein gefährliches Doppelleben führte, um unter Einsatz seines eigenen Lebens dafür zu kämpfen, dass Demokratie und Freiheit in sein Heimatland Iran zurückkehren.

Reza Kahlili wächst zur Zeit des Schahs im weltoffenen, modernen Teheran auf und genießt eine unbeschwerte Jugend. In den 70er-Jahren studiert er in den USA, doch nach seiner Rückkehr in den Iran ist nichts mehr wie zuvor: Mit der Iranischen Revolution wird der Schah gestürzt, eine radikalislamische Regierung kommt an die Macht.

Traumatisiert reist er in die USA und kehrt als CIA-Agent »Wally« in seine Heimat zurück – mit dem Ziel, durch Spionage zum politischen Umsturz beizutragen…

Eine erschütternde Autobiografie

Auch als **E-Book** erhältlich

240 Seiten
Preis: 17,99 €
ISBN 978-3-86883-114-6

Tendo Shoko
Ich, Tochter eines Yakuza

Geboren als Tochter eines Yakuza-Bosses, wächst Shoko Tendo in den 1970er-Jahren in einer zwar von Luxus geprägten, aber doch bedrohlichen Umgebung auf. An ihrer Schule wird sie als »Yakuza-Kind«, also Mafia-Kind, von Schülern und Lehrern gemobbt. Sie tritt einer gewalttätigen Yanki-Girl-Gang bei und beginnt schon mit 12 Jahren, Speed zu konsumieren.

Mehrmals versucht sie, sich umzubringen, bis die Entscheidung, sich tätowieren zu lassen, ihrem Leben die entscheidende Wende gibt. In nüchterner, klarer Sprache und ohne jede Bitterkeit zeichnet Shoko Tendo das Porträt ihres von Gewalt und Missbrauch geprägten Lebens und gewährt tiefe persönliche Einblicke in die dunklen Seiten der japanischen Gesellschaft. Ein erschütternd ehrliches und tief bewegendes Buch.

Undercover bei der Mafia

272 Seiten
Preis: 19,90 €
ISBN 978-3-86883-018-7

Joaquin »Jack« Garcia
Michael Levin
Ich war Jack Falcone
Wie ich als FBI-Geheim-agent einen Mafiaclan zerschlug

Lange bevor Joaquin »Jack« Garcia mit einigen der mächtigsten Capos der New Yorker Mafia verkehrte, war er einer der untypischsten Neuzugänge im Agentenstab des FBI. Unter falscher Identität sollte der gebürtige Kubaner in Mafiakreisen ermitteln und erhielt dafür als erster Geheimagent in der Geschichte des FBI eine fundierte »Gangsterausbildung«. In unzähligen Unterrichtsstunden lernte er zu essen, reden und denken wie sein fiktives Alias, der Unterweltler Jack Falcone. Mit einer Größe von 1 Meter 93 und einem Körpergewicht von 170 Kilogramm spielte er seine Rolle so gut, dass die Mafiabosse, mit denen er bald schon Kontakt pflegte, nicht ahnen konnten, dass er als Geheimagent für das FBI im Einsatz war…